Otto Ribbeck

Des Horatius Flaccus Episteln und Buch von der Dichtkunst

Salzwasser

Otto Ribbeck

Des Horatius Flaccus Episteln und Buch von der Dichtkunst

1. Auflage | ISBN: 978-3-84605-334-8

Erscheinungsort: Frankfurt, Deutschland

Erscheinungsjahr: 2020

Salzwasser Verlag GmbH

DES

HORATIUS FLACCUS

EPISTELN

UND

BUCH VON DER DICHTKUNST

MIT

INLEITUNG UND KRITISCHEN BEMERKUNGEN

VON

OTTO RIBBECK.

1869.

VORWORT.

Das Bemühen, in Gedankengang und Compositionsweise
horazischen Briefe und des vielgeprüften Buches über die
ıtkunst einzudringen, hat mich zu eigenthümlichen Resul-
ɑ geführt, welche ich Lesern von gleichem Bedürfnifs hier-
vorlege, ohne mir zu verhehlen, dafs die mit Worten und
en zufriedene Menge sowie die Hohenpriester der ars
iendi sich auch von diesem Wagestück „subjectiver Will-
·“ unbesehen abwenden werden. Mir scheint die Wissen-
ft des classischen Alterthums nicht gefährdet zu sein,
ɑ neben den die diplomatische Grundlage feststellenden
ʒaben auch Texte geformt werden, welche der zwingenden
alt innerer Evidenz mehr gehorchen als äufserlichen Zeug-
ın von unsicherer Auctorität. Warum soll mir verwehrt
, die nach meiner Ueberzeugung einzig geniefsbare und
ünftige Gestalt poetischer Kunstwerke im Druck darzu-
ın und Kennern zur Prüfung zu empfehlen? Mag dieselbe
Beifall finden, oder schärfer Blickende anregen die Auf-
besser zu lösen, oder wenigstens die Einsicht noch un-
bener Schwierigkeiten verstärken, — in jedem Falle
e ich der Wissenschaft einen Dienst geleistet haben. Ist
ermessenheit, wenn ich hoffe einen und den anderen
hgesinnten zu finden, der meine Gedanken z. B. über
ɪechste Epistel des ersten Buches, über die beiden Ab-
tte der Poetik (73—85 und 391—407) theilen wird?

Sollte nicht, wenn die Erkenntnifs solcher Entstellung der Episteln siegt, gewissen „Reactionären" auch für die Oden und Epoden der Boden entzogen werden?

Meinem Texte habe ich Nachweisungen über die handschriftliche Lesart nur da beigegeben, wo derselbe entweder von allen oder von den im Allgemeinen am glaubwürdigsten befundenen Büchern oder endlich von der in den neuesten Ausgaben gangbaren Gestalt abweicht. Der Zweck jener kurzen Notizen ist, dem Leser einen raschen Ueberblick über die Leistungen der Conjecturalkritik (der, wie zu erwarten, sehr überwiegend zu Gunsten Bentley's ausfällt) sowie über die relative Zuverlässigkeit der Ueberlieferung zu geben. Es findet sich, dafs denn doch ein ganz erhebliches Contingent brauchbarer Lesarten ausschliefslich Zeugen niederer Ordnung verdankt wird, während die rechts an den Rand gesetzten Zahlen, die ausgeschiedenen Interpolationen und die angegebenen Lücken die Entstellung im Grofsen und Ganzen überschauen lassen.

Von einem neu gesammelten und gesichteten kritischen Apparat hatte ich für meinen Zweck, wie die Sachen im Horaz einmal stehen, wenig zu hoffen. Zu Gebote stand mir eine Collation des Bernensis n. 21, welche Herr stud. philol. E. Kurz in Bern für A. Holder angefertigt und mir durch gefällige Vermittelung meines werthen Schülers und Freundes H. Hagen daselbst freundlichst zugestellt hat. Nach ihr habe ich Orelli's und Ritters Angaben controliren können. Mit aller Mufse selbst in Kiel den Gothanus zu durchmustern war mir durch die Liberalität des Herrn Oberbibliothekars Marquardt vergönnt. So bin ich in den Stand gesetzt worden, ein anschauliches Beispiel tiefgreifender Textverwirrung (S. 98 ff.) und einige Nachträge und Verbesserungen zur Ritterschen Collation zu liefern.

Ueberhaupt verfolgt die Einleitung lediglich den Zweck,
Voraussetzungen, auf denen unser Glaube an die Ueber-
rung beruht, soweit zu ermitteln und ins Gedächtnifs zu
n, als genügt, um das Feld für meine kritischen Opera-
en klar zu machen. Die folgenden Bemerkungen wollen
wenig als etwa die Döderleinschen einen erschöpfenden
schen Commentar geben, sondern vor Allem die von mir
enommenen Neuerungen des Textes rechtfertigen, dann
. die in denselben übergegangenen Verbesserungen An-
r, insofern es noch erforderlich schien, vertheidigen. Die
lichst präcisen Auszüge des Gedankenganges einzelner
teln sollen der Angemessenheit ihrer Composition zur
e dienen.

Dafs mir ein und das andere brauchbare Korn in der
heuren Spreu der Horazlitteratur entgangen ist, kann
; sein und wird hoffentlich eintretenden Falles entschul-
werden. Wo ich den Namen meines wackeren Schülers
ütjohann nenne, beziehe ich mich auf eine ungedruckte
ndlung 'de versibus in Horatii epistulis transpositis, omis-
nterpolatis', mit welcher derselbe im Sommer 1867 einen
sischen Preis an der Kieler Universität erworben hat.

*   *   *

Um jedem Mifsverständnifs zu begegnen, will ich doch
unerwähnt lassen, dafs S. 236 meine Polemik gegen
Ausdruck *in iura paterna recepit* in Abrede stellt die
igkeit des Begriffs einer abermaligen Aufnahme,
rselbe auch bei *recipere in ordinem patriam amicitiam*
v. fehlt: in dieser Verbindung steht die Präposition *re*
ocal, „aufnehmen" ist „zurücknehmen" aus unbestimmter
in einen beschränkten Kreis, wie *se recipere aliquo*
wohin zurückziehen", nicht „wieder zurückziehen".
. einen Ausdruck wie *spondei iura receperunt* hätte ich

natürlich Nichts eingewendet, da die Bedeutung „wieder-
erhalten“, „wiedernehmen“ (z. B. *vitam anhelitum arma urbem*)
für *recipere* ja allbekannt ist. Hier aber fordern zum Ueberfluſs die Attribute *commodus et patiens* und das Verbum *cederet* gebieterisch die Deutung „er nahm auf“. Und eben
weil dies eine Concession war, konnte nicht in demselben
Athem von väterlichen, anerkannten Rechten die Rede sein.
Ja es wäre dann durch die Modification *non ut de sede secunda* sogar das Miſsverständniſs nahe gelegt, als ob der
griechische Iambus wie bei Ennius und Accius sich auch wohl
von den übrigen Stellen habe verdrängen lassen.

Bei Durchsicht des Reindruckes sind mir folgende Versehen aufgefallen, die ich zu verbessern bitte. Es ist zu lesen:

S. 12 in der *varia lectio* zu ep. I 6, 23:
'porro /// *B*' statt 'porro *B*'.

S. 24 am Schluſs von ep. I 14, 37 fehlt ein Komma.

S. 48 in der *varia lectio* ist zu ep. II 1, 211 hinzuzufügen:
equiti *Bentleius* equitis *libri*.

S. 65 in der *varia lectio* zu a. p. 114 ist zu lesen
. auidus *Reginensis* auidus *ceteri libri*
statt
auidus *Reginensis* . auidus *ceteri libri*.

S. 87 Zeile 11 von oben lies
sechszehnten statt achtzehnten.

Kiel, im October 1868.

O. R.

Q. HORATI FLACCI

EPISTVLARVM

LIBER I.

Virtus est vitium fugere, et sapientia prima   41
stultitia caruisse. vides, quae maxima credis
esse mala, exiguum censum turpemque repulsam
quanto devites animi capitisque labore.
impiger extremos curris mercator ad Indos,   45
per mare pauperiem fugiens, per saxa, per ignis:
ne cures ea, quae stulte miraris et optas,
discere et audire et meliori credere non vis?
vilius argentum est auro, virtutibus aurum.   52
'o cives, cives, quaerenda pecunia primum est,
virtus post nummos!' haec Ianus summus ab imo
prodocet, haec recinunt iuvenes dictata senesque. 55
est animus tibi, sunt mores, est lingua fidesque, 57
sed quadringentis sex septem milia desunt:
plebs eris. at pueri ludentes 'rex eris aiunt,
si recte facies' 60
Roscia, dic sodes, melior lex an puerorum est 62
nenia, quae regnum recte facientibus offert,
et maribus Curiis et decantata Camillis?
isne tibi melius suadet, qui, rem facias, rem, 65
si possis, recte, si non, quocumque modo rem,
ut propius spectes lacrimosa poemata Pupi:
an qui Fortunae te responsare superbae
liberum et erectum praesens hortatur et aptat?
quis circum pagos et circum compita pugnax 49
magna coronari contemnat Olympia, cui spes,
cui sit condicio dulcis sine pulvere palmae?
non possis oculo quantum contendere Lynceus, 28
non tamen idcirco contemnas lippus inungui;
nec, quia desperes invicti membra Glyconis, 30
nodosa corpus nolis prohibere cheragra.
est quadam prodire tenus, si non datur ultra.

---

laevo suspensi loculos tabulamque lacerto. 56
     hic murus aëneus esto, 60
nil conscire sibi, nulla pallescere culpa.

fervet avaritia miseroque cupidine pectus:
sunt verba et voces, quibus hunc lenire dolorem
possis et magnam morbi deponere partem. 35
laudis amore tumes: sunt certa piacula, quae te
ter pure lecto poterunt recreare libello.
invidus, iracundus, iners, vinosus, amator,
nemo adeo ferus est, ut non mitescere possit,
si modo culturae patientem commodet aurem. 40

Restat, ut his ego me ipse regam solerque elementis. 27
quod si me populus Romanus forte roget, cur 70
non ut porticibus sic iudiciis fruar isdem,
nec sequar aut fugiam quae diligit ipse vel odit,
olim quod volpes aegroto cauta leoni
respondit referam: 'quia me vestigia terrent
omnia te adversum spectantia, nulla retrorsum. 75
belua multorum es capitum. nam quid sequar aut quem?
pars hominum gestit conducere publica; sunt qui
crustis et pomis viduas venentur avaras
excipiantque senes quos in vivaria mittant;
multis occulto crescit res fenore. verum 80
esto aliis alios rebus studiisque teneri:
idem eadem possunt horam durare probantes?
nullus in orbe sinus Bais praelucet amoenis"
si dixit dives, lacus et mare sentit amorem
festinantis eri; cui si vitiosa libido 85
fecerit auspicium, cras ferramenta Teanum
tolletis, fabri. lectus genialis in aula est:
nil ait esse prius, melius nil caelibe vita.
. non est, iurat bene solis esse maritis.
quo teneam voltus mutantem Protea nodo? 90
quid pauper? viden ut mutat cenacula lectos,
balnea tonsores, conducto navigio aeque

VARIA LECTIO. 89 viden ut *Bentleius* ride *libri*.

nauseat ac locuples, quem ducit priva triremis?
si curatus inaequali tonsore capillos
occurro, rides; si forte subucula pexae   95
trita subest tunicae vel si toga dissidet impar,
95   rides: quid, mea cum pugnat sententia secum,
quod petiit spernit, repetit quod nuper omisit,
aestuat et vitae disconvenit ordine toto,
diruit aedificat, mutat quadrata rotundis?   100
insanire putas sollemnia me neque rides,
100   nec medici credis nec curatoris egere
a praetore dati, rerum tutela mearum
cum sis et prave sectum stomacheris ob unguem
de te pendentis, te respicientis amici?’   105

Ad summam, sapiens uno minor est Iove, dives,
105   liber, honoratus, pulcher, rex denique regum,
praecipue sanus, nisi cum pituita molesta est.

II

Troiani belli scriptorem, Maxime Lolli,
dum tu declamas Romae, Praeneste relegi;
qui quid sit pulchrum, quid turpe, quid utile, quid non,
planius ac melius Chrysippo et Crantore dicit.
5   cur ita crediderim, nisi quid te detinet, audi.   5

Fabula, qua Paridis propter narratur amorem
Graecia Barbariae lento collisa duello,
stultorum regum et populorum continet aestus.
Antenor censet belli praecidere causam:
10   quod Paris, ut salvus regnet vivatque beatus,   10
cogi posse negat. Nestor componere lites
inter Peliden festinat et inter Atriden:

hunc amor, ira quidem communiter urit utrumque.
quidquid delirant reges, plectuntur Achivi.
seditione, dolis, scelere atque libidine et ira
Iliacos intra muros peccatur et extra.   15

Rursum quid virtus et quid sapientia possit,
utile proposuit nobis exemplar Ulixen,
qui domitor Troiae multorum providus urbes
et mores hominum inspexit, latumque per aequor,   20
dum sibi, dum sociis reditum parat, aspera multa
pertulit, adversis rerum inmersabilis undis.
Sirenum voces et Circae pocula nosti:
quae si cum sociis stultus cupidusque bibisset,
sub domina meretrice fuisset turpis et excors,   25
vixisset canis inmundus vel amica luto sus.

Nos numerus sumus et fruges consumere nati,
sponsi Penelopae, nebulones, Alcinoique
in cute curanda plus aequo operata iuventus,
cui pulchrum fuit in medios dormire dies et   30
ad strepitum citharae cessantem ducere somnum.
ut iugulent hominem, surgunt de nocte latrones:
ut te ipsum serves, non expergisceris? atqui
si noles sanus, curres hydropicus; et ni
posces ante diem librum cum lumine, si non   35
intendes animum studiis et rebus honestis,
invidia vel amore vigil torquebere. nam cur
quae laedunt oculum festinas demere, si quid
est animum, differs curandi tempus in annum?
dimidium facti qui coepit habet: sapere aude,   40
incipe. qui recte vivendi prorogat horam,
rusticus expectat dum defluat amnis: at ille
labitur et labetur in omne volubilis aevum.

Quaeritur argentum puerisque beata creandis
45   uxor, et incultae perarantur vomere silvae.   45
non domus et fundus, non aeris acervus et auri   47
aegroto domini deduxit corpore febres,
non animo curas: valeat possessor oportet,
si comportatis rebus bene cogitat uti.   50
50   qui cupit aut metuit, iuvat illum sic domus et res
ut lippum pictae tabulae, fomenta podagrum,
auriculas citharae collecta sorde dolentes.
sincerum est nisi vas, quodcumque infundis acescit.

Sperne uoluptates: nocet empta dolore voluptas.   55
55   semper avarus eget: certum voto pete finem.
invidia Siculi non invenere tyranni   58
maius tormentum. qui non moderabitur irae,
infectum volet esse dolor quod suaserit et mens,   60
dum poenas odio per vim festinat inulto.
60   ira furor brevis est: animum rege; qui nisi paret,
imperat; hunc frenis, hunc tu compesce catena.
fingit equum tenera docilem cervice magister
ire viam qua monstret eques. venaticus, ex quo   65
tempore cervinam pellem laceravit in aula,
65   militat in silvis catulus. nunc adbibe puro
pectore verba, puer, nunc te melioribus offer:
quo semel est imbuta recens servabit odorem
testa diu. quod si cessas aut strenuus anteis,   70
nec tardum opperior nec praecedentibus insto.

---

quod satis est cui contingit nil amplius optet.   46
invidus alterius macrescit rebus opimis.   57

Varia lectio. 45 perarantur *Nodellius* parantur *codex unus Obbarii* pacantur *ceteri libri.* 64 lacerauit *Feae Reginensis cum all.* latrauit *ceteri.*

III

Iuli Flore, quibus terrarum militet oris
Claudius Augusti privignus, scire laboro.
Thracane vos Hebrusque nivali compede vinctus,
an freta vicinas inter currentia turris,
an pingues Asiae campi collesque morantur?   5
quid studiosa cohors operum struit? hoc quoque curo.
quis sibi res gestas Augusti scribere sumit?
bella quis et paces longum diffundit in aevum?
quid? Titius, Romana brevi venturus in ora,
Pindarici fontis qui non expalluit haustus,   10
fastidire lacus et rivos ausus apertos,
ut valet? ut meminit nostri? fidibusne Latinis
Thebanos aptare modos studet auspice Musa,
an tragica desaevit et ampullatur in arte?
quid mihi Celsus agit? monitus multumque monendus,   15
privatas ut quaerat opes et tangere vitet
scripta Palatinus quaecumque recepit Apollo,
ne, si forte suas repetitum venerit olim
grex avium plumas, moveat cornicula risum
furtivis nudata coloribus. ipse quid audes?   20
quae circumvolitas agilis thyma? non tibi parvum
ingenium, non incultum est et turpiter hirtum:
seu linguam causis acuis, seu civica iura
respondere paras, seu condis amabile carmen,
prima feres ederae victricis praemia. quod si   25
frigida curarum fomenta relinquere posses,
quo te caelestis sapientia duceret ires.
hoc opus, hoc studium parvi properemus et ampli,
si patriae volumus, si nobis vivere cari.
debes hoc etiam rescribere, sit tibi curae   30
quantae conveniat Munatius. an male sarta

gratia nequiquam coit et rescinditur? at vos
seu calidus sanguis seu rerum inscitia vexat
indomita cervice feros, ubicumque locorum
35   vivitis, indigni fraternum rumpere foedus,   35
pascitur in vestrum reditum votiva iuvenca.

IV

Albi, nostrorum sermonum candide iudex,
quid nunc te dicam facere in regione Pedana?
scribere quod Cassi Parmensis opuscula vincat,
an tacitum silvas inter reptare salubris,
5   curantem quidquid dignum sapiente bonoque est?   5
non tu corpus eras sine pectore. di tibi formam,
di tibi divitias dederunt artemque fruendi.
quid voveat dulci nutricula maius alumno?
qui sapere et fari possit quae sentiat, et qui
10   gratia fama valetudo contingat abunde   10
et domus et victus, non deficiente crumena.
inter spem curamque, timores inter et iras
omnem crede diem tibi diluxisse supremum:
grata superveniet quae non sperabitur hora.
15   me pinguem et nitidum bene curata cute vises,   15
cum ridere voles Epicuri de grege porcum.

V

Si potes Archiacis conviva recumbere lectis
nec modica cenare times holus omne patella,
supremo te sole domi, Torquate, manebo.
vina bibes iterum Tauro diffusa palustris

VARIA LECTIO. IV 9 et qui *R* et cui *libri*   11 domus et *Bentleius*
modus et *Graevianus, Leidensis,* ç mundus *BHSgω.*

inter Minturnas Sinuessanumque Petrinum.   5
iamdudum splendet focus et tibi munda supellex.   7
mitte levis spes et certamina divitiarum
et Moschi causam. cras nato Caesare festus
dat veniam somnumque dies: impune licebit   10
aestivam sermone benigno tendere noctem.
si melius quid habes, arcesse, vel imperium fer: 6
haec ego procurare et idoneus imperor et non   21
invitus, ne turpe toral, ne sordida mappa
conruget nares, ne non et cantharus et lanx
ostendat tibi te, ne fidos inter amicos
sit qui dicta foras eliminet, ut coëat par   25
iungaturque pari. Butram tibi Septiciumque,
et nisi cena prior potiorque puella Sabinum
detinet, adsumam. locus est et pluribus umbris,
sed nimis arta premunt olidae convivia caprae.
tu quotus esse velis rescribe, et rebus omissis   30
atria servantem postico falle clientem.

VI

Nil admirari prope res est una, Numici,
solaque quae possit facere et servare beatum.
hunc solem et stellas et decedentia certis
tempora momentis sunt qui formidine nulla

---

quo mihi fortunam, si non conceditur uti?   12
parcus ob heredis curam nimiumque severus
assidet insano. potare et spargere flores
incipiam patiarque vel inconsultus haberi.   15
quid non ebrietas designat? operta recludit,
spes iubet esse ratas, ad proelia trudit inertem,
sollicitis animis onus eximit, addocet artes.
fecundi calices quem non fecere disertum?
contracta quem non in paupertate solutum?   20

imbuti spectent. quid censes munera terrae,   5
quid maris extremos Arabas ditantis et Indos,
ludicra quid plausus et amici dona Quiritis,
quo spectanda modo, quo sensu credis et ore?
qui timet his adversa, fere miratur eodem
quo cupiens pacto: pavor est utrobique molestus,   10
inprovisa simul species exterret utrumque.
gaudeat an doleat, cupiat metuatne, quid ad rem,
si, quidquid vidit melius peiusve sua spe,
defixis oculis animoque et corpore torpet?
insani. sapiens nomen ferat, aequus iniqui,   15
ultra quam satis est virtutem si petat ipsam.

Si latus aut renes morbo temptantur acuto,   28
quaere fugam morbi. vis recte vivere: quis non?
si virtus hoc una potest dare, fortis omissis   30
hoc age deliciis. virtutem verba putas ut
lucum ligna? cave ne portus occupet alter,
ne Cibyratica, ne Bithyna negotia perdas:
mille talenta rotundentur, totidem altera, porro
tertia succedant et quae pars quadret acervum.   35
scilicet uxorem cum dote fidemque et amicos
et genus et formam regina Pecunia donat,
ac bene nummatum decorat Suadela Venusque.
mancipiis locuples eget aeris Cappadocum rex:
ne fueris hic tu. chlamydes Lucullus, ut aiunt,   40
si posset centum scaenae praebere rogatus,
'qui possum tot?' ait 'tamen et quaeram et quod habebo
mittam.' post paullo scribit sibi milia quinque
esse domi chlamydum: partem vel tolleret omnes.
exilis domus est, ubi non et multa supersunt   45
et dominum fallunt et prosunt furibus. ergo
si res sola potest facere et servare beatum,

Varia lectio. 23 porro S^1 ς porro B porro et $H^1S^2g\Psi'\omega$.

primus repetas opus, hoc postremus omittas.
rtunatum species et gratia praestat,
emur servum qui dictet nomina, laevum   50
fodicet latus et cogat trans pondera dextram
gere: 'hic multum in Fabia valet, ille Velina;
libet hic fasces dabit eripietque curule
volet importunus ebur.' 'frater', 'pater' adde:
ique est aetas, ita quemque facetus adopta.   55
ene qui cenat bene vivit: lucet, eamus
 ducit gula; piscemur; venemur, ut olim
ilius, qui mane plagas venabula servos
rtum transire forum campumque iubebat,
 ut e multis populo spectante referret   60
um mulus aprum. crudi tumidique lavemur,
 deceat, quid non, obliti, Caerite cera
i, remigium vitiosum Ithacensis Ulixi,
potior patria fuit interdicta voluptas.
Mimnermus uti censet, sine amore iocisque   65
est iucundum: vivas in amore iocisque.

on qui Sidonio contendere callidus ostro   10, 26
it Aquinatem potantia vellera fucum
us accipiet damnum propiusve medullis,
a qui non poterit vero distinguere falsum.
a res plus nimio delectavere secundae,   30
tae quatient. siquid mirabere, pones
us. fuge magna: licet sub paupere tecto
 et regum vita praecurrere amicos.
us equum pugna melior communibus herbis
bat, donec minor in certamine longo   35
oravit opes hominis frenumque recepit.
postquam victo ridens discessit ab hoste,

LECTIO. 48 campum *Bentleius* populum *libri*   67 uicto *Bentleius*
ridens *Hauptius* uiolens *libri*.

non equitem dorso, non frenum depulit ore.
sic qui pauperiem veritus potiore metallis
libertate caret, dominum vehit improbus atque   40
serviet aeternum, quia parvo nesciet uti.
i nunc, argentum et marmor vetus aeraque et artes   6, 17
suspice, cum gemmis Tyrios mirare colores;
gaude quod spectant oculi te mille loquentem;
gnavus mane forum et vespertinus pete tectum,   20
ne plus frumenti dotalibus emetat agris
Mutus et (indignum, quod sit peioribus ortus)
hic tibi sit potius, quam tu mirabilis illi:
quidquid sub terra est, in apricum proferet aetas,
defodiet condetque nitentia. cum bene notum   25
porticus Agrippae et via te conspexerit Appi,
ire tamen restat Numa quo devenit et Ancus.

Vive, vale. si quid novisti rectius istis,   67
candidus imperti; si non, his utere mecum.

VII

Quinque dies tibi pollicitus me rure futurum
Sextilem totum mendax desideror. atqui
si me vivere vis sanum recteque valentem,
quam mihi das aegro, dabis aegrotare timenti,
Maecenas, veniam, dum ficus prima calorque   5
dissignatorem decorat lictoribus atris,
dum pueris omnis pater et matercula pallet
officiosaque sedulitas et opella forensis
adducit febres et testamenta resignat.
quod si bruma nives Albanis inlinet agris,   10
ad mare descendet vates tuus et sibi parcet
contractusque leget: te, dulcis amice, reviset
cum zephyris, si concedes, et hirundine prima.

Non quo more pyris vesci Calaber iubet hospes
tu me fecisti locupletem. 'vescere sodes.'　　15
'iam satis est.' 'at tu quantum vis tolle.' 'benigne.'
'non invisa feres pueris munuscula parvis.'
'tam teneor dono quam si dimittar onustus.'
'ut libet, haec porcis hodie comedenda relinques.'
prodigus et stultus donat quae spernit et odit:　　20
haec seges ingratos tulit et feret omnibus annis.
vir bonus et sapiens dignis ait esse paratus,
nec tamen ignorat quid distent aera lupinis.
dignum praestabo me etiam pro laude merentis.
quod si me noles usquam discedere, reddes　　25
forte latus, nigros angusta fronte capillos,
reddes dulce loqui, reddes ridere decorum et
inter vina fugam Cinarae maerere protervae.

Forte per angustam tenuis nitedula rimam
repserat in cumeram frumenti, pastaque rursus　　30
ire foras pleno tendebat corpore frustra.
cui mustela procul 'si vis' ait 'effugere istinc,
macra cavum repetes artum, quem macra subisti.'
hac ego si compellor imagine, cuncta resigno.
nec somnum plebis laudo satur altilium nec　　35
otia divitiis Arabum liberrima muto.
saepe verecundum laudasti, rexque paterque
audisti coram nec verbo parcius absens:
inspice si possum donata reponere laetus.
haud male Telemachus, proles patientis Ulixi,　　40
'non est aptus equis Ithace locus, ut neque planis
porrectus spatiis nec multae prodigus herbae:
Atride, magis apta tibi tua dona relinquam.'
parvum parva decent: mihi iam non regia Roma,
sed vacuum Tibur placet aut inbelle Tarentum.　　45

———————

VARIA LECTIO. 29 nitedula *Bentleius* uulpecula *libri*.

Strenuus et fortis causisque Philippus agendis
clarus ab officiis octavam circiter horam
dum redit atque foro nimium distare Carinas
iam grandis natu queritur, conspexit, ut aiunt,
50   adrasum quendam vacua tonsoris in umbra   50
cultello proprios purgantem leniter ungues.
'Demetri' (puer hic non laeve iussa Philippi
accipiebat), 'abi, quaere et refer, unde domo, quis,
cuius fortunae, quo sit patre quove patrono.'
55   it, redit et narrat: Volteium nomine Menam,   55
praeconem, tenui censu, sine crimine, notum
et properare loco et cessare, et quaerere et uti,
gaudentem parvisque sodalibus et lare curto
et ludis et post decisa negotia campo.
60   'scitari libet ex ipso quodcumque refers: dic   60
ad cenam veniat.' non sane credere Mena,
mirari secum tacitus. quid multa? 'benigne'
respondet. 'neget ille mihi?' 'negat improbus et te
neglegit aut horret.' Volteium mane Philippus
65   vilia vendentem tunicato scruta popello   65
occupat et salvere iubet prior. ille Philippo
excusare laborem et mercennaria vincla,
quod non mane domum venisset, denique quod non
providisset eum. 'sic ignovisse putato
70   me tibi, si cenas hodie mecum.' 'ut libet.' 'ergo   70
post nonam venies; nunc i, rem strenuus auge.'
ut ventum ad cenam est, dicenda tacenda locutus
tandem dormitum dimittitur. hinc ubi saepe
occultum visus decurrere piscis ad hamum,
75   mane cliens et iam certus conviva, iubetur   75
rura suburbana indictis comes ire Latinis.
impositus mannis arvum caelumque Sabinum

VARIA LECTIO. 58 curto *Cruquiani duo (Silvii et Martinii), Bentleius*
certo reliqui libri   73 hinc ꜱ hic *BHSgω* huc, post, ast, aut, ergo *alii*.

non cessat laudare. videt ridetque Philippus,
et sibi dum requiem, dum risus undique quaerit,
dum septem donat sestertia, mutua septem   80
promittit, persuadet uti mercetur agellum.
mercatur. ne te longis ambagibus ultra
quam satis est morer, ex nitido fit rusticus atque
sulcos et vineta crepat mera, praeparat ulmos,
inmoritur studiis et amore senescit habendi.   85
verum ubi oves furto, morbo periere capellae,
spem mentita seges, bos est enectus arando:
offensus damnis media de nocte caballum
arripit iratusque Philippi tendit ad aedes.
quem simul aspexit scabrum intonsumque Philippus,   90
'durus' ait, 'Voltei, nimis attentusque videris
esse mihi.' 'pol me miserum, patrone, vocares,
si velles' inquit 'verum mihi ponere nomen.
quod te per Genium dextramque deosque penatis
obsecro et obtestor, vitae me redde priori.'   95

Qui semel aspexit quantum dimissa petitis
praestent, mature redeat repetatque relicta.
metiri se quemque suo modulo ac pede verum est.

VIII

Celso gaudere et bene rem gerere Albinovano
Musa rogata refer, comiti scribaeque Neronis.
si quaeret quid agam, dic multa et pulchra minantem
vivere nec recte nec suaviter, haud quia grando
contuderit vites oleamve momorderit aestus,   5
nec quia longinquis armentum aegrotet in agris,
sed quia mente minus validus quam corpore toto
nil audire velim, nil discere quod levet aegrum,
quadis offendar medicis, irascar amicis,

10   cur me funesto properent arcere veterno,   10
quae nocuere sequar, fugiam quae profore credam,
Romae Tibur amem ventosus, Tibure Romam.
post haec, ut valeat, quo pacto rem gerat et se,
ut placeat iuveni, percontare, utque cohorti.
15   si dicet 'recte', primum gaudere, subinde   15
praeceptum auriculis hoc instillare memento:
ut tu fortunam, sic nos te, Celse, feremus.

IX

Septimius, Claudi, ni mirum intellegit unus,
quanti me facias. nam cum rogat et prece cogit,
scilicet ut tibi se laudare et tradere coner,
quid possim videt ac novit me valdius ipso.   6
5   multa quidem dixi, cur excusatus abirem;
sed timui, mea ne finxisse minora putarer,
dissimulator opis propriae, mihi commodus uni.
sic ego, maioris fugiens opprobria culpae,   10
frontis ad urbanae descendi praemia. quod si
10   depositum laudas ob amici iussa pudorem,
scribe tui gregis hunc et fortem crede bonumque.

X

Urbis amatorem Fuscum salvere iubemus
ruris amatores, hac in re scilicet una
multum dissimiles, at cetera paene gemelli
fraternis animis quidquid negat alter et alter
5   adnuimus pariter. vetuli notique columbi   5
tu nidum servas, ego laudo ruris amoeni
rivos et musco circumlita saxa nemusque.

---

dignum mente domoque legentis honesta Neronis;   9, 4
munere cum fungi propioris censet amici:

Quid quaeris? vivo et regno, simul ista reliqui,
quae vos ad caelum fertis rumore secundo;
utque sacerdotis fugitivus liba recuso, 10
pane egeo iam mellitis potiore placentis.
vivere naturae si convenienter oportet,
ponendaque domo quaerenda est area primum:
novistine locum potiorem rure beato?
est ubi plus tepeant hiemes, ubi gratior aura 15
leniat et rabiem canis et momenta leonis,
cum semel accepit solem furibundus acutum?
est ubi divellat somnos minus invida cura?
deterius Libycis olet aut nitet herba lapillis?
purior in vicis aqua tendit rumpere plumbum, 20
quam quae per pronum trepidat cum murmure rivum?
nempe inter varias nutritur silva columnas,
laudaturque domus longos quae prospicit agros:
naturam expelles furca, tamen usque recurret
et mala perrumpet furtim fastidia victrix. 25

*   *   *

cui non conveniet sua res, ut calceus olim, 42
si pede maior erit, subvertet; si minor, uret.
laetus sorte tua vives sapienter, Aristi;
nec me dimittes incastigatum, ubi plura 45
cogere, quam satis est, ac non cessare videbor.
imperat aut servit collecta pecunia cuique,
tortum digna sequi potius quam ducere funem.

Haec tibi dictabam post fanum putre Vacunae,
excepto quod non simul esses cetera laetus. 50

ᴦᴀʀɪᴀ ʟᴇᴄᴛɪᴏ.   13 ponenda *Ω, Sauppius Philol.* XIX 253 *sqq.* ponendae
libri.

XI

Quid tibi visa Chios, Bullati, notaque Lesbos,
quid concinna Samos, quid Croesi regia Sardis,
Smyrna quid et Colophon? maiora minorane fama?
cunctane prae campo et Tiberino flumine sordent?
5   an venit in votum Attalicis ex urbibus una?
an Lebedum laudas odio maris atque viarum?

'Scis Lebedus quid sit. Gabiis desertior atque
Fidenis vicus: tamen illic vivere vellem
oblitusque meorum obliviscendus et illis
10   Neptunum procul e terra spectare furentem.'

Sed neque qui Capua Romam petit, imbre lutoque
aspersus, volet in caupona vivere, nec qui
frigus collegit, furnos et balnea laudat
ut fortunatam plene praestantia vitam;
15   nec si te validus iactaverit auster in alto,
idcirco navem trans Aegaeum mare vendas.
incolumi Rhodos et Mytilene pulchra facit quod
paenula solstitio, campestre nivalibus auris,
per brumam Tiberis, sextili mense caminus:
20   dum licet ac voltum servat Fortuna benignum,
Romae laudetur Samos et Chios et Rhodos absens.
tu quamcumque deus tibi fortunaverit horam
grata sume manu, neu dulcia differ in annum,
ut, quocumque loco fueris, vixisse libenter
25   te dicas. nobis ratio et prudentia curas,
non locus effusi late maris arbiter aufert:
caelum, non animum mutant qui trans mare currunt.

VARIA LECTIO. 25 nobis *R* nam si *libri*.

strenua nos exercet inertia; navibus atque
quadrigis petimus bene vivere: quod petis, hic est,
est Ulubris, animus si te non deficit aequus.   30

XII

Fructibus Acrillae Siculis, quos colligis, Iti,
si recte frueris, non est ut copia maior
ab Iove donari possit tibi. tolle querellas:
pauper enim non est cui rerum suppetit usus.
si ventri bene, si lateri est pedibusque tuis, nil   5
divitiae poterunt regales addere maius.
si forte in medio positorum abstemius herbis
vivis et urtica, sic vives protinus ut te
confestim liquidus Fortunae rivus inauret,
vel quia naturam mutare pecunia nescit,   10
vel quia cuncta putas una virtute minora.
cur alter fratrum cessare et ludere et ungui   II 2, 184
praeferat Herodis palmetis pinguibus, alter,
dives et importunus, ad umbram lucis ab ortu
silvestrem flammis et ferro mitiget agrum,
scit Genius, natale comes qui temperat astrum,
naturae deus humanae, fatalis in unum
quodque caput, voltu mutabilis, albus et ater.   190
miramur, si Democriti pecus edit agellos   I 12, 12
cultaque, dum peregre est animus sine corpore velox:
cum tu inter scabiem tantam et contagia lucri
nil parvum sapias et adhuc sublimia cures,   15
quae mare compescant causae, quid temperet annum,
stellae sponte sua iussaene vagentur et errent,
quid premat obscurum lunae, quid proferat orbem,

ᴵᴬᴿᴵᴬ ʟᴇᴄᴛɪᴏ. 1 Acrillae *Horkelius* Agrippae *libri*   Iti *Fulvius Ur-*
icti ç icci *BHSg*   17 fatalis *R* mortalis *libri*.

quid velit et possit rerum concordia discors,
Empedocles an Stertinium deliret acumen.   20

Verum seu pisces seu porrum et caepe trucidas,
utere Pompeio Grospho et, si quid petet, ultro
30   defer: nil Grosphus nisi verum orabit et aequum.
vilis amicorum est annona, bonis ubi quid dest.

Ne tamen ignores quo sit Romana loco res,   25
Cantaber Agrippae, Claudi virtute Neronis
Armenius cecidit; ius imperiumque Prahates
35   Caesaris accepit genibus minor; aurea fruges
Italiae pleno defundit Copia cornu.

XIII

Ut proficiscentem docui te saepe diuque,
Augusto reddes signata volumina, Vini,
si validus, si laetus erit, si denique poscet;
ne studio nostri pecces odiumque libellis
5   sedulus importes opera vehemente minister.   5
si te forte meae gravis uret sarcina chartae,
abicito potius quam quo perferre iuberis
clitellas ferus impingas Asinaeque paternum
cognomen vertas in risum et fabula fias.
10   viribus uteris per clivos flumina lamas: 10
victor propositi simul ac perveneris illuc,
sic positum servabis onus, ne forte sub ala
fasciculum portes librorum ut rusticus agnum,
ut vinosa glomus furtivae Pyrria lanae,
15   ut cum pileolo soleas conviva tribulis.   15
neu volgo narres te sudavisse ferendo
carmina quae possint oculos auresque morari
Caesaris. oratus multa prece nitere porro,
vade, vale: cave ne titubes mandataque frangas.

XIV

Vilice silvarum et mihi me reddentis agelli,
quem tu fastidis habitatum quinque focis et
quinque bonos solitum Variam dimittere patres,
certemus, spinas animone ego fortius an tu
evellas agro, et melior sit Horatius an res.   5

Rure ego viventem, tu dicis in urbe beatum: 10
cui placet alterius, sua nimirum est odio sors.
stultus uterque locum inmeritum causamur inique:
in culpa est animus, qui se non effugit umquam.
nunc, age, quid nostrum concentum dividat audi..   31
tu mediastinus tacita prece rura petebas,   14
nunc urbem et ludos et balnea vilicus optas;
me constare mihi scis et discedere tristem,
quandocumque trahunt invisa negotia Romam.
non eadem miramur: eo disconvenit inter
meque et te. nam quae deserta et inhospita tesqua
credis, amoena vocat mecum qui sentit, et odit   20
quae tu pulchra putas. fornix tibi et uncta popina
incutiunt urbis desiderium, video, et quod
angulus iste feret piper et tus ocius. uva,
nec vicina subest vinum praebere taberna
quae possit tibi, nec meretrix tibicina, cuius   25
ad strepitum salias terrae gravis: et tamen urgues
iam pridem non tacta ligonibus arva bovemque
disiunctum curas et strictis frondibus exples;
addit opus pigro rivus, si decidit imber,
multa mole docendus aprico parcere prato.   30
me quamvis Lamiae pietas et cura moratur   6
fratrem maerentis, rapto de fratre dolentis

ARIA LECTIO. 8 causamur *Doederlinus* causatur *libri.*

30   insolabiliter: tamen istuc mens animusque
        fert et avet spatiis obstantia rumpere claustra.   9
        non istic obliquo oculo mea commoda quisquam   37
        limat, non odio obscuro morsuque venenat:
        rident vicini glaebas et saxa moventem.
35   quem tenues decuere togae nitidique capilli,   32
        quem scis inmunem Cinarae placuisse rapaci,
        quem bibulum liquidi media de luce Falerni
        (nec lusisse pudet, sed non incidere ludum)   36
        cena brevis iuvat et prope rivum somnus in herba.   35
40   cum servis urbana diaria rodere mavis;   40
        horum tu in numerum voto ruis: invidet usum
        lignorum et pecoris tibi calo argutus et horti.
        optat ephippia bos, piger optat arare caballus.
        quam scit uterque, libens censebo exerceat artem.

XV

Quae sit hiems Veliae, quod caelum, Vala, Salerni

. . . .

        quorum hominum regio et qualis via. nam mihi Baias
        Musa supervacuas Antonius, at tamen illis
        me facit invisum, gelida cum perluor unda
5   per medium frigus. sane murteta relinqui   5
        dictaque cessantem nervis elidere morbum
        sulfura contemni vicus gemit, invidus aegris,
        qui caput et stomachum supponere fontibus audent
        Clusinis Gabiosque petunt et frigida rura.
10   mutandus locus est, et deversoria nota   10
        praeteragendus equus. 'quo tendis? non mihi Cumas
        est iter aut Baias' laeva stomachosus habena
        dicet eques [sed equis frenato est auris in ore].

VARIA LECTIO.   31 avet *Bentleius* amat *libri*   XV 3 at *R* et *libri*
13 equis ς equi *BHSgω*.

maior utrum populum frumenti copia pascat;
collectosne bibant imbres puteosne perennis   15
iugis aquae (nam vina nihil moror illius orae.
rure meo possum quodvis perferre patique:
ad mare cum veni, generosum et lene requiro,
quod curas abigat, quod cum spe divite manet
in venas animumque meum, quod verba ministret,   20
quod me Lucanae iuvenem commendet amicae);
tractus uter pluris lepores, uter educet apros;
utra magis pisces et echinos aequora celent,
pinguis ut inde domum possim Phaeaxque reverti,
scribere te nobis, tibi nos accredere par est.   25

Maenius, ut rebus maternis atque paternis
fortiter absumptis urbanus coepit haberi,
scurra vagus, non qui certum praesaepe teneret,
inpransus non qui civem dignosceret hoste,
quaelibet in quemvis opprobria fundere saevus,   30
hic ubi nequitiae fautoribus et timidis nil   33
aut paullum abstulerat, patinas cenabat omasi,
vilis et agninae tribus ursis quod satis esset;   35
scilicet ut ventres lamna candente nepotum
diceret urendos corrector Bestius. idem
siquid erat nanctus praedae maioris, ubi omne
verterat in fumum et cinerem, 'non hercule miror'
aiebat, 'si qui comedunt bona, cum sit obeso   40
nil melius turdo, nil volva pulchrius ampla.'
ni mirum hic ego sum. nam tuta et parvula laudo,

---

pernicies et tempestas barathrumque macelli,
quidquid quaesierat, ventri donarat avaro.   31

Varia lectio. 17 quoduis ς, *N. Heinsius* quiduis *libri plerique*   30 fun-
Schraderus fingere *libri*   35 corrector *Paris. Reg.* 8213 *m. 1 suprascr.*
umbinus. correctus *BHSΨω* correptus *Bland. unus, g*ς *(sed in g p e
quamvis antiqua)*   36 siquid *Torrentii libri quidam, Bentleius* quic-
(vel quidquid *ut g) ceteri libri.*

cum res deficiunt, satis inter vilia fortis;
verum ubi quid melius contingit et unctius, idem
vos sapere et solos aio bene vivere, quorum   45
conspicitur nitidis fundata pecunia villis.

XVI

Ne perconteris, fundus meus, optime Quincti,
arvo pascat erum an bacis opulentet olivae,
pomisne an pratis an amicta vitibus ulmo,
scribetur tibi forma loquaciter et situs agri.

Continui montes, ni dissocientur opaca   5
valle, sed ut veniens dextrum latus aspiciat Sol,
laevum decedens curru fugiente vaporet.
temperiem laudes. quid? si rubicunda benigni
corna vepres et pruna ferant, si quercus et ilex
multa fruge pecus, multa dominum iuvet umbra: 10
dicas adductum propius frondere Tarentum.
fons etiam rivo dare nomen idoneus, ut nec
frigidior Thracam nec purior ambiat Hebrus,
infirmo capiti fluit utilis, utilis alvo.
hae latebrae dulces et, iam si credis, amoenae   15
incolumem tibi me praestant septembribus horis.

Tu recte vivis; si curas esse quod audis.
iactamus iam pridem omnis te Roma beatum;
sed vereor ne cui de te plus quam tibi credas,
neve putes alium sapiente bonoque beatum,   20
neu, si te populus sanum recteque valentem
dictitet, occultam febrem sub tempus edendi
dissimules, donec manibus tremor incidat unctis.
siquis bella tibi terra pugnata marique   25

---

stultorum incurata pudor malus ulcera celat.   24

dicat et his verbis vacuas permulceat aures
tene magis salvum populus velit an populum tu,
servet in ambiguo qui consulit et tibi et urbi
Iuppiter', Augusti laudes agnoscere possis:
cum pateris sapiens emendatusque vocari,   30
respondesne tuo, dic sodes, nomine? 'nempe
vir bonus et prudens dici delector ego ac tu.'
qui dedit hoc hodie, cras, si volet, auferet, ut, si
detulerit fascis indigno, detrahet idem.
'pone, meum est' inquit: pono tristisque recedo.   35
idem si clamet furem, neget esse pudicum,
contendat laqueo collum pressisse paternum,
mordear opprobriis falsis mutemque colores?
falsus honor iuvat et mendax infamia terret
quem nisi mendosum et medicandum? vir bonus est quis?   40
qui consulta patrum, qui leges iuraque servat,
quo multae magnaeque secantur iudice lites,
quo res sponsore et quo causae teste tenentur.'
sed videt hunc omnis domus et vicinia tota
introrsus turpem, speciosum pelle decora.   45
vir bonus, omne forum quem spectat et omne tribunal,   57
quandocumque deos vel porco vel bove placat,
'Iane pater' clare, clare cum dixit 'Apollo',
labra movet metuens audiri 'pulchra Laverna,   60
da mihi fallere, da iusto sanctoque videri;
noctem peccatis et fraudibus obice nubem.'
'nec furtum feci nec fugi' si mihi dicit   46
servus, 'habes pretium, loris non ureris' aio.
'non hominem occidi': non pasces in cruce corvos.
'sum bonus et frugi': renuit negitatque Sabellus.
oderunt peccare boni virtutis amore: 52
tu nihil admittes in te formidine poenae.
sit spes fallendi, miscebis sacra profanis.

-----

nam de mille fabae modiis cum surripis unum,   55

cautus enim metuit foveam lupus accipiterque   50
suspectos laqueos et opertum miluus hamum.
60 qui melior servo, qui liberior sit avarus,   63
in triviis fixum cum se demittit ob assem,
non video. nam qui cupiet, metuet quoque; porro   65
qui metuens vivet, liber mihi non erit umquam.
perdidit arma, locum virtutis deseruit qui
65 semper in augenda festinat et obruitur re.
vendere cum possis captivum, occidere noli;
serviet utiliter: sine pascat durus aretque,   70
· naviget ac mediis hiemet mercator in undis,
annonae prosit, portet frumenta penusque.
70 vir bonus et sapiens audebit dicere 'Pentheu,
rector Thebarum, quid me perferre patique ·
indignum coges? 'adimam bona.' 'nempe pecus rem   75
lectos argentum: tollas licet.' 'in manicis et
compedibus saevo te sub custode tenebo.'
75 'ipse deus, simul atque volam, me solvet.' opinor,
hoc sentit: 'moriar'. mors ultima linea rerum est.

Me quotiens reficit gelidus Digentia rivus,   18, 104
quem Mandela bibit, rugosus frigore pagus,   105
quid sentire putas? quid credis, amice, precari?
80 sit mihi quod nunc est, etiam minus, et mihi vivam
quod superest aevi, siquid superesse volunt di;
sit bona librorum et provisae frugis in annum
copia, neu fluitem dubiae spe pendulus horae.   110
sed satis est orare Iovem quae ponit et aufert:
85 det vitam, det opes; aequum mi animum ipse parabo.

---

damnum est, non facinus, mihi pacto lenius isto.   56

XVII

Quamvis, Scaeva, satis per te tibi consulis et scis
quo tenuem pacto deceat maioribus uti,
disce, docendus adhuc quae censet amiculus, ut si
caecus iter monstrare velit: tamen aspice siquid
et nos quod cures proprium fecisse loquamur.   5

Si te grata quies et primam somnus in horam
delectat; si te pulvis strepitusque rotarum,
si laedit caupona: Ferentinum ire iubebo.
nam neque divitibus contingunt gaudia solis,
nec vixit male qui natus moriensque fefellit.   10
si prodesse tuis paulloque benignius ipsum
te tractare voles, accedes siccus ad unctum.
si pranderet holus patienter, regibus uti
nollet Aristippus.' 'si sciret regibus uti,
fastidiret holus qui me notat.' utrius horum   15
verba probes et facta doce, vel iunior audi,
cur sit Aristippi potior sententia. namque
mordacem cynicum sic eludebat, ut aiunt:
scurror ego ipse mihi, populo tu: rectius hoc et
splendidius multo est. equus ut me portet, alat rex,   20
officium facio: tu poscis vilia rerum,
dante minor, quamvis fers te nullius egentem.'
omnis Aristippum decuit color et status et res,
temptantem maiora, fere praesentibus aequum.
contra quem duplici panno patientia velat,   25
mirabor, vitae via si conversa decebit.
alter purpureum non expectabit amictum,
quidlibet indutus celeberrima per loca vadet
personamque feret non inconcinnus utramque:

ΛRIA LECTIO. 2 tenuem *Horkelius* tandem *libri*.

30   alter Mileti textam cane peius et angui   30
      vitabit chlamydem, morietur frigore, si non
      rettuleris pannum. refer et sine vivat ineptus.
      res gerere et captos ostendere civibus hostis
      attingit solium Iovis et caelestia temptat:
35   principibus placuisse viris non ultima laus est.   35
      non cuivis homini contingit adire Corinthum:
      sedit qui timuit, ne non succederet isto?

      Brundisium comes aut Surrentum ductus amoenum   52
      qui queritur salebras et acerbum frigus et imbres,
40   aut cistam effractam et subducta viatica plorat,
      nota refert meretricis acumina saepe catellam,   55
      saepe periscelidem raptam sibi flentis, uti mox
      nulla fides damnis verisque doloribus adsit.
      nec semel inrisus triviis attollere curat
45   fracto crure planum. licet illi plurima manet
      lacrima, per sanctum iuratus dicat Osirim   60
      'credite, non ludo: crudeles, tollite claudum!'
      'quaere peregrinum' vicinia rauca reclamat.

      Coram rege sua de paupertate tacentes   43
50   plus poscente ferent. distat, sumasne pudenter
      an rapias. [atqui rerum caput hoc erat, hic fons.]   45
      'indotata mihi soror est, paupercula mater,
      et fundus nec vendibilis nec pascere firmus'
      qui dicit, clamat 'victum date'; succinit alter
55   'et mihi': dividuo findetur munere quadra.
      sed tacitus pasci si posset corvus, haberet   50
      plus dapis et rixae multo minus invidiaeque.

---

      quid? qui pervenit fecitne viriliter? atqui   38
      hic est aut nusquam quod quaerimus: hic onus horret
      ut parvis animis et parvo corpore maius;   40
      hic subit et perfert. aut virtus nomen inane est,
      aut decus et pretium recte petit experiens vir.

Quem damnosa Venus, quem praeceps alea nudat,   18, 21
gloria quem supra vires et vestit et unguit,
sectandis vitiis instructior odit amicus,   25
aut, si non odit, regit ac veluti pia mater
plus quam se sapere et virtutibus esse priorem
volt et ait prope vera: 'meae (contendere noli)
stultitiam patiuntur opes, tibi parvula res est.'
arta decet sanum comitem toga: desine mecum   30
certare.' Eutrapelus cuicumque nocere volebat,
vestimenta dabat pretiosa: 'beatus enim iam
cum pulchris tunicis sumet nova consilia et spes,
dormiet in lucem, scorto postponet honestum
officium, nummos alienos pascet, ad imum   35
Thraex erit aut olitoris aget mercede caballum.'

Nec tua laudabis studia aut aliena reprendes,
nec, cum venari volet ille, poëmata panges.   40
gratia sic fratrum geminorum, Amphionis atque
Zethi, dissiluit, donec suspecta severo
conticuit lyra. fraternis cessisse probatur
moribus Amphion: tu cede potentis amici
lenibus imperiis; quotiensque educet in agros   45
Aeoliis onerata plagis iumenta canesque,
urge et inhumanae senium depone camenae,
cenes ut pariter pulmenta laboribus empta.
Romanis sollemne viris opus, utile famae
vitaeque et membris, praesertim cum valeas et   50
vel cursu superare canem vel viribus aprum
possis. adde virilia quod speciosius arma

quem tenet argenti sitis importuna famesque,   18, 23
quem paupertatis pudor et fuga, dives amicus

RIA LECTIO. 60 sectandis *R* saepe (*vel* sepe) decem *libri*   amicus
rret *libri*   76 probatur *Horkelius* putatur *libri*   79 Aeoliis Franeq.,
Aetoliis *vel sim. alii* Aestoliis *S* Aetholiis *B* Aetholis ω Etholis *H*
g.

non est qui tractet: scis quo clamore coronae
proelia sustineas campestria; denique saevam
militiam puer et Cantabrica bella tulisti   18,55
sub duce, qui templis Parthorum signa refigit
90   nunc, et siquid abest Italis adiudicat armis.
ac ne te retrahas et inexcusabilis absis,
quamvis nil extra numerum fecisse modumque
curas, interdum nugaris rure paterno: 60
partitur lintres exercitus, Actia pugna
95   te duce per pueros hostili more refertur;
adversarius est frater, lacus Hadria, donec
alterutrum velox Victoria fronde coronet.
consentire suis studiis qui crediderit te,   65
fautor utroque tuum laudabit pollice ludum.

100   Protinus ut moneam (siquid monitoris eges tu),
non ancilla tuum iecur ulceret ulla puerve   72
intra marmoreum venerandi limen amici,
ne dominus pueri pulchri caraeve puellae
munere te parvo beet aut incommodus angat.   75
105   arcanum neque tu scrutaberis illius umquam,   37
commissumque teges et vino tortus et ira.
quid de quoque viro et cui dicas, saepe videto;   68
percontatorem fugito: nam garrulus idem est,
nec retinent patulae commissa fideliter aures,   70
110   et semel emissum volat inrevocabile verbum.

Qualem commendes etiam atque etiam aspice, ne mox   76
incutiant aliena tibi peccata pudorem.
fallimur et quondam non dignum tradimus: ergo
quem sua culpa premet, deceptus omitte tueri,
115   ut penitus notum si temptent crimina, serves   80
tuterisque tuo fidentem praesidio: qui
dente Theonino cum circumroditur, ecquid
ad te post paullo ventura pericula sentis?

nam tua res agitur, paries cum proximus ardet,
et neglecta solent incendia sumere vires.   85

Dulcis inexpertis cultura potentis amici,
expertus metuit. tu, dum tua navis in alto est,
hoc age ne mutata retrorsum te ferat aura.

XVIII

Si bene te novi, metues, liberrime Lolli,
scurrantis speciem praebere professus amicum:
ut matrona meretrici dispar erit atque
discolor, infido scurrae distabit amicus.
est huic diversum vitio vitium prope maius   5
asperitas agrestis et inconcinna gravisque,
quae se commendat tonsa cute, dentibus atris,
dum volt libertas dici mera veraque virtus:
virtus est medium vitiorum et utrimque reductum.
alter in obsequium plus aequo pronus et imi   10
derisor lecti sic nutum divitis horret,
sic iterat voces et verba cadentia tollit,
ut puerum saevo credas dictata magistro
reddere vel partis mimum tractare secundas;
alter rixator de lana saepe caprina   15
propugnat nugis animatus: 'scilicet ut non
sit mihi prima fides, et vere quod placet ut non
acriter elatrem? pretium aetas altera sordet.'
ambigitur quid enim? Castor sciat an Dolichos plus;
Brundisium Minuci melius via ducat an Appi.   20
*   *   *

ᵛᴀʀɪᴀ ʟᴇᴄᴛɪᴏ.   15 rixator *Muretus* rixatur *libri, nisi quod* rixatus *V et
lin. quartus* ς   16 animatus *R* armatus *libri*   19 dolichos ς dolicis
ilis *BHSω scholl.* docuit *g*.

oderunt hilarem tristes tristemque iocosi,   89
sedatum celeres, agilem gnavumque remissi,
potores porrecta negantem pocula, quamvis
nocturnos iures te formidare tepores.
25   deme supercilio nubem: plerumque modestus
occupat obscuri speciem, taciturnus acerbi.   95

Inter cuncta leges et percontabere doctos,
qua ratione queas traducere leniter aevum;
virtutem doctrina paret naturane donet;   100
30   quid minuat curas, quid te tibi reddat amicum,
quid pure tranquillet, honos aut dulce lucellum
an secretum iter et fallentis semita vitae.

XIX

Prisco si credis, Maecenas docte, Cratino,
nulla placere diu nec vivere carmina possunt,
quae scribuntur aquae potoribus. ut male sanos
adscripsit Liber Satyris Faunisque poëtas;
5   vina fere dulces oluerunt mane Camenae;   5
laudibus arguitur vini vinosus Homerus;
Ennius ipse pater numquam nisi potus ad arma
prosiluit dicenda. 'forum putealque Libonis
mandabo siccis, adimam cantare severis'
10   hoc simul edixi, non cessavere poëtae   10
nocturno certare mero, putere diurno.

---

          bibuli media de nocte Falerni   91
oderunt
num te semper inops agitet vexetque cupido,   98
num pavor et rerum mediocriter utilium spes

VARIA LECTIO. 31 aut *Keckius* an *libri*.

quid? siquis voltu torvo ferus et pede nudo
exiguaeque togae simulet textore Catonem,
virtutemne repraesentet moresque Catonis?
rupit Iarbitam Timagenis aemula lingua,   15
dum studet urbanus tenditque disertus haberi.
decipit exemplar vitiis imitabile. quod si
pallerem casu, biberent exsangue cuminum.

O imitatores servum pecus, ut mihi saepe
bilem, saepe iocum vestri movere tumultus!   20
libera per vacuum posui vestigia princeps,
non aliena meo pressi pede. qui sibi fidet,
dux reget examen. Parios ego primus iambos
ostendi Latio, numeros animosque secutus
Archilochi, non res et agentia verba Lycamben.   25
ac ne me foliis ideo brevioribus ornes,
quod timui mutare modos et carminis artem:
temperat Archilochi musam pede mascula Sappho,
temperat Alcaeus, sed rebus et ordine dispar,
nec socerum quaerit quem versibus oblinat atris,   30
nec sponsae laqueum famoso carmine nectit.
hunc ego, non alio dictum prius ore, Latinus
volgavi fidicen. iuvat inmemorata ferentem
ingenuis oculisque legi manibusque teneri.

Scire velis, mea cur ingratus opuscula lector   35
laudet ametque domi, premat extra limen iniquus:
non ego ventosae plebis suffragia venor
impensis cenarum et tritae munere vestis;
non ego, nobilium scriptorum auditor et ultor,
grammaticas ambire tribus et pulpita dignor.   40
hinc illae lacrimae. 'spissis indigna theatris
scripta pudet recitare et nugis addere pondus'
si dixi, 'rides' ait 'et Iovis auribus ista
servas: fidis enim manare poëtica mella

45 te solum, tibi pulcher'. ad haec ego naribus uti
formido et, luctantis acuto ne secer ungui,
'displicet iste locus' clamo et diludia posco.
ludus enim genuit trepidum certamen et iram,
ira truces inimicitias et funebre bellum.

XX

Vertumnum Ianumque, liber, spectare videris,
scilicet ut prostes Sosiorum pumice mundus.
odisti clavis et grata sigilla pudico;
paucis ostendi gemis et communia laudas,
5 non ita nutritus. fuge quo descendere gestis.
non erit emisso reditus tibi. 'quid miser egi?
quid volui?' dices, ubi quid te laeserit; et scis
in breve te cogi, cum plenus languet amator.
ridebit monitor non exauditus, ut ille
10 qui male parentem in rupes protrusit asellum
iratus: quis enim invitum servare laboret?
quod si non odio peccantis desipit augur,
carus eris Romae, donec te deserat aetas:
contrectatus ubi manibus sordescere volgi
15 coeperis, aut tineas pasces taciturnus inertis
aut fugies Uticam aut vinctus mitteris Ilerdam.
hoc quoque te manet, ut pueros elementa docentem
occupet extremis in vicis balba senectus.

. . . .
. . . .

cum tibi sol tepidus pluris admoverit aures,
20 me libertino natum patre et in tenui re
maiores pennas nido extendisse loqueris,
ut quantum generi demas virtutibus addas;
me primis urbis belli placuisse domique,

corporis exigui, praecanum, lusibus aptum,
irasci celerem, tamen ut placabilis essem.   25
forte meum siquis te percontabitur aevum,
me quater undenos sciat implevisse decembris,
collegam Lepidum quo dixit Lollius anno.

VARIA LECTIO.   24 lusibus *R* solibus *libri*   28 dixit *Berolinensis unus,*
ingius duxit *ceteri libri.*

Q. HORATI FLACCI

EPISTVLARVM

LIBER II.

I

Cum tot sustineas et tanta negotia solus,
res Italas armis tuteris, moribus ornes,
legibus emendes, in publica commoda peccem,
si longo sermone morer tua tempora, Caesar.
Romulus et Liber pater et cum Castore Pollux,   5
post ingentia facta deorum in templa recepti,
dum terras hominumque colunt genus, aspera bella
componunt, agros assignant, oppida condunt,
ploravere suis non respondere favorem
speratum meritis. diram qui contudit hydram   10
notaque fatali portenta labore subegit,
comperit invidiam supremo fine domari.
urit enim fulgore suo qui praegravat artes
infra se positas: extinctus amabitur idem.
praesenti tibi maturos largimur honores   15
iurandasque tuum per numen ponimus aras
nil oriturum alias, nil ortum tale fatentes.

Sed tuus hoc populus sapiens et iustus in uno
[te nostris ducibus, te Grais anteferendo]
cetera nequaquam simili ratione modoque   20
aestimat, et nisi quae terris semota suisque
temporibus defuncta videt, fastidit et odit,
sic fautor veterum, ut tabulas peccare vetantis,

ARIA LECTIO. 18 hoc *cod. ex collegio Trinitatis, scholl.* hic *ceteri libri.*

quas bis quinque viri sanxerunt, foedera regum
vel Gabiis vel cum rigidis aequata Sabinis,
pontificum libros, annosa volumina vatum
dictitet Albano Musas in monte locutas.

Si, quia Graiorum sunt antiquissima quaeque
scripta vel optima, Romani pensantur eadem
scriptores trutina, non est quod multa loquamur:
nil intra est olea, nil extra est in nuce duri.
si meliora dies, ut vina, poëmata reddit,
scire velim, chartis pretium quotus arroget annus.
scriptor abhinc annos centum qui decidit, inter
perfectos veteresque referri debet an inter
viles atque novos? excludat iurgia finis.
'est vetus atque probus centum qui perficit annos.'
quid? qui deperiit minor uno mense vel anno,
inter quos referendus erit? veteresne probosque,
an quos et praesens et postera respuat aetas?
'iste quidem veteres inter ponetur honeste,
qui vel mense brevi vel toto est iunior anno.'
utor permisso, caudaeque pilos ut equinae
paullatim vello et demo unum, demo etiam unum,
dum cadat elusus ratione ruentis acervi
qui redit ad fastos et virtutem aestimat annis
miraturque nihil nisi quod Libitina sacravit.

Ennius et sapiens et fortis et alter Homerus,
ut critici dicunt, leviter curare videtur
quo promissa cadant et somnia Pythagorea.
Naevius in manibus non est et mentibus haeret
paene recens? adeo sanctum est vetus omne poëma.
ambigitur quotiens uter utro sit prior, aufert

Pacuvius docti famam senis, Accius alti;
dicitur Afrani toga convenisse Menandro,
Plautus ad exemplar Siculi properare Epicharmi,
vincere Caecilius gravitate, Terentius arte.
hos ediscit et hos arto stipata theatro   60
spectat Roma potens; habet hos numeratque poëtas
ad nostrum tempus Livi scriptoris ab aevo.

Interdum volgus rectum videt, est ubi peccat.
si veteres ita miratur laudatque poëtas,
ut nihil anteferat, nihil illis comparet, errat;   65
si quaedam nimis antique, si pleraque dure
dicere cedit eos, ignave multa fatetur,
et sapit et mecum facit et Iove iudicat aequo.
non equidem insector delendave carmina Livi
esse reor, memini quae plagosum mihi parvo   70
Orbilium dictare: sed emendata videri
pulchraque et exactis minimum distantia miror.
inter quae verbum emicuit si forte decorum,
si versus paullo concinnior unus et alter,
iniuste totum ducit venditque poëma.   75
indignor quidquam reprehendi, non quia crasse
compositum inlepideve putetur, sed quia nuper;
nec veniam antiquis, sed honorem et praemia posci.
recte necne crocum floresque perambulet Attae
fabula si dubitem, clament periisse pudorem   80
cuncti paene patres, ea cum reprehendere coner
quae gravis Aesopus, quae doctus Roscius egit;
vel quia nil rectum nisi quod placuit sibi ducunt,
vel quia turpe putant parere minoribus et quae
imberbi didicere senes perdenda fateri.   85
iam Saliare Numae carmen qui laudat et illud,
quod mecum ignorat, solus volt scire videri,

____

VARIA LECTIO. 65 cedit *cod. regiae societatis, Bentleius* credit *ceteri libri.*

ingeniis non ille favet plauditque sepultis,
nostra sed impugnat, nos nostraque lividus odit.
quodsi tam Graecis novitas invisa fuisset 90
quam nobis, quid nunc esset vetus? aut quid haberet
90 quod legeret tereretque viritim publicus usus?

 Ut primum positis nugari Graecia bellis
coepit et in vitium fortuna labier aequa,
nunc athletarum studiis, nunc arsit equorum, 95
marmoris aut eboris fabros aut aeris amavit,
95 suspendit picta voltum mentemque tabella,
nunc tibicinibus nunc est gavisa tragoedis:
sub nutrice puella velut si luderet infans,
quod cupide petiit mature plena reliquit. 100
hoc paces habuere bonae ventique secundi. 102
100 res gestae regumque ducumque et tristia bella a.p.73
quo scribi possent numero, monstravit Homerus.
versibus inpariter iunctis querimonia primum, 75
post etiam inclusa est voti sententia compos.
quis tamen exiguos elegos emiserit auctor,
105 grammatici certant, et adhuc sub iudice lis est.
Archilochum proprio rabies armavit iambo:
hunc socci cepere pedem grandesque cothurni, 80
alternis aptum sermonibus et popularis
vincentem strepitus et natum rebus agendis.
110 Musa dedit fidibus divos puerosque deorum
et pugilem victorem et equum certamine primum
et iuvenum curas et libera vina referre. 85

 Romae dulce diu fuit et sollemne reclusa 1,103
mane domo vigilare, clienti promere iura,
115 cautos nominibus rectis expendere nummos, 105
maiores audire, minori dicere per quae

---

quid placet aut odio est, quod non mutabile credas? 101

crescere res posset, minui damnosa libido.
venimus ad summum fortunae: pingimus atque 32
psallimus et luctamur Achivis doctius unctis.
mutavit mentem populus levis et calet uno 108
scribendi studio: puerique patresque severi
fronde comas vincti cenant et carmina dictant. 110
ipse ego, qui nullos me affirmo scribere versus,
invenior Parthis mendacior et prius orto
sole vigil calamum et chartas et scrinia posco.
navem agere ignarus navis timet; abrotonum aegro
non audet nisi qui didicit dare; [quod medicorum est 115
promittunt medici;] tractant fabrilia fabri:
scribimus indocti doctique poëmata passim.

Hic error tamen et levis haec insania quantas
virtutes habeat sic collige. vatis avarus
non temere est animus: versus amat, hoc studet unum; 120
detrimenta, fugas servorum, incendia ridet;
non fraudem socio, puero non cogitat ullam
pupillo; vivit siliquis et pane secundo;
militiae quamquam piger et malus, utilis urbi,
si das hoc, parvis quoque rebus magna iuvari. 125

Silvestris homines sacer interpresque deorum a. p. 391
caedibus et victu foedo deterruit Orpheus,
dictus ob hoc lenire tigris rabidosque leones.
dictus et Amphion, Thebanae conditor arcis,
saxa movere sono testudinis et prece blanda 395
ducere quo vellet. post hos insignis Homerus

    fuit haec sapientia quondam, a. p. 396
publica privatis secernere, sacra profanis,

a. p. 402

Tyrtaeusque mares animos in Martia bella
145 versibus exacuit. dictae per carmina sortes,
et vitae monstrata via est, et gratia regum
Pieriis temptata modis, ludusque repertus   405
et longorum operum finis: ne forte pudori
sit tibi Musa lyrae sollers et cantor Apollo.
150 os tenerum pueri balbumque poëta figurat;   1, 126
torquet ab obscenis iam nunc sermonibus aurem,
mox etiam pectus praeceptis format amicis,
asperitatis et invidiae corrector et irae;
recte facta refert, orientia tempora notis   130
155 instruit exemplis; inopem solatur et aegrum.
castis cum pueris ignara puella mariti
disceret unde preces, vatem ni Musa dedisset?
poscit opem chorus et praesentia numina sentit,
caelestis implorat aquas, docta prece blandus   135
160 avertit morbos, metuenda pericula pellit,
impetrat et pacem et locupletem frugibus. annum:
carmine di superi placantur, carmine manes.

Agricolae prisci, fortes parvoque beati,
condita post frumenta levantes tempore festo   140
165 corpus et ipsum animum spe finis dura ferentem
cum sociis operum pueris et coniuge fida,
Tellurem porco, Silvanum lacte piabant,
floribus et vino Genium memorem brevis aevi.
Fescennina per hunc invecta licentia morem   145

---

concubitu prohibere vago, dare iura maritis,   a. p. 398
oppida moliri, leges incidere ligno:
sic honor et nomen divinis vatibus atque
carminibus venit.

VARIA LECTIO. 169 inuecta *Feae liber quidam m. l, Politianus* inuenta
ceteri libri.

versibus alternis opprobria rustica fudit,
libertasque recurrentes accepta per annos
lusit amabiliter, donec iam saevus apertam
in rabiem coepit verti iocus et per honestas
ire domos inpune minax. doluere cruento   150
dente lacessiti; fuit intactis quoque cura
condicione super communi; quin etiam lex
poenaque lata, malo quae nollet carmine quemquam
describi: vertere modum, formidine fustis
ad bene dicendum delectandumque redacti.   155

Graecia capta ferum victorem cepit et artes
intulit agresti Latio: sic horridus ille
defluxit numerus Saturnius, et grave virus
munditiae pepulere: sed in longum tamen aevum
manserunt hodieque manent vestigia ruris.   160
serus enim Graecis admovit acumina chartis,
et post Punica bella quietus quaerere coepit,
quid Sophocles et Thespis et Aeschylus utile ferrent.
temptavit quoque rem si digne vertere posset,
et placuit sibi natura sublimis et acer: 165
nam spirat tragicum satis et feliciter audet;
sed turpem putat inscite metuitque lituram.

Creditur, ex medio quia res arcessit, habere
sudoris minimum, sed habet comoedia tanto
plus oneris quanto veniae minus. aspice, Plautus   170
quo pacto partes tutetur amantis ephebi,
ut patris attenti, lenonis ut insidiosi,
quantus sit Dossennus edacibus in parasitis,
quam non astricto percurrat pulpita socco.
gestit enim nummum in loculos demittere, post hoc 175
securus cadat an recto stet fabula talo.
quem tulit ad scaenam ventoso Gloria curru
exanimat lentus spectator, sedulus inflat

(sic leve, sic parvum est animum quod laudis avarum
subruit aut reficit): valeat res ludicra, si me
205   palma negata macrum, donata reducit opimum.
saepe etiam audacem fugat hoc terretque poëtam,
quod numero plures, virtute et honore minores,
indocti stolidique et depugnare parati,
si discordet eques, media inter carmina poscunt
210   aut ursum aut pugiles: his nam plebecula gaudet.
verum equiti quoque iam migravit ab aure voluptas
omnis ad incertos oculos et gaudia vana.
quattuor aut plures aulaea premuntur in horas,
dum fugiunt equitum turmae peditumque catervae;
215   mox trahitur manibus regum fortuna retortis;
esseda festinant, pilenta petorrita naves;
captivum portatur ebur, captiva Corinthus.
si foret in terris, rideret Democritus, seu
diversum confusa genus panthera camelo
220   sive elephas albus volgi converteret ora:
spectaret populum ludis attentius ipsis
ut sibi praebentem nimio spectacula plura,
scriptores autem narrare putaret asello
fabellam surdo. nam quae pervincere voces
225   evaluere sonum, referunt quem nostra theatra?
Garganum mugire putes nemus aut mare Tuscum:
tanto cum strepitu ludi spectantur et artes
divitiaeque peregrinae, quibus oblitus actor
cum stetit in scaena, concurrit dextera laevae.
230   'dixit adhuc aliquid?' nil sane. 'quid placet ergo?'
lana Tarentino violas imitata veneno.

Ac ne forte putes me, quae facere ipse recusem,
cum recte tractent alii, laudare maligne:
ille per extentum funem mihi posse videtur
235   ire poëta, meum qui pectus inaniter angit
inritat mulcet, falsis terroribus implet,

ut magus, et modo me Thebis, modo ponit Athenis.
verum age et his, qui se lectori credere malunt
quam spectatoris fastidia ferre superbi,   215
curam redde brevem, si munus Apolline dignum
vis complere libris et vatibus addere calcar,
ut studio maiore petant Helicona virentem.

Multa quidem nobis facimus mala saepe poëtae,
ut vineta egomet caedam mea, cum tibi librum   220
sollicito damus aut fesso; cum laedimur, unum
siquis amicorum est ausus reprehendere versum;
cum loca iam recitata revolvimus inrevocati;
cum lamentamur, non apparere labores
nostros et tenui deducta poëmata filo;   225
cum speramus eo rem venturam, ut simul atque
carmina rescieris nos fingere, commodus ultro
arcessas et egere vetes et scribere cogas.
sed tamen est operae pretium cognoscere, qualis
aedituos habeat belli spectata domique   230
Virtus, indigno non committenda poëtae.

Gratus Alexandro regi magno fuit ille
Choerilus, incultis qui versibus et male natis
rettulit acceptos regale numisma Philippos.
sed veluti tractata notam labemque remittunt   235
atramenta, fere scriptores carmine foedo
splendida facta linunt. idem rex ille, poëma
qui tam ridiculum tam care prodigus emit,
edicto vetuit nequis se praeter Apellen
pingeret aut alius Lysippo duceret aera   240
fortis Alexandri voltum simulantia. quod si
iudicium subtile videndis artibus illud
ad libros et ad haec Musarum dona vocares,
Boeotum in crasso iurares aëre natum.
at neque dedecorant tua de se iudicia atque   245

270   munera, quae multa dantis cum laude tulerunt,

dilecti tibi Vergilius Variusque poëtae,

nec magis expressi voltus per aënea signa

quam per vatis opus mores animique virorum

clarorum apparent. nec sermones ego mallem

275   repentes per humum quam res componere gestas

terrarumque situs et flumina dicere et arces

montibus impositas et barbara regna tuisque

auspiciis totum confecta duella per orbem

claustraque custodem pacis cohibentia Ianum

280   et formidatam Parthis te principe Romam,

si quantum cuperem possem quoque; sed neque parvum

carmen maiestas recipit tua, nec meus audet

rem temptare pudor, quam vires ferre recusent.

nil moror officium quod me gravat, ac neque ficto

285   in peius voltu proponi cereus usquam

nec prave factis decorari versibus opto,

ne rubeam pingui donatus munere et una

cum scriptore meo capsa porrectus aperta

deferar in vicum vendentem tus et odores

290   et piper et quidquid chartis amicitur ineptis.

II

Flore, bono claroque fidelis amice Neroni,

siquis forte velit puerum tibi vendere natum

Tibure vel Gabiis et tecum sic agat 'hic et

candidus et talos a vertice pulcher ad imos

5   fiet eritque tuus nummorum milibus octo,

---

sedulitas autem stulte quem diligit urguet,

praecipue cum se numeris commendat et arte:

discit enim citius meminitque libentius illud,

quod quis deridet, quam quod probat et veneratur.

verna ministeriis ad nutus aptus eriles,
litterulis Graecis imbutus, idoneus arti
cuilibet (argilla quidvis imitaberis uda);
quin etiam canet indoctum, sed dulce bibenti.
multa fidem promissa levant, ubi plenius aequo   10
laudat venales qui volt extrudere merces.
res urguet me nulla; meo sum pauper in aere;
nemo hoc mangonum faceret tibi; non temere a me
quivis ferret idem. semel hic cessavit et, ut fit,
in scalis latuit metuens pendentis habenae':   15
des nummos, excepta nihil te si fuga laedat;
ille ferat pretium poenae securus, opinor.
prudens emisti vitiosum; dicta tibi lex:
insequeris tamen hunc et lite moraris iniqua?
dixi me pigrum proficiscenti tibi, dixi   20
talibus officiis prope mancum, ne mea saevus
iurgares ad te quod epistula nulla rediret.
quid tum profeci, mecum facientia iura
si tamen attemptas? quereris super hoc etiam, quod
expectata tibi non mittam carmina mendax.   25

Luculli miles collecta viatica multis
aerumnis, lassus dum noctu stertit, ad assem
perdiderat: post hoc vehemens lupus, et sibi et hosti
iratus pariter, ieiunis dentibus acer,
praesidium regale loco deiecit, ut aiunt,   30
summe munito et multarum divite rerum.
clarus ob id factum donis ornatur honestis,
accipit et bis dena super sestertia nummum.
forte sub hoc tempus castellum evertere praetor
nescio quod cupiens hortari coepit eundem   35
verbis quae timido quoque possent addere mentem:
'i, bone, quo virtus tua te vocat; i pede fausto,

---

  grandia laturus meritorum praemia. quid stas?'
  post haec ille catus, quantumvis rusticus, 'ibit,
40 ibit eo quo vis qui zonam perdidit' inquit.   40
  Romae nutriri mihi contigit atque doceri
  iratus Grais quantum nocuisset Achilles.
  adiecere bonae paullo plus artis Athenae,
  scilicet ut vellem curvo dignoscere rectum
45 atque inter silvas Academi quaerere verum.   45
  dura sed emovere loco me tempora grato,
  civilisque rudem belli tulit aestus in arma
  Caesaris Augusti non responsura lacertis.
  unde semul primum me dimisere Philippi,
50 decisis humilem pinnis inopemque paterni   50
  et laris et fundi paupertas impulit audax
  ut versus facerem: sed quod non desit habentem
  quae poterunt umquam satis expurgare cicutae,
  ni melius dormire putem quam scribere versus?

55 Praeter cetera me Romaene poëmata censes   65
  scribere posse inter tot curas totque labores?
  hic sponsum vocat, hic auditum scripta relictis
  omnibus officiis; cubat hic in colle Quirini,
  hic extremo in Aventino, visendus uterque:
60 intervalla vides homini uni commoda. 'verum   70
  purae sunt plateae, nihil ut meditantibus obstet.'
  festinat calidus mulis gerulisque redemptor;
  torquet nunc lapidem, nunc ingens machina tignum;
  tristia robustis luctantur funera plaustris;
65 hac rabiosa fugit canis, hac lutulenta ruit sus;   75
  caedimur et totidem plagis consumimus hostem   97
  lento Samnites ad lumina prima duello:
  i nunc et versus tecum meditare canoros.   76

Varia lectio. 44 uellem *gς* possem *BHSω* 49 semul *R* semel *g* (i u)
simul *ceteri libri* 60 homini uni *R* humane (*vel* humane *ut Ψ m.* 1) *libri*.

scriptorum chorus omnis amat nemus et fugit urbes,
rite cliens Bacchi somno gaudentis et umbra:
tu me inter strepitus nocturnos atque diurnos
vis canere et contracta sequi vestigia vatum?   80
ingenium sibi quod vacuas desumpsit Athenas
et studiis annos septem dedit insenuitque
libris et curis, statua taciturnius exit
plerumque et risu populum quatit: hic ego rerum
fluctibus in mediis et tempestatibus urbis   85
verba lyrae motura sonum conectere digner?

Frater erat Romae consulti rhetor, ut alter
alterius sermone meros audiret honores,
Crassus ut hic illi, foret huic ut Mucius ille:
qui minus argutos versat furor iste poëtas?   90
carmina compono, hic elegos. mirabile visu
caelatumque novem Musis opus! aspice primum,
quanto cum fastu, quanto molimine circum
spectemus vacuam Romanis vatibus aedem;
mox etiam, si forte vacas, sequere et procul audi,   95
quid ferat et qua re sibi nectat uterque coronam.
discedo Alcaeus puncto illius, ille meo quis?   99
quis nisi Callimachus? si plus adposcere visus,
fit Mimnermus et optivo cognomine crescit.
multa fero, ut placem genus irritabile vatum,
cum scribo et supplex populi suffragia capto:
idem finitis studiis et mente recepta
obturem patulas inpune legentibus aures.   105

Ridentur mala qui componunt carmina; verum
gaudent scribentes et se venerantur et ultro,
si taceas, laudant quidquid scripsere beati.

VARIA LECTIO. 81 Crassus *Bentleius* Gracchus *libri*   82 versat *Bent-*
nexat libri.

      at qui legitimum cupiet fecisse poëma,

100   cum tabulis animum censoris sumet honesti: *110*

      audebit quaecumque parum splendoris habebunt

      et sine pondere erunt et honore indigna ferentur

      verba movere loco, quamvis invita recedant

      et versentur adhuc intra penetralia Vestae;

105   obscurata diu populo bonus eruet atque   *115*

      proferet in lucem speciosa vocabula rerum,

      quae priscis memorata Catonibus atque Cethegis

      nunc situs informis premit et deserta vetustas;

      adsciscet nova, quae genitor produxerit usus.

110   vemens et liquidus puroque simillimus amni   *120*

      fundet opes Latiumque beabit divite lingua;

      luxuriantia compescet, nimis aspera sano

      levabit cultu, virtute carentia tollet.

      ludentis speciem dabit et torquebitur ut qui

115   nunc Satyrum, nunc agrestem Cyclopa movetur.   *125*

      praetulerim scriptor delirus inersque videri,

      dum mea delectent mala me vel denique fallant,

      quam sapere et ringi. fuit haud ignobilis Argis

      qui se credebat miros audire tragoedos

120   in vacuo laetus sessor plausorque theatro,   *130*

      cetera qui vitae servaret munia recto

      more, bonus sane vicinus, amabilis hospes,

      comis in uxorem, posset qui ignoscere servis

      et signo laeso non insanire lagoenae,

125   posset qui rupem et puteum vitare patentem.   *135*

      hic ubi cognatorum opibus curisque refectus

      expulit elleboro morbum bilemque meraco

      et redit ad sese, 'pol me occidistis, amici,

      non servastis' ait, 'cui sic extorta voluptas

130   et demptus per vim mentis gratissimus error.'   *140*

       Singula de nobis anni praedantur euntes: *55*

      eripuere iocos venerem convivia ludum,

tendunt extorquere poëmata. quid faciam vis
denique? non omnes eadem mirantur amantque:
carmine tu gaudes, hic delectatur iambis,
ille Bioneis sermonibus et sale nigro.   60
quid dem? quid non dem? renuis tu quod iubet alter;   63
quod petis, id sane est invisum acidumque duobus.
tres mihi convivae prope dissentire videntur,   61
poscentes vario multum diversa palato.

Nimirum sapere est abiectis utile nugis   141
et tempestivum pueris concedere ludum,
ac non verba sequi fidibus modulanda Latinis,
sed verae numerosque modosque ediscere vitae.
quocirca mecum loquor haec tacitusque recordor.   145
si tibi nulla sitim finiret copia lymphae,
narrares medicis: quod quanto plura parasti,
tanto plura cupis, nulline faterier audes?
si volnus tibi monstrata radice vel herba
non fieret levius, fugeres radice vel herba   150
proficiente nihil curarier: audieras, cui
rem di donarent, illi decedere pravam
stultitiam, et cum sis nihilo sapientior ex quo
plenior es, tamen uteris monitoribus isdem?
at si divitiae prudentem reddere possent,   155
si cupidum timidumque minus te: nempe ruberes,
viveret in terris te siquis avarior uno.

Si proprium est quod quis libra mercatus et aere est,
quaedam, si credis consultis, mancipat usus:
qui te pascit ager, tuus est; et vilicus Orbi,   160
cum segetes occat tibi mox frumenta daturas,
te dominum sentit. das nummos: accipis uvam
pullos ova, cadum temeti. nempe modo sto

VARIA LECTIO. 163 sto *Lachmannus Lucr. p.* 197 isto *libri.*

paullatim mercaris agrum, fortasse trecentis.
165   aut etiam supra nummorum milibus emptum.   165
quid refert, vivas numerato nuper an olim?
emptor Aricini quondam Veientis et arvi
emptum cenat holus, quamvis aliter putat; emptis
sub noctem gelidam lignis calefactat aënum:
170   sed vocat usque suum qua populus adsita certis   170
limitibus vicina refutat iurgia; tamquam
sit proprium quicquam, puncto quod mobilis horae
nunc prece, nunc pretio, nunc vi, nunc morte suprema
permutet dominos et cedat in altera iura.
175   sic quia perpetuus nulli datur usus, et heres   175
heredem alterius velut unda supervenit undam,
quid vici prosunt aut horrea? quidve Calabris
saltibus adiecti Lucani, si metit Orcus
grandia cum parvis, non exorabilis auro?
180   gemmas marmor ebur, Tyrrhena sigilla, tabellas   180
argentum, vestes Gaetulo murice tinctas
sunt qui non habeant, est qui non curat habere.
utar et ex modico quantum res poscet acervo   190
tollam, nec metuam quid de me iudicet heres,
185   quod non plura datis invenerit: et tamen idem
scire volam, quantum simplex hilarisque nepoti
discrepet et quantum discordet parcus avaro.
distat enim, spargas tua prodigus an neque sumptum   195
invitus facias neque plura parare labores,
190   ac potius, puer ut festis quinquatribus olim,
exiguo gratoque fruaris tempore raptim.
pauperies inmunda modo ut procul absit: ego, utrum
nave ferar magna an parva, ferar unus et idem.   200
non agimur tumidis velis aquilone secundo,

Varia lectio.   171 refutat *R* refugit *libri optimi* refigit ς   192 modo
ut *Ieepius praeeunte* modo *Gesnero.* domo *Feae codex unus, om. Graevianus
et Vossianus,* domus (domq *g) ceteri libri plerique* procul *cod. coll. Trin.*

non tamen adversis aetatem ducimus austris,
viribus ingenio specie virtute loco re
extremi primorum, extremis usque priores.

Non es avarus: abi. quid? cetera iam simul isto   205
cum vitio fugere? caret tibi pectus inani
ambitione? caret mortis formidine dirae?
somnia, terrores magicos, miracula, sagas,
nocturnos lemures portentaque Thessala rides?
natalis grate numeras? ignoscis amicis?   210
lenior et melior fis accedente senecta?
quid te exempta levat spinis de pluribus una?
vivere si recte nescis, decede peritis.
lusisti satis, edisti satis atque bibisti:
tempus abire tibi est, ne potum largius aequo   215
rideat et pulset lasciva decentius aetas.

Varia lectio.   200 dirae *L. Spengelius Philol.* XVIII 363 et ira *libri.*

Q. HORATI FLACCI

E ARTE POETICA

LIBER.

Humano capiti cervicem pictor equinam
iungere si velit et varias inducere plumas
undique conlatis membris, ut turpiter atram
desinat in pristim mulier formosa superne,
spectatum admissi risum teneatis amici?   5
credite, Pisones, isti tabulae fore librum
persimilem, cuius velut aegri somnia vanae
fingentur species. 'pictoribus atque poëtis
quidlibet audendi semper fuit aequa potestas.'   10
scimus, et hanc veniam petimusque damusque vicissim:
sed non ut placidis coëant inmitia, non ut
serpentes avibus geminentur, tigribus agni.

Inceptis gravibus plerumque et magna professis
purpureus late qui splendeat unus et alter   15   /
adsuitur pannus, cum lucus et ara Dianae
aut properantis aquae per amoenos ambitus agros
aut flumen Rhenum aut pluvius describitur arcus.
sed nunc non erat his locus. et fortasse cupressum
scis simulare: quid hoc, si fractis enatat exspes   20
navibus aere dato qui pingitur? amphora coepit

---

           ut nec pes, nec caput uni   8
reddatur formae.

Varia lectio. 3 *sq.* atram ... pristim *Gronovius et N. Heinsius* atrum
discem *libri*   16 aut *S Orellio teste et ceteri libri.*

institui: currente rota cur urceus exit?
denique sit quidvis, simplex dumtaxat et unum.
Aemilium circa ludum faber unus et unguis   32
exprimet et mollis imitabitur aere capillos,
25   infelix operis summa, quia ponere totum
nesciet. hunc ego me, siquid componere curem,   35
non magis esse velim quam naso vivere pravo
spectandum nigris oculis nigroque capillo.
maxima pars vatum, pater et iuvenes patre digni,   24
30   decipimur specie recti: brevis esse laboro,
obscurus fio; sectantem lenia nervi
deficiunt animique; professus grandia turget;
serpit humi tutus nimium timidusque procellae:
qui variare cupit rem prodigialiter unam,
35   delphinum silvis appingit, fluctibus aprum.   30

Sumite materiam vestris qui scribitis aequam   38
viribus et versate diu, quid ferre recusent,
quid valeant umeri. cui lecta potenter erit res,   40
nec facundia deseret hunc nec lucidus ordo.
40   ordinis haec virtus erit et venus, aut ego fallor,
ut iam nunc dicat iam nunc debentia dici,
pleraque differat et praesens in tempus omittat.
in verbis etiam tenuis cautusque serendis   46
dixeris egregie, notum si callida verbum
45   reddiderit iunctura novum. si forte necesse est
indiciis monstrare recentibus abdita rerum,
fingere cinctutis non exaudita Cethegis   50
continget, dabiturque licentia sumpta pudenter.
et nova factaque nuper habebunt verba fidem, si

---

in vitium ducit culpae fuga, si caret arte.   31
hoc amet, hoc spernat promissi carminis auctor.   45

VARIA LECTIO. 22 quiduis ς quoduis *ABEHS*   49 facta *e Ge. Fabricii codicibus Bentleius* ficta *ceteri libri.*

Graeco fonte cadent parce detorta. quid autem?
Caecilio Plautoque dabit Romanus ademptum
Vergilio Varioque? ego cur, adquirere pauca   55
si possum, invideor? cum lingua Catonis et Enni
sermonem patrium ditaverit et nova rerum
nomina protulerit. licuit semperque licebit
signatum praesente nota procudere nummum.
ut silvae foliis privos mutantur in annos   60
(prima cadunt), ita verborum vetus interit aetas,
et iuvenum ritu florent modo nata vigentque.
debemur morti nos nostraque. sive receptus
terra Neptunus classes aquilonibus arcet,
regium opus, sterilisve palus diu aptaque remis   65
vicinas urbes alit et grave sentit aratrum;
seu cursum mutavit iniquum frugibus amnis
doctus iter melius: mortalia facta peribunt,
nedum sermonum stet honos et gratia vivax.
multa renascentur quae iam cecidere, cadentque   70
quae nunc sunt in honore vocabula, si volet usus,
quem penes arbitrium est et ius et norma loquendi.

Natura fieret laudabile carmen an arte,   408
quaesitumst. ego nec studium sine divite vena,
nec rude quid possit video ingenium: alterius sic   410
altera poscit opem res et coniurat amice.
qui studet optatam cursu contingere metam,
multa tulit fecitque puer: sudavit et alsit,
abstinuit venere et vino; qui Pythia cantat
tibicen, didicit prius extimuitque magistrum.   415
nec satis est dixisse 'ego mira poëmata pango:
occupet extremum scabies, mihi turpe relinqui est,

ARIA LECTIO.   56 procudere *libri quidam Lambini aliorumque* pro-
A B E H S Ω ω   nummum *Fr. Luisinus* nomen *libri*   57 privos
hus pronos *libri*   62 regium *Peerlkampius* regis *libri*   palus diu
merus diu palus *libri.*

80 et quod non didici sane, nescire fateri.'
   ingenium misera quia fortunatius arte   295
   credit et excludit sanos Helicone poëtas
   Democritus, bona pars non unguis ponere curat,
   non barbam, secreta petit loca, balnea vitat.
85 nanciscetur enim pretium nomenque poëtae
   qui tribus Anticyris caput insanabile numquam   300
   tonsori Licino commiserit. o ego laevus,
   qui purgor bilem sub verni temporis horam!
   non alius faceret meliora poëmata. verum
90 nil tantist. ergo fungar vice cotis, acutum
   reddere quae ferrum valet, exsors ipsa secandi: 305
   munus et officium, nil scribens ipse, docebo,
   unde parentur opes, quid alat formetque poëtam,
   quid deceat, quid non, quo virtus, quo ferat error.

95   Tu quid ego et populus mecum desideret audi.   153
   spectatoris eges aulaea manentis et usque
   sessuri, donec cantor 'vos plaudite' dicat: 155
   aetatis cuiusque notandi sunt tibi mores,
   mobilibusque decor maturis dandus et annis.
100 reddere qui voces iam scit puer et pede certo
   signat humum, gestit paribus colludere, et iram
   concipit ac ponit temere et mutatur in horas.   160
   inberbus iuvenis, tandem custode remoto,
   gaudet equis canibusque et aprici gramine campi,
105 cereus in vitium flecti, monitoribus asper,
   utilium tardus provisor, prodigus aeris,
   sublimis cupidusque et amata relinquere pernix.   165
   conversis studiis aetas animusque virilis
   quaerit opes et amicitias, inservit honori,
110 commisisse cavet quod mox mutare laboret.

———

multa senem circumveniunt incommoda, vel quod
quaerit et inventis miser abstinet ac timet uti,   170
vel quod res omnes timide gelideque ministrat,
dilator, spe lentus, iners pavidusque futuri,
difficilis, querulus, laudator temporis acti
se puero, castigator censorque minorum.
multa ferunt anni venientes commoda secum,   175
multa recedentes adimunt: ne forte seniles
mandentur iuveni partes pueroque viriles.

Scribendi recte sapere est et principium et fons.   309
rem tibi Socraticae poterunt ostendere chartae,
verbaque provisam rem non invita sequentur.
qui didicit patriae quid debeat et quid amicis,
quo sit amore parens, quo frater amandus et hospes,
quod sit conscripti, quod iudicis officium, quae
partes in bellum missi ducis, ille profecto   315
reddere personae scit convenientia cuique.
respicere exemplar vitae morumque iubebo
doctum imitatorem et vivas hinc ducere voces.
interdum speciosa locis morataque recte
fabula nullius veneris, sine pondere et arte,   320
valdius oblectat populum meliusque moratur
quam versus inopes rerum nugaeque canorae.

Discriptas servare vices operumque colores   86
cur ego si nequeo ignoroque poëta salutor?
cur nescire pudens prave quam discere malo?
versibus exponi tragicis res comica non volt:
indignatur item privatis ac prope socco   90
dignis carminibus narrari cena Thyestae.

---

semper in adiunctis aevoque morabimur aptis.   178

VARIA LECTIO. 114 lentus *Bentleius* longus *libri*   pavidus *Bentleius*
ı *Reginensis* .auidus *ceteri libri*   134 discriptas *R* descriptas *libri*.

140   interdum tamen et vocem comoedia tollit,   93
iratusque Chremes tumido delitigat ore;
et tragicus plerumque dolet sermone pedestri   95
Telephus et Peleus, cum pauper et exul uterque
proicit ampullas et sesquipedalia verba,
145   si curat cor spectantis tetigisse querella.

Carmine qui tragico vilem certavit ob hircum,   220
mox etiam agrestes Satyros nudavit et asper
incolumi gravitate iocum temptavit eo quod
inlecebris erat et grata novitate morandus
150   spectator functusque sacris et potus et exlex.
verum ita risores, ita commendare dicacis   225
conveniet Satyros, ita vertere seria ludo,
ne quicumque deus, quicumque adhibebitur heros,
regali conspectus in auro nuper et ostro,
155   migret in obscuras humili sermone tabernas,
aut, dum vitat humum, nubes et inania captet.   230
effutire levis indigna tragoedia versus,
ut festis matrona moveri iussa diebus,
intererit Satyris paullum pudibunda protervis.
160   non ego inornata et dominantia nomina solum
verbaque, Pisones, Satyrorum scriptor amabo,   235
nec sic enitar tragico differre colori,
ut nihil intersit, Davusne loquatur et audax
Pythias emuncto lucrata Simone talentum,
·165   an custos famulusque dei Silenus alumni.
silvis educti caveant me iudice Fauni,   244

---

singula quaeque locum teneant sortita decentem.   92
ex noto fictum carmen sequar, ut sibi quivis   240
speret idem, sudet multum frustraque laboret
ausus idem: tantum series iuncturaque pollet,
tantum de medio sumptis accedit honoris.

VARIA LECTIO. 166 educti *Feae codices duo, Marklandus* deducti ceteri *libri.*

ne velut innati triviis ac paene forenses
aut nimium teneris iuvenentur versibus umquam
aut inmunda crepent ignominiosaque dicta:
offenduntur enim quibus est equus et pater et res,
nec, siquid fricti ciceris probat et nucis emptor,
aequis accipiunt animis donantve corona.   250

Non satis est pulchra esse poëmata: dulcia sunto   99
et quocumque volent animum auditoris agunto.
ut ridentibus arrident, ita flentibus adflent
humani voltus. si vis me flere, dolendum est
primum ipsi tibi; tunc tua me infortunia laedent,
Telephe vel Peleu: male si mandata loqueris,
aut dormitabo aut ridebo. tristia maestum   105
voltum verba decent, iratum plena minarum,
ludentem lasciva, severum seria dictu.
format enim natura prius nos intus ad omnem
fortunarum habitum: iuvat, aut inpellit ad iram,
aut ad humum maerore gravi deducit et angit;   110
post effert animi motus interprete lingua.
si dicentis erunt fortunis absona dicta,
Romani tollent equites peditesque cachinnum.
intererit multum divosne loquatur an heros,
maturusne senex an adhuc florente iuventa   115
fervidus, et matrona potens an sedula nutrix,
mercatorne vagus cultorne virentis agelli,
Colchus an Assyrius, Thebis nutritus an Argis.
scriptor Homereum si forte reponis Achillem,   120
impiger iracundus inexorabilis acer
iura neget sibi nata, nihil ·non arroget armis.

---

aut famam sequere, aut sibi convenientia finge.   119

ARIA LECTIO. 175 adflent *grammaticus Vigorniensis, Marcilius* ad- *uidam libri eius* adsint ς adsunt *BS* assunt *AEH*   193 Homereum *us* honoratum *libri*.

sit Medea ferox invictaque, flebilis Ino,
perfidus Ixion, Io vaga, tristis Orestes.
siquid inexpertum scaenae committis et audes   125
personam formare novam, servetur ad imum
200   qualis ab incepto processerit, et sibi constet.

Difficile est proprie communia dicere, ...
. . . . tuque
rectius Iliacum carmen deducis in actus,
quam si proferres ignota indictaque primus.   130
205   publica materies privati iuris erit, si
non circa vilem patulumque moraberis orbem
nec verbum verbo curabis reddere fidus
interpres nec desilies imitator in artum,
unde pedem proferre pudor vetet aut operis lex.   135
210   nec sic incipies ut scriptor cyclius olim:
'fortunam Priami cantabo et nobile bellum.'
quid dignum tanto feret hic promissor hiatu?
parturiunt montes, nascetur ridiculus mus.
quanto rectius hic, qui nil molitur inepte: 140
215   'dic mihi, Musa, virum, captae post tempora Troiae
qui mores hominum multorum vidit et urbes.'
non fumum ex fulgore, sed ex fumo dare lucem
cogitat, ut speciosa dehinc miracula promat,
Antiphaten Circamque et cum Cyclope Charybdin.   145
220   nec reditum Diomedis ab interitu Meleagri
nec gemino bellum Troianum orditur ab ovo:
semper ad eventum festinat et in medias res
non secus ac notas auditorem rapit, et quae
desperat tractata nitescere posse relinquit,   150
225   atque ita mentitur, sic veris falsa remiscet,
primo ne medium, medio ne discrepet imum.

VARIA LECTIO. 219 Circam *Bentleius* scyllam *vel* scillam *libri*.

Aut prodesse volunt aut delectare poëtae   333
aut simul et iucunda et idonea dicere vitae.
quidquid praecipies, esto brevis, ut cito dicta
percipiant animi dociles teneantque fideles.
ficta voluptatis causa sint proxima veris: 338
ne quodcumque volet poscat sibi fabula credi,
neu pransae Lamiae vivum puerum extrahat alvo.   340
centuriae seniorum agitant expertia frugis,
celsi praetereunt austera poëmata Ramnes:
omne tulit punctum qui miscuit utile dulci
lectorem delectando pariterque monendo.
hic meret aera liber Sosiis, hic et mare transit   345
et longum noto scriptori prorogat aevum.

Aut agitur res in scaenis aut acta refertur.   179
segnius inritant animos demissa per aurem
quam quae sunt oculis subiecta fidelibus et quae
ipse sibi tradit spectator. non tamen intus
digna geri promes in scaenam; multaque tolles
ex oculis, quae mox narret facundia praesens,
ne pueros coram populo Medea trucidet   185
aut humana palam coquat exta nefarius Atreus
aut in avem Procne vertatur, Cadmus in anguem.
quodcumque ostendis mihi sic, incredulus odi.
neve minor neu sit quinto productior actu
fabula quae posci volt et spectata reposci.   190
nec deus intersit, nisi dignus vindice nodus
inciderit. nec quarta loqui persona laboret.

Actoris partis chorus officiumque virile
defendat; neu quid medios intercinat actus,
quod non proposito conducat et haereat apte.   195

---

omne supervacuum pleno de pectore manat.   337

VARIA LECTIO. 251 reposci *Wyttenbachius* reponi *libri*

ille bonis faveatque et consilietur amice
et regat iratos et amet pacare tumentes;
ille dapes laudet mensae brevis, ille salubrem
260   iustitiam legesque et apertis otia portis;
ille tegat commissa, deosque precetur, et oret   200
ut redeat miseris, abeat Fortuna superbis.
tibia non ut nunc orichalco vincta tubaeque
aemula, sed tenuis simplexque foramine pauco
265   aspirare et adesse choris erat utilis atque
nondum spissa nimis complere sedilia flatu,   205
quo sane populus numerabilis, utpote parvos,
et frugi castusque verecundusque coibat.
postquam coepit agros extendere victor et urbem
270   latior amplecti murus vinoque diurno
placari Genius festis inpune diebus,   210
accessit numerisque modisque licentia maior.
sic priscae motumque et luxuriem addidit arti   214
tibicen traxitque vagus per pulpita vestem.
275   sic etiam fidibus voces crevere severis,
et tulit eloquium insolitum facundia praeceps;
[utiliumque sagax rerum et divina futuri
sortilegis non discrepuit sententia Delphis.]

     Syllaba longa brevi subiecta vocatur iambus,   251
280   pes citus; unde etiam trimetris accrescere iussit
momen iambeis, cum senos redderet ictus,
primus ad extremum similis sibi. non ita pridem,
tardior ut paullo graviorque veniret ad aures,   255
spondeos stabilis in iura alterna recepit
285   commodus et patiens, non ut de sede secunda

---

indoctus quid enim saperet liberque laborum   212
rusticus urbano confusus, turpis honesto?

VARIA LECTIO. 269 urbem *Pottierii codex unus* urbes *ceteri libri.*   281 momen *R* nomen *libri*   284 alterna *Batavus quidam* paterna *libri.*

cederet aut quarta socialiter. hic et in Acci
nobilibus trimetris apparet rarus et Enni
in scaenam missos cum magno pondere versus   260
aut operae celeris nimium curaque carentis
aut ignoratae premit artis crimine turpi.
non quivis videt inmodulata poëmata iudex,
et data Romanis venia est indigna poëtis.
idcircone vager scribamque licenter? an omnis   265
visuros peccata putem mea? tutus et intra
spem veniae cautus vitavi denique culpam,
non laudem merui: vos exemplaria Graeca
nocturna versate manu, versate diurna.
at vostri proavi Plautinos et numeros et   270
laudavere sales, nimium patienter utrumque,
ne dicam stulte, mirati, si modo ego et vos
scimus inurbanum lepido seponere dicto
legitimumque sonum digitis callemus et aure.
Grais ingenium, Grais dedit ore rotundo   323
Musa loqui praeter laudem nullius avaris.
Romani pueri longis rationibus assem   325
discunt in partis centum diducere. 'dicat
filius Albini: si de quincunce remota est
uncia, quid superat? poteras dixisse.' 'triens.' 'eu!
rem poteris servare tuam. redit uncia, quid fit?'
'semis.' an, haec animos aerugo et cura peculi   330
cum semel imbuerit, speramus carmina fingi
posse linenda cedro et levi servanda cupresso?

Ignotum tragicae genus invenisse camenae   275
dicitur et plaustris vexisse poëmata Thespis
qui canerent agerentque peruncti faecibus ora.
post hunc personae pallaeque repertor honestae
Aeschylus et modicis instravit pulpita tignis

VARIA LECTIO. 315 qui *Bentleius* quae *libri*.

        et docuit magnumque loqui nitique cothurno.   280
        successit vetus his comoedia, non sine multa
320   laude; sed in vitium libertas excidit, et vim
        dignam lege regi: lex est accepta, chorusque
        turpiter obticuit sublato iure nocendi.
        nil intemptatum nostri liquere poëtae,   285
        nec minimum meruere decus vestigia Graeca
325   ausi deserere et celebrare domestica facta
        vel qui praetextas vel qui docuere togatas.
        nec virtute foret clarisve potentius armis
        quam lingua Latium, si non offenderet unum   290
        quemque poëtarum limae labor et mora. vos, o
330   Pompilius sanguis, carmen reprehendite, quod non
        multa dies et multa litura coërcuit atque
        praesectum deciens non castigavit ad unguem.

        Sunt delicta tamen, quibus ignovisse velimus.   347
        nam neque chorda sonum reddit quem volt manus et mens
335   poscentique gravem persaepe remittit acutum,
        nec semper feriet quodcumque minabitur arcus.   350
        verum ubi plura nitent in carmine, non ego paucis
        offendar maculis, quas aut incuria fudit
        aut humana parum cavit natura. quid ergost?
340   ut scriptor si peccat idem librarius usque,
        quamvis est monitus, venia caret; ut citharoedus   355
        ridetur, chorda qui semper oberrat eadem:
        sic mihi qui multum cessat, fit Choerilus ille,
        quem bis terve bonum cum risu miror. at idem
345   indigner quandoque bonus dormitat Homerus?
        [verum operi longo fas est obrepere somnum].   360
        ut pictura poësis: erit quae, si propius stes,
        te capiat magis, et quaedam, si longius abstes.
        haec amat obscurum, volet haec sub luce videri,

VARIA LECTIO. 344 at *R* et *libri*   345 indigner *placere posse sensit Doederlinus* indignor *libri*.

iudìcis argutum quae non formidat acumen:
haec placuit semel, haec deciens repetita placebit.   365

O maior iuvenum, quamvis et voce paterna
fingeris ad rectum et per te sapis, hoc tibi dictum
tolle memor, certis medium et tolerabile rebus
recte concedi (consultus iuris et actor
causarum mediocris abest virtute diserti   370
Messallae nec scit quantum Cascellius Aulus,
sed tamen in pretio est): mediocribus esse poëtis
non homines, non di, non concessere columnae.
ut gratas inter mensas symphonia discors
et crassum unguentum et Sardo cum melle papaver   375
offendunt, poterat duci quia cena sine istis:
sic animis natum inventumque poëma iuvandis,
si paullum a summo decessit, vergit ad imum.
ludere qui nescit campestribus abstinet armis;
indoctusque pilae discive trochive quiescit,   380
ne spissae risum tollant inpune coronae:
qui nescit versus tamen audet fingere, quidni?
liber et ingenuus, praesertim census equestrem
summam nummorum vitioque remotus ab omni.
tu nihil invita dices faciesve Minerva;   385
id tibi iudiciumst, ea mens: siquid tamen olim
scripseris, in Maeci descendat iudicis auris
et patris et nostras, nonumque prematur in annum,
membranis intus positis. delere licebit
quod non edideris: nescit vox missa reverti.   390
ut praeco, ad merces turbam qui cogit emendas,   419
adsentatores iubet ad lucrum ire poëta
dives agris, dives positis in fenore nummis.
si vero est unctum qui recte ponere possit
et spondere levi pro paupere et eripere artis

VARIA LECTIO. 381 artis *Pottierii codex 12 et Vaticanus m. sec.*, Bent-
atris *ceteri libri*

litibus implicitum, mirabor si sciet inter
noscere mendacem verumque beatus amicum. 425
tu seu donaris seu quid donare voles quoi,
385 nolito ad versus tibi factos ducere plenum
laetitiae: clamabit enim 'recte, bene, pulchre;'
pallescet super his, etiam stillabit amicis
ex oculis rorem, saliet, tundet pede terram. 430
ut qui conducti plorant in funere dicunt
390 et faciunt prope plura dolentibus ex animo: sic
derisor vero plus laudatore movetur.
reges dicuntur multis urguere culullis
et torquere mero quem perspexisse laborant, 435
an sit amicitia dignus: si carmina condes

. . . .

395 numquam te fallant volpes sub pelle latentes.
Quintilio si quid recitares, 'corrige sodes
hoc' aiebat 'et hoc.' melius te posse negares
bis terque expertum frustra, delere iubebat; 440
si defendere delictum quam vertere malles, 442
400 nullum ultra verbum aut operam insumebat inanem,
quin sine rivali teque 'et tua solus amares.
vir bonus et prudens versus reprehendet inertes, 445
culpabit duros, incomptis allinet atrum
transvorso calamo signum, ambitiosa recidet
405 ornamenta, parum claris lucem dare coget
et male formatos incudi reddere versus: 441
fiet Aristarchus. non dicet 'cur ego amicum 450
offendam in nugis?' hae nugae seria ducent
in mala derisum semel exceptumque sinistre.
410 ut mala quem scabies aut morbus regius urguet

———— ———

arguet ambigue dictum, mutanda notabit. 449

Varia lectio. 386 recte bene pulchre *Feae Vaticanus unus, Peerl-kampus* pulchre bene recte *ceteri libri* 395 volpes sub pelle *R praeeunte* pelle *Bentleio.* animi sub uulpe *libri* 406 formatos *Bentleius* tornatos *libri.*

aut fanaticus error et iracunda Diana,
vesanum tetigisse timent fugiuntque poëtam   455
qui sapiunt: agitant pueri incautique secuntur.
hic dum sublimis versus ructatur et errat,
si veluti merulis intentus decidit auceps
in puteum foveamve, licet 'succurrite' longum
clamet 'io cives', non sit qui tollere curet.   460
si curet quis opem ferre et demittere funem,
'qui scis an prudens huc se proiecerit atque
servari nolit?' dicam, Siculique poëtae
narrabo interitum: deus inmortalis haberi
dum cupit Empedocles, ardentem frigidus Aetnam   465
insiluit. sit ius liceatque perire poëtis.
nec semel hoc fecit, nec si retractus erit iam,   468
fiet homo et ponet famosae mortis amorem.
nec satis apparet cur versus factitet, utrum   470
minxerit in patrios cineres an triste bidental
moverit incestus: certe furit, ac velut ursus,
obiectos caveae valuit si frangere clathros,
indoctum doctumque fugat recitator acerbus;
quem vero arripuit, tenet occiditque legendo,   475
non missura cutem nisi plena cruoris hirudo.

---

invitum qui servat, idem facit occidenti.   467

EINLEITUNG

UND

RITISCHE BEMERKUNGEN.

EINLEITUNG.

Herausgabe der Episteln.

Mit welchem Namen Horaz selbst die von den meisten, aber
ht den ältesten Grammatikern so genannten Episteln be-
hnet habe, steht keineswegs fest. Entscheidend hierfür ist
ürlich nicht, wenn er dem Florus II 2, 22 erklärt, ihn schon
dessen Abreise auf seine Säumigkeit vorbereitet zu haben:
i me pigrum proficiscenti tibi ... ne mea saevus iurgares ad te
d *epistula* nulla veniret.' Wo er sonst von der Gattung
et, bedient er sich des unbestimmten Namens 'sermones',
nur den Gegensatz gegen höhere Poesie ausdrückt: ep. II
251 'nec *sermones* ego mallem repentis per humum quam res
ponere gestas' (vgl. 4 'si longo *sermone* morer'), wie er
h von den Satiren (sat. I 4, 42) sagt, dafs sie '*sermoni* pro-
ra' seien; und ep. II 2, 59 f., wo er alle Gattungen seiner
rarischen Thätigkeit aufzählt: 'carmine tu gaudes, hic de-
atur iambis, ille *Bioneis sermonibus* et sale nigro', fafst er
iren und Episteln unter demselben Namen zusammen, höch-
is dafs man das 'sal nigrum' vorzugsweise der erstern Gat-
g zuschreiben mag. Beiderlei kann er auch gemeint haben,
in er I 4, 1 den Tibull anredet: 'Albi nostrorum *sermonum*
dide iudex'. Die Bezeichnung 'satira' dagegen findet sich
in den Satiren: II 1, 1 'sunt quibus in satira videor nimis
r', und II 6, 17 'quid prius inlustrem satiris musaque pe-
tri?' Dessenungeachtet begreifen gerade die älteren Zeugen

auch die Episteln unter dem Namen *satirae*. Quintilian in seiner Litteraturübersicht X 1, 93 ff. kennt Horaz nur als Vertreter des iambus, der Lyrik und der satira. Wenn Sueton (geboren etwa 77 n. Chr., seine ersten Publicationen nach 105: Mommsen Zur Lebensgesch. des jüngern Plinius in Hermes III 43) in der vita p. 47, 6 R. berichtet, derselbe sei von Statur kurz und fett gewesen, 'qualis et a semet ipso *in satiris* describitur', so meint er epist. I 20, 24 und 4, 15; kurz vorher p. 46, 8 erwähnt er 'sermones quosdam', womit wahrscheinlich Satiren gemeint sind. Und mit demselben Namen (satirae) faſst noch im 5. Jahrhundert Sidonius Apollinaris carm. IX 223 beides zusammen, obwohl er die Sondertitel bereits kennt: 'non quod per *satiras, epistolarum sermonumque sales*, novumque epodon, libros carminis ac poeticam artem ... voluit sonare Flaccus'. Es ist dies dieselbe Unterscheidung, von der unsre Scholiasten behaupten, sie sei vom Dichter selbst ausgegangen: 'quamvis *satiram* esse opus hoc suum Horatius ipse confiteatur, cum ait [sat. II 1, 1], tamen proprios titulos ei voluit accommodare, hos priores duos libros *sermonum*, posteriores *epistularum* inscribens' sagt Porphyrion zu sat. I 1, 1 zu Anfang des dritten Jahrhunderts, wenn O. Keller's (symb. philol. Bonn. 491 ff.) Zeitbestimmung das Richtige trifft.

In der That konnten alle diese Sachen unter den allgemeinen Begriff jener freien, stillosen Mischgattung *satura* zusammengefaſst werden, welche in der Form zwischen Poesie und Prosa stehend Raum für jeden pikanten Erguſs geistreicher Laune bot, mochte derselbe erzählend, belehrend, reflectirend und discutirend, spottend oder einfach plaudernd sein. Insofern nun dergleichen Mittheilungen am liebsten sich an eine bestimmte Person wendeten, deren besonderes Interesse heranzuziehen, in gleichsam improvisirten Dialogen eine Debatte einzuleiten liebten, wie ja die satura schon in ihrer ältesten Gestalt diesen dramatischen Charakter hatte, kam ihnen auch der Name *sermones* zu als zwanglosen Plaudereien, Unterhaltungen, Causerieen. Nur daſs die von uns im engeren Sinne 'Satiren', in den Handschriften

mones’ genannten Stücke zum gröfseren Theile nicht an ein
tliches Individuum gerichtet sind, sondern in poetischer Ein-
dung an ideale Persönlichkeiten, seien es Typen wie Davus,
esias u. s. w. oder das Römische Publicum im Allgemeinen.
n dadurch unterscheiden sich die beiden andren Bücher, dafs
ihrer Nummern an eine bestimmte Adresse gerichtet ist;
insofern eine beträchtliche Zahl derselben auch wirklich per-
liche An- oder Aussprachen enthält, so ist der Titel ‘*epi-
ae*’ selbst im strengeren Sinne a potiori gerechtfertigt, und
l möglich, dafs Horaz ihn bei Herausgabe des ersten Buchs
st gewählt hat. Dafs in allen Fällen die Wahl der Adresse
individuellen Beziehungen des Inhaltes zu Stellung und Denk-
des Empfängers beruht haben, dafs manche Wendung durch
immte, mündliche oder schriftliche Aeufserungen desselben
rorgerufen sein wird, können wir unbedenklich annehmen.
mufs man sich hüten, bei der Erklärung des Einzelnen
othesen über dergleichen Zusammenhänge in die Luft zu
en, die, weitgefehlt ein tieferes Verständnifs zu eröffnen, durch
it methodische, sondern pedantische Klügelei den besten Duft
r Laune von diesen liebenswürdigen Mittheilungen abstreifen[1]).
Briefe im engeren Sinne sind I 3. 4. 8 die Billets an Flo-
, Tibullus, Celsus Albinovanus, I 5 die Einladung an Tortus, I 9 und 12 die Empfehlungsschreiben an Tiberius und Itius,
l der Trost für Bullatius, I 15 die Erkundigung bei Vala,
obwohl für Augustus, nicht für den Adressaten bestimmt
3 die Instruction für Vinius. Was aber sonst beigefügt ist,
das sind grade die bedeutenderen Sachen, könnte dem Inhalt
h ebensogut unter den sermones stehen. Das sind die eigent-
en ‘*sermones Bionei*’, Unterhaltungen philosophischer Art
bequemer, launiger Form, wie sie jener πολύτροπος καὶ
ιστὴς ποικίλος, Bion vom Borysthenes hinterlassen haben
hte, von dem Eratosthenes sagte, dafs er zuerst der Philo-

---

[1]) So kann ich mich mit Kolsters letzter Schrift „über die Episteln
Horaz, welche ersichtlich Antwortschreiben sind“ (Meldorfer Progr. 1867)
und gar nicht einverstanden erklären.

sophie ein blumiges, d. h. das Satyrgewand angelegt habe. Zu dieser Gattung wird man vorzugsweise ep. I 1. 2. 6 zu rechnen haben, in weiterem Sinne auch 17 und 18. Aber ich wüſste nicht, warum sat. I 3 II 2. 3. 7 aus dieser Kategorie auszuschlieſsen wären. Zu den persönlichen Auseinandersetzungen mit Mäcenas ep. I 7 ist das Gegenstück sat. I 6; die Beschreibung des Gutes ep. I 16, die Zurechtweisung des vilicus I 14, endlich das Lob des Landlebens I 10 sind zu vergleichen mit sat. II 6. Und ebensowenig kann ich einen specifischen Unterschied erkennen zwischen den Abhandlungen über Litteratur, welche in Satiren und Episteln verstreut sind: sat. I 4. 10 II 1 epist. I 19 II 1. 2, um von der Poetik abzusehen. Den Satiren allein bleiben reine Erzählungen, Schwänke und Sittengemälde im Ton des Lucilius.

Uebrigens ist nur die zufällige zeitliche Verschiedenheit der Abfassung entscheidend gewesen für die Aufnahme der oben aufgezählten einzelnen Eklogen unter die sermones oder unter die epistulae. Und dieser zeitliche Abstand hat freilich auch in Ton, Haltung, Auffassung, formaler Behandlung den verschiedenen Sammlungen ihren besonderen Charakter aufgeprägt. Der Verfasser der Episteln ist eben ein Mann in gesetzten Jahren, der die Petulanz und Leidenschaft der Jugend überwunden hat und vorzugsweise den ernsteren Interessen des Lebens, litterarischen und philosophischen zugewendet ist, ein Mann, dem es Freude macht mit väterlicher Weisheit jungen Leuten den rechten Weg zu weisen, die Früchte reifer Erfahrung mit ihnen zu theilen, den aber die Thorheiten und Laster der Menge ohne persönlichen Anlaſs nicht mehr zum Angriff reizen. Daher kein persönlicher Spott mehr; der Sarkasmus, der nicht fehlt, ist kühler, vornehmer geworden. Nur über Verderber der Litteratur und Feinde des guten Geschmacks ereifert er sich noch, wo es sich um Aufgabe und Frucht seines ganzen dieser Sache gewidmeten Lebens handelt.

Bei der Anordnung der Episteln des ersten Buchs ist das Princip einer angemessenen Abwechselung maſsgebend ge-

sen, ohne doch eine bedeutungsvollere Stellung einzelner Stücke
verschmähen. An der Spitze (wie einst die Reihe der Sa-
n eröffnend) steht Mäcenas, dem vor Allen seine neue Rich-
g und Aufgabe in eben diesem Briefe zu entwickeln Horaz
ı bewogen fühlt. Den Beschlufs macht naturgemäfs der Ab-
ied vom Buche und dessen Uebergabe an das Publicum. Von
sem Epilog abgesehen beschliefst Mäcenas in der 19. Epistel
derum den Kreis der Adressaten, so dafs auch in dieser Be-
ıung das 'prima dicte mihi, summa dicende camena' pafst.
e ihm dort eröffnet wird, warum der Verfasser nicht mehr
.iquo ludo' sich befassen wolle und könne, so empfängt er
: den Rückblick, welchen derselbe auf die abgeschlossene
hterlaufbahn wirft. Ziemlich nach der Mitte zu (7) an einen
iiger hervorragenden Platz ist der etwas delicate Absagebrief
:ellt. Von beiden Enden weiter nach innen fortschreitend
en wir den zweiten und achtzehnten Brief an den jungen
lius gerichtet, der eine seiner litterarischen, der andre seiner
alen Bildung gewidmet. Nun folgen drei jener vertraulichen
ets im engeren Sinne (3—5), und nach dem philosophischen
admirari' (6) die Resignation an Mäcen (7), hierauf wieder
i kurze Episteln im engeren Sinne (8. 9), beide in demselben
re geschrieben. Die Stücke, welche das Landleben und das
des Dichters betreffen (10. 14. 16), sind ebenfalls durch
ntliche Briefe an oder für Reisende getrennt, darunter die
.ication der drei Bücher Oden an Augustus (13). Verwandten
altes sind 17 und 18, jener den Verkehr mit Grofsen, dieser
mit Genossen betreffend.
Wann ist das erste Buch der Briefe herausgegeben?
chrieben ist der zwanzigste, nachdem Horaz im December
Jahres 733 unter dem Consulat des Q. Lepidus und M. Lol-
im letzten Monat ihres Amtsjahres 44 Jahre alt geworden
(27 f.), also in seinem 45. Lebensjahre, vielleicht noch in
selben Monat unter demselben Consulat, jedenfalls vor Wieder-
: desselben Jahrestages. Dafs der *liber* (1), welchen diese
tel in die Oeffentlichkeit zu begleiten bestimmt ist, grade

alle ihr vorhergehenden Briefe enthalten habe, ist nur wahrscheinlich, insofern dieser Vermuthung kein bestimmtes Hindernifs oder keine sichrere Vermuthung im Wege steht. Sollte sich aber ergeben, dafs einzelne Stücke dieses Buchs nach dem oben bezeichneten Zeitpunkt enstanden sind, so würde unter der Voraussetzung, der 20. Brief sei ein Epilog zu demselben, unsere jetzige Sammlung mehr enthalten als bei der ersten Herausgabe, so dafs entweder Horaz selbst bei Lebzeiten oder ein Anderer nach seinem Tode aus seinem Nachlasse eine zweite, vermehrte veranstaltet haben müfste.

Begleitschreiben zu einer Sendung horazischer *carmina* (17) und zwar mehrerer Bände mäfsigen Umfangs (*volumina* 2, *libellis* 4, *fasciculum* .. *librorum* 13; scherzhaft *meae ... gravis sarcina chartae* 6) ist die dreizehnte Epistel desselben Buches. Wenn hierunter mit Recht die drei ersten Bücher der Oden verstanden werden, deren gemeinsame Herausgabe man aus carm. I 1 und III 30 als Prolog und Epilog derselben Sammlung schliefst, und von keinem Liede dieser drei Bücher zu erweisen steht, dafs es nach dem Anfang des Jahres 730 gedichtet sei, so ist hierdurch eine Zeitgrenze gesteckt, vor welche die dreizehnte Epistel nicht fallen kann. Aus dem Auftrage, welchen Vinius erhält, das Packet *per clivos flumina lamas* (10), also nicht über See dem Augustus (2) zu bringen, hat Lachmann geschlossen, dafs derselbe sich damals irgendwo in Italien aufhielt, was nach dem Anfang des Jahres 730 und vor dem Winter 732, später nicht vor October des Jahres 735 stattfand. Nach V. 16 ist es wahrscheinlich, dafs die Uebersendung im Sommer erfolgte.

Die drei Bücher der Oden waren aller Wahrscheinlichkeit nach bereits einige Zeit in den Händen des Publicums (vgl. 33 ff.), als sich Horaz in der neunzehnten Epistel über seine Stellung zu demselben und seinen Collegen aussprach.

Dem Jahre 734 aber, in welchem die Römischen Feldzeichen von den Parthern wieder ausgeliefert wurden (dies geschah im Sommer, als Augustus noch in Syrien war: Dio LIV 7 f., in

m erfuhr man schwerlich vor dem Herbst davon), gehört un-
eifelhaft derjenige Brief, in welchem 18, 56 (= 17, 89 meiner
sgabe) stand, d. h. nach meiner Ueberzeugung nicht der acht-
nte an Lollius, sondern der siebzehnte an Scaeva. Nach
55 (= 17, 88) würde derselbe im Jahre 729 als Knabe, d. h.
a 18jährig, als tiro in der Cohorte des Augustus gegen die
ntabrer gedient haben. Dann war er 5 Jahre später grade in
1 Alter, um noch Lehren der Lebensklugheit von dem fast
ppelt so alten Freunde zu würdigen, und für die Laufbahn reif,
der ihm dieselben nützen sollten.

Dagegen fehlt es für die achtzehnte Epistel an Lollius nach
fernung der nicht zu ihr gehörenden Partieen an einem festen
terium der Zeitbestimmung, nur dafs sie nach dem ganzen
1, der in ihr herrscht, etwas nach der zweiten geschrieben
1 mufs, vorausgesetzt, dafs die Empfänger dieselben sind.
n der Maximus Lollius der zweiten Epistel ist noch puer
1 = 66) und besucht eine Rhetorschule in Rom, während
Adressat der achtzehnten bereits der Philosophie obliegt
1 = 27 ff.). Die zweite aber wird wegen V. 52 = 51 nach
im Jahre 731 von dem Arzt Antonius Musa an Augustus
robten Kaltwassercur geschrieben sein (Pseudo-Acro zu 15, 3
. Sueton Oct. 81, combinirt von Franke fast. Hor. 200). Also
732 oder 733 kann die achtzehnte nicht fallen.

Gleichfalls nach 731 und zwar im Beginn des Winters
1. 5) ist die fünfzehnte Epistel unzweifelhaft geschrieben, da
Verfasser die neue Heilmethode des Antonius Musa an sich
st erfährt (2—5). Denn wenn auch meines Wissens nir-
ds gesagt ist, dafs vor Augustus Niemand von Musa mit
em Wasser behandelt sei, so ist doch wahrscheinlich, dafs
e Cur erst durch jenen berühmten Fall allgemeinere Anwen-
g gefunden hat, wie dies in V. 5—9 angedeutet wird.

Ein willkürlicher, obwohl nicht unmöglicher Einfall ist es,
1 der im Sextilis (2) geschriebene siebente Brief demselben
re angehören müsse, weil V. 11 ff. die Absicht aussprechen,
Gesundheitsrücksichten (4) den Winter an der Meeres-

küste zuzubringen und erst im Frühjahr nach Rom zurückzukehren.

Im Lauf des Jahres 734 und zwar im Winter (3) ist
die dritte Epistel geschrieben, als der junge Tiberius Claudius
Nero und seine Cohorte auf der Expedition nach dem Orient
('ad visendas ordinandasque quae sub oriente sunt provincias'
Vell. II 94) unterwegs war. Dem Spätsommer oder Herbst (4 f.)
desselben Jahres gehört die achte an, die an Celsus Albinovanus, den Schreiber in der Cohorte des Tiberius (2), gerichtet ist. Unmittelbar vor jener Expedition ist das Empfehlungsschreiben (neun) für Septimius, der Aufnahme in die Cohorte
wünschte, verfaſst.

Nach der Besiegung der Cantabrer durch Agrippa (26 = 33)
fällt die zwölfte Epistel. Vorausgegangen ist derselben
im Jahre 734/5, was hier folgt (26 — 28 = 33 — 35), die
Wiedereinsetzung des Tigranes in Armenien durch Tiberius und
die Huldigung des Phraates. (Mommsen monum. Ancyr. p. 76. 86.)
Berichtet Dio LIV 11 in genauer chronologischer Ordnung, so
gehört der Cantabrische Feldzug in das Frühjahr 735, und da
im letzten Verse die gesegnete Ernte gepriesen wird, so kann
der Brief kaum vor Mitte Sommers 735 entstanden sein.

Nur sehr unbestimmt ist die vierte Epistel an Tibull zu
datiren. Wenn man mit Recht annimmt, daſs derselbe bald nach
735 gestorben ist, so haben wir damit eine äuſserste Grenze
nach vorn. Rückwärts läſst sich noch weniger Genaues fest-
setzen. Denn es ist keineswegs nöthig, daſs in V. 1 überhaupt
die Satiren gemeint sind oder gar die vollendete Ausgabe der
Satiren in 2 Büchern: der Begriff *sermones* umfaſst, wie wir
gesehen haben, auch die Briefe, und es ist sehr denkbar, daſs
der Freund schon vor der Veröffentlichung ganzer Bücher einzelne Stücke daraus oder alle einzelnen kennen gelernt hat.
Aber selbst von der Herausgabe der beiden Satirenbücher ist
mit Sicherheit nur zu behaupten, daſs keine der in ihnen ent-
haltenen Satiren später als 724 geschrieben zu sein braucht, so
daſs wir also für die Zeitbestimmung unsres Briefes einen Spiel-

im von mehr als 10 Jahren hätten. In den Jahren 724 und 6 war Tibull jedenfalls mit Messalla im Felde, konnte sich o nicht *in regione Pedana* (2) aufhalten. Da Horaz V. 15 n gesundes Aussehen rühmt, so kann dieser Brief wenigstens ht gleichzeitig mit dem fünfzehnten (vgl. 15, 24) sein.

Die im Jahre 729 erbaute Halle des Agrippa (Dio LIII 27) r nicht mehr ganz neu, als die sechste Epistel geschrieben rde (26 = 81).

Unbestimmbar ist die Zeit der elften, der zehnten, auf n Sabinischen Landgut (49 = 33) geschriebenen Epistel; der htzehnten (da mir über die Herausgabe des Panegyricus auf gustus von L. Varius — 26 ff. und Porphyrio — Nichts beant ist). Die detaillirte Beschreibung des Sabinergutes kann Vermuthung erregen, dafs der Besitz noch ein ziemlich neuer r, wenn auch nicht so jung wie am Ende des Jahres 723, in der ersten Freude über das erwünschte Geschenk die hste Satire des zweiten Buches entstand.

Da in der fünften Epistel dem zu einem bescheidenen, ar doch behaglichen Gelage eingeladenen Gaste Wein vom are 728 in Aussicht gestellt wird (4 f.), so fällt dieselbe nigstens vier Jahre später (vgl. Ad. Kiefsling Baseler Gratuionsprogr. 1867). Sie ist also frühstens 732 geschrieben und gen V. 9 = 8 am 11. Juli (s. unten zu 5, 11 = 10). Eine thwendigkeit sie grade in dasselbe Jahr zu setzen, dem die anzigste gehört (734), kann ich nicht finden.

Die Zeit des vierzehnten Briefes würden wir bestimmen nnen, wenn wir wüfsten, wann der Bruder, dessen Tod Lamia nals beklagte (6 = 28 f.), gestorben ist. Ob indessen der ʼ der undatirbaren Kupfermünze bei Eckhel d. n. V 120 . AELIVS · L · F · LAMIA · IIIVIR · A · A · A · F · F genannte vir monetalis Q. Aelius L. f. Lamia wirklich dieser Bruder ires L. Aelius Lamia, Consuls von 3 n. Chr. (IRN 2263: . Nipperdey zu Tacitus ann. IV 13) gewesen ist, wissen wir ht, obwohl auch der horazische ein Sohn des vir praetorius cius (Prätor von 711: s. Orelli onom. Cic.) recht wohl gewesen sein kann. Jenes angenommen, so würde sich aus der Bemerkung Eckhels, t. I p. LXXIX. t. V p. 64[1]), daſs nach dem Jahre 740 die Namen der Monetaltriumvirn auf Münzen nicht mehr genannt seien, nur eben ergeben, daſs jener Quintus nach 740 nicht mehr mit Sicherheit unter die Lebenden gezählt werden dürfe.

Es sind also nach dem Consulat des Lollius und Lepidus, unter den Consuln M. Appuleius und P. Silius verfaſst im Sommer etwa die neunte Epistel an Nero, im Spätsommer oder Herbst die achte an Celsus, frühstens im Herbst oder Anfang Winters der siebzehnte Brief an Scaeva, im Winter der dritte an Florus; unter dem Consulat des C. Sentius Saturninus und Q. Lucretius Vespillo 735 im Sommer der zwölfte an Itius. Mithin fällt mindestens die zuletzt genannte in eine Zeit, als Horaz bereits das erste Buch seiner Episteln zum erstenmal unter Begleitung der zwanzigsten in die Welt geschickt hatte.

Ganz ungewiſs ist, ob jemals ein zweites Buch der Episteln von Horaz herausgegeben ist. Daſs die *ars poetica* schon in ältester Zeit als ein Buch für sich galt, wird unten nachgewiesen werden. Sollten die beiden Litteraturbriefe, die zusammen allerdings ungefähr denselben Umfang wie jene haben, allein vom Verfasser zusammengestellt und so veröffentlicht sein? Und wann?

Die Abfassungszeit des ersten ist nur sehr unsicher zu ermitteln. Wenig hilft uns Suetons Bericht (in der vita), daſs Augustus 'post *sermones* .. *quosdam lectos* nullam sui mentionem habitam ita sit questus: "irasci me tibi scito, quod non in plerisque eius modi scriptis *mecum potissimum loquaris;* an vereris ne apud posteros infame tibi sit quod videaris familiaris nobis esse?" *expresseritque eclogam ad se,* cuius initium est: *cum tot sustineas*' u. s. w. Unter allen 20 Episteln des ersten

---

[1]) Mommsen Gesch. des Röm. Münzwesens S. 744 giebt aber an, daſs die älteste sicher datirte Münze ohne Angabe des Münzmeisters erst vom Jahre 11 n. Chr. sei. Cohen I p. 71 n. 271 ist mir nicht zugänglich.

:hes hätten höchstens die beiden an Mäcenas gerichteten
und 19) auch an Augustus adressirt sein können: sehr möglich,
s derselbe vielmehr diejenigen Satiren, welche die neue von
raz vertretene Dichterschule behandeln, im Auge gehabt hat;
dafs also von einer Zeitbestimmung, wann Horaz jenem Wink
orcht haben möge, nicht die Rede sein kann. Etwas weiter
lern uns die Andeutungen, welche in der ersten Epistel selbst
eben sind. Aufser der bibliotheca Palatina (216 = 240),
726 gegründet ist, und der Schliefsung des Janustempels
5 = 279), wofür man so wenig hier als in carm. IV 15,
in späteres Jahr als 729 anzunehmen berechtigt ist, kommt
Betracht gleich zu Anfang V. 3 die Beziehung auf Gesetze
Augustus (*cum ... res Italas armis tuteris, moribus ornes,
ibus emendes*) und V. 16 auf Altäre, die ihm gesetzt wer-
: *iurandasque tuum per numen ponimus aras.* Da die
stel doch jedenfalls nach 733 (Herausgabe des ersten Buches)
ichtet ist und die Anwesenheit des August in Rom oder doch
ien voraussetzt, dieser aber nach mehrjähriger Abwesenheit
Ende 732 erst in der Mitte Oktobers 735 nach Rom zurück-
ehrt ist, so werden unter jenen Gesetzen die leges Juliae des
res 736 zu verstehen sein, deren Zweck eben eine durch-
fende Reform der Sitten war. Schon vorher, im Jahre 735
h seiner Rückkehr hatte Augustus die cura legum morumque auf
ahre übernommen (s. Mommsen monum. Anc. S. 14 f.). Da-
s aber wurden ihm Altäre in Rom zunächst noch nicht er-
tet, erst der Fortuna redux bei der porta Capena zur Feier
ier Rückkehr am 12. October 735 (monum. Anc. c. XI,
mmsen S. 29 f.); aus demselben Anlafs 741 am 4. Juli auf
i Marsfelde der Pax Augusta (monum. Anc. c. XII, Mommsen
1). Auf Privatcultus des numen Augusti, vereinigt mit den Laren,
tet Horaz carm. IV 5, 33 ff. im Jahre 740 nach Franke
. Hor. 217 f.[1]). Im öffentlichen Cultus ist die Verbindung des
ius Augusti mit den lares compitales erst seit Einsetzung der

---

[1]) Vgl. Marquardt R. A. IV. S. 424 A. 2914.

magistri vicorum, d. h. seit dem 1. August 747 eingeführt[1]), also nach dem Tode unseres Dichters. Wann begonnen hat was der Kaiser auf seinen Gedenktafeln c. IX (Mommsen S. 27) rühmt 'privatim etiam et municipatim universi cives sacrificaverunt continuo apud pulvinaria pro valetudine mea', ist nicht bekannt, auch nicht die Anfänge des Cultus in den Provinzen (Suet. Aug. 59), an den man wegen *praesenti* ohnehin nicht gern ausschliefslich denken möchte[2]): denn die ara Augusti in Lugdunum vom Jahre 744 oder 742 braucht nicht die erste ihrer Art gewesen zu sein[3]).

Einen Grund, die erste Epistel des zweiten Buches für älter als das Jahr 740 zu halten, giebt es hiernach, soviel ich sehe, nicht. Denn die Erwähnung der dem Vergil und Varius erwiesenen Huld (247 = 271) braucht natürlich nicht auf deren Lebzeiten, d. h. bis spätestens September 735, beschränkt zu werden, ja kann es nicht einmal, da August von Ende 732 bis zum 12. October 735 abwesend war, in welcher Zeit, wie schon oben bemerkt, der Brief nicht geschrieben sein kann. Gleichgültig ist, ob man bei V. 132 = 156 ff. an das im Jahr 737 gefeierte Säcularfest denken will oder nicht. Vielleicht aber geht man nicht irre, wenn man die bekannte Stelle des Augusteischen Briefes bei Sueton in der vita (p. 47, 6 ff. R.) auf den Empfang dieser Epistel bezieht. Denn unmittelbar nach der oben besprochenen Erzählung, wie August den Horaz zur Abfassung derselben veranlafst habe, folgt diese Mittheilung: 'habitu corporis fuit brevis atque obesus, qualis et a semet ipso in satiris describitur et ab Augusto hac epistola: pertulit ad me Onysius *libellum tuum*, quem ego ut excusantem, *quantuluscumque est*, boni consulo. vereri autem mihi videris ne maiores libelli tui sint quam ipse es; sed tibi statura deest, còrpusculum non deest. itaque licebit in sextariolo scribas, quo circuitus voluminis tui sit ὀγκωδέστατος, sicut est ventriculi tui'. Zwar hat Bernays

---

[1]) Marquardt R. A. II 3 S. 270 IV 164. 423.

[2]) Ebenda III 1 S. 268 f. IV 424.

[3]) Vgl. daselbst IV 424 f. A. 2919.

Rhein. Mus. XVII 313 ff. angenommen, dafs hiermit die drei
Bücher Oden und das Begleitschreiben (epist. I 13), welches
Horaz durch Vinius an August sandte, gemeint seien. Indessen
unterliegt diese Vermuthung doch grofsen Bedenken. Zu leicht
hat es Bernays mit dem Einwurf genommen, den er sich gleich
selbst macht, dafs August einen *libellum* empfangen zu haben
bescheinigt, über dessen geringen Umfang er sich ausführlich be-
klagt, während Horaz von *rolumina* (2), *libelli* (4), *gravis
sarcina chartae* (6), *onus* (12), *fasciculus librorum* (13) spricht.
Denn der folgende Pluralis *ne maiores libelli tui sint* generalisirt
ja nur das Verfahren des Absenders und ist in keiner Weise für
die Voraussetzung zu verwenden, dafs das eine Büchlein möglicherweise aus mehreren bestanden habe. Auch finde ich in dem Ton
des dreizehnten Briefes keine Berechtigung, obige Ausdrücke,
die in ihrer Gesammtheit erwogen sein wollen, durchweg als
ironische Hyperbeln zu verstehen. Dagegen pafst jedes Wort des
Augustus ungezwungen auf die erste Epistel des zweiten Buches,
namentlich auch die Andeutung, dafs der *libellus* eine E n t -
s c h u l d i g u n g enthalte (*ut excusantem*). Wirklich entschuldigt
Horaz sowohl die K ü r z e des Schreibens gleich im Anfang: *in
publica commoda peccem, si longo sermone morer tua tempora, Caesar* (3f.), als auch am Ende desselben (250 = 274 ff.),
dafs er die Thaten des Kaisers nicht in einem seiner Majestät
würdigen Epos besinge, wie ihm so oft nahe gelegt war. Immerhin kann der Ueberbringer auch dieser Epistel als eines beson-
dern *libellus* derselbe Freigelassene gewesen sein, der I 13 gemeint ist, mit seinem vollen Namen also *Vinius Onysius* (vgl.
E. Hübner Archäol. Anz. 1865 p. 86*), worauf I 13, 8 ganz
wohl anspielen kann.

Nach Herausgabe des vierten Buchs der Oden, also nach
741, mufs die z w e i t e Epistel geschrieben sein, da der Verfasser
V. 25 ff. 86 (= 78) und durchweg sich von dieser Gattung poetischer Production entschieden lossagt. Wichtiger noch sind die
Andeutungen, dafs er dem Greisenalter, d. h. dem 60. Lebensjahre, nicht mehr allzu fern stehe, besonders V. 211 = 204

accedente senecta (vgl. 55 = 131 f. und 216 = 209). Im fast vollendeten 57. ist er gestorben (746 am 27. November): so werden wir die Zeit dieses Briefes ungefähr zwischen 744 und 746 ansetzen dürfen. Da Tiberius von 742 bis 746 jedes Jahr in Feldzügen abwesend gewesen ist, so macht V. 1 (verglichen mit 20), wenn er andeutet, dafs Florus wie ehemals (734) fortfahre, dem berühmten Heerführer ein treuer Begleiter in seiner Cohorte zu sein, keine Schwierigkeit; freilich bietet eben dieser Umstand auch keinen Anhalt zu schärferer Datirung.

Als besonderes Buch de arte poetica kennt und citirt schon Quintilian VIII 3, 60 ('in prima parte libri de arte poetica') den Brief an die Pisonen, und unter jenem Namen oder einfach als ars poetica ist sie auch den Grammatikern allgemein bekannt. Das 10. Buch der Commentare des Q. Terentius Scaurus zu Horaz (Zangemeister de Hor. vocibus singularibus S. 40 ff., den A. Riese Jahrbb. 1866 S. 478 f. nicht zu kennen scheint) war betitelt 'in artem poeticam', und es ist wahrscheinlich, dafs in hadrianischer Zeit das „Buch von der Dichtkunst" als 10tes der horazischen Werke (4 Bücher Oden, 1 B. Epoden, 2 BB. Satiren, 2 BB. Episteln) den Beschlufs gemacht habe. Zu den Briefen wird es, soviel ich weifs, allein von Charisius (in der zweiten Hälfte des 4. Jahrhunderts[1]) p. 204, 5 K.[2]), oder vielmehr von dessen Auctor Julius Romanus (Ende des 2. und Anfang des 3. Jahrh.: Keil praef. gramm. Latt. I p. XLVIII) gezählt, also folgte es in seiner Handschrift wahrscheinlich auf die Briefe des zweiten Buchs, ohne durch einen besonderen Titel von denselben getrennt zu sein.

Wann zuerst und durch welche Veranlassung die seltsame Anordnung eingetreten ist, welche sich in den 3 ältesten Mavortianischen Handschriften, dem Leidensis, Reginensis und Parisinus des 10. Jahrhunderts findet (carm. I—IV, ars poetica, epodi,

---

[1]) Usener Rhein. Mus. XXIII 491 ff.

[2]) p. 202, 26 betrifft V. 75, dem ich seine Stelle in der ersten Epistel des zweiten Buchs (102) angewiesen habe. Scaurus las ihn freilich schon in der Poetik.

carmen saeculare, epistulae, satirae), ist nicht ermittelt. Jedenfalls scheint sie bereits im 6. Jahrhundert unserer Zeitrechnung bestanden zu haben. Wahrscheinlich ist schon im fünften, als Sidonius Apollinaris carm. IX 223 ff. schrieb, die Poetik von den Episteln losgerissen gewesen, da er bei der Aufzählung der horazischen Schriften dieselben so ordnet: Episteln, Sermonen, Epoden, carmina und ars poetica.

Das einzig brauchbare Fundament für die Zeitbestimmung des Briefs an die Pisonen ist, abgesehen von indirecten Schlüssen aus der Zeitfolge der übrigen horazischen Schriften, die Notiz des Porphyrio, der durch den Nachweis der Poetik von Neoptolemus aus Paros als Quelle für Horaz verräth, dafs er hier aus einem gelehrten Commentar, vielleicht des Scaurus, schöpft: *hunc librum, qui inscribitur de arte poetica, ad Lucium Pisonem, qui postea urbis custos fuit, eiusque filios misit.* Die Charakteristik dieses L. Calpurnius Piso bei Tacitus ann. VI 10 'nullius servilis sententiae sponte auctor, et quotiens necessitas ingrueret sapienter moderans' empfiehlt ihn als Genossen des horazischen Kreises, zumal da seine Trinkliebe erst unter Tiberius ausgeartet zu sein scheint (Plinius n. h. XIV 22, 145 Sueton Tib. 42 Seneca ep. 83, 14). Er mag in Thrakien den Grund dazu gelegt haben und zur Zeit des Horaz nur ein Freund fröhlicher Gelage gewesen sein wie Andere. Im Jahre 739 war er Consul. Wenn er nun 32 n. Chr. im 80. Lebensjahre gestorben wäre (Tacitus ann. VI 10), so müfste er 706 geboren und ungesetzlicher, ja unerhörterweise im 33. Lebensjahre bereits zum Consulat gelangt sein. Diesem Bedenken hilft Riese's Vermuthung (Jahrbb. 1866 S. 480) ab, bei Tacitus statt 'aetas ad LXXX annum processit' zu schreiben 'LXXXX', so dafs seine Geburt 696, sein Consulat in das legitime 43. Lebensjahr fällt. Aber auch seine beiden Söhne konnten '*iuvenes* patre digni' (V. 24) schwerlich als 19—20jährige Jünglinge heifsen, und doch kommt man mit der Annahme, dafs der Vater 706 geboren sei, höchstens soweit, dafs sie 745 und 746 jenes Alter erreicht haben konnten. Geben wir jenem 10 Jahre mehr, so wird der Spielraum für diese sehr erweitert. Bedenkt man, daſs Horaz junge Leute von 18—20 Jahren noch 'puer' zu nennen pflegt (carm. I 5, 1. 9, 16. 13, 11. 27, 20. IV 1, 15. sat. II 1, 60. epist. I 2, 68. 18, 55), so wird man den 'maior iuvenum', der die Poesie und zwar das Drama zu seinem Beruf erwählt hat, für jünger als 23—24 Jahre schwerlich ansehen dürfen. So heiſst im Jahre 739 der 23jährige Drusus (carm. IV 4, 24), im Jahre 734 der 22jährige Tiberius (epist. I 8, 14) 'iuvenis'. Der Brief an die Pisonen konnte also, wenn der Vater frühstens etwa 716 geheirathet hatte, nicht vor 740 oder 741 geschrieben sein. Wenn er aber nicht schon 740 fertig war, so ist er in den Jahren 741—743, als L. Piso die Thrakischen Völkerschaften bekriegte, ihm schwerlich zugestellt worden, sondern erst nach seiner Rückkehr. Denn daſs sein Kriegsruhm und das erworbene decus triumphale in diesem Litteraturbrief, der alles Persönliche bei Seite läſst, nicht ausdrücklich erwähnt wird, kann keinen Unbefangnen Wunder nehmen. Was hätten Siege über die Thraker mit Anweisungen über dramatische Poesie zu thun gehabt? Daſs aber die Poetik in eine Zeit fällt, wo Horaz auf eigene poetische Production verzichtet hat, beweist seine Erklärung V. 303—306 = 89—92: da nun das vierte Buch der Oden noch 741 erschienen ist, so kann er an diese Epistel schwerlich vor 744 gegangen sein.

Wenig braucht uns das Alter des V. 387 empfohlenen Kunstrichters Sp. Maecius Tarpa zu kümmern. Derselbe war 699 eine groſse Auctorität für Beurtheilung von Dramen (Cic. ep. ad fam. VII 1), und könnte immerhin auch 744—746 noch gelebt haben als ein Greis zwischen 70 und 80 Jahren. Er kann aber auch, wie schon Nipperdey im Jenenser Programm (Sommer 1858) bemerkt hat und wahrscheinlicher ist, hier nur als Typus eines strengen und einsichtigen Kritikers genannt sein. Vor 725, als Horaz sat. I 10, 38 (46) schrieb, war er jedenfalls noch im höchsten Ansehn.

Auf sehr schwachen Füſsen aber steht Riese's Versuch (Jahrbb. 1866 S. 476 ff.) die Abfassung des Briefes in das Jahr 733 zurückzuverlegen. Der Vers epist. I 19, 11 soll eine Parodie

von a. p. 269 = 297 f. sein, und da nun der 19. Brief spätestens
734 geschrieben sei, in welchem Jahre Horaz das erste Buch der
Episteln herausgegeben habe, so müsse die Poetik jedenfalls vor
diesem Jahre erschienen sein. Wenn von bewufster Anspielung
die Rede sein soll, so wüfste ich nicht, warum das Verhältnifs
nicht umgekehrt werden könnte. Da der Anklang höchstens für
einen sehr bewanderten Leser des Horaz hörbar war, so konnte
derselbe, ohne dafs darum an sich der Ton jener Ermahnung nie-
driger oder derber würde, allenfalls verstehen: „anstatt *nocturno
certare mero, putere diurno*, wozu ich ehemals die Dichter sollte
angeregt haben, *vos exemplaria Graeca nocturna versate manu,
versate diurna*.“ Dagegen konnte keinem Leser von epist. I 9,
11 einfallen, dem Verfasser folgenden Sinn unterzuschieben: „so-
bald ich einmal öffentlich erklärt hatte, *forum putealque Libonis
mandabo siccis, adimam cantare severis*, hörten die Dichter nicht
auf *nocturno certare mero, putere diurno*, anstatt, wie ich ihnen
in der Poetik empfohlen hatte, *exemplaria Graeca nocturna versare manu, versare diurna*.“ Eben diese Mahnung war hier direct
zu wiederholen, wenn die Parodie zu ihrem Recht kommen sollte.

Ganz nichtig ist der andere Einwand Riese's, der in
V. 136 = 210 ff. ausgesprochene Tadel des kyklischen Dichters
wegen des anspruchsvollen Einganges zu seinem Epos würde auch
die Aeneis des Vergil getroffen, also ihn oder sein Andenken
verletzt haben, wenn dieses Gedicht oder der Anfang desselben
damals schon bekannt gewesen wäre. Also fordre die Delicatesse
anzunehmen, dafs die Poetik jedenfalls vor dem Tode Vergils
(735), oder vielmehr vor Bekanntwerden des ersten Buches der
Aeneis geschrieben sei. Da nun dasselbe bereits im Januar 727
in den Hauptsachen vollendet war und Properz jedenfalls im
Jahre 728 oder 729 eben jenen Anfang 'arma virumque cano'
gekannt hat (III 34, 63 f. und meine prolegg. S. 64 f.), so müfste,
was Riese unbemerkt gelassen hat, die Pisonenepistel sogar vor
dieser Zeit geschrieben sein. Aber jene zarte Rücksicht ist in
der That ganz überflüssig. Horaz tadelt, dafs der Kykliker in
seiner Verheifsung den Mund so voll nimmt: *fortunam Priami*

cantabo et nobile bellum, nicht dafs er die Muse anzurufen unterläfst. Dies zum Gesetz zu machen ist niemals Einem eingefallen. Aufserdem aber wird ihr ja wirklich in V. 7 alle Ehre angethan: *Musa, mihi causas memora*. Auch an den wirklichen Fehlern jenes Verses leidet der Anfang der Aeneis nicht. Schon *cano* ist leiser als *cantabo*; es fehlt jedes klingende Beiwort wie *nobile*, der Name wird vermieden: *arma virumque cano, Troiae qui primus ab oris* u. s. w. hat viel mehr Aehnlichkeit mit dem der Odyssee, wie ihn Horaz übersetzt und als Muster aufstellt: *dic mihi, Musa, virum, captae post moenia Troiae qui mores hominum* u. s. w. Dafs er den homerischen Eingang als Beispiel vorzieht und den seines Freundes übergeht, kommt einfach daher, weil eben auch Vergil an jener Quelle geschöpft hat und die ganze Tendenz des Briefes auf die Empfehlung der griechischen Vorbilder hinzielt.

Es bleibt also dabei: die Poetik ist keinenfalls vor 740 oder 741, wahrscheinlich erst nach 743 geschrieben, ja es kann mit Sicherheit nicht einmal behauptet werden, dafs sie vor dem Tode des Verfassers 746 bereits definitiv vollendet oder veröffentlicht sei.

Mag aber auch jede dieser drei Episteln noch bei Lebzeiten des Horaz an ihre Adresse gelangt und in engeren Kreisen gelesen sein, so kann doch eine Sammlung oder Herausgabe derselben sehr wohl einstweilen unterblieben sein. Wenn Publicationen aus seinem Nachlasse stattfanden, so war die Versuchung zu Fälschungen, wie sie Sueton erwähnt ('venerunt in manus meas et elegi sub titulo eius et epistola prosa oratione quasi commendantis se Maecenati'), um so näher. Objective Kriterien, wie z. B. die Beglaubigung eines authentischen Exemplars letzter Hand, scheinen schon damals gefehlt zu haben, da er nur subjective Gründe der Verwerfung hat: 'sed utraque falsa *puto*; nam elegi vulgares, epistola etiam obscura, quo vitio minime tenebatur.'

ZWEITES CAPITEL.

Die Ueberlieferung.

Dafs der Text der Episteln zu irgend einer Zeit des Alterthums einem Leser in wesentlich anderer Gestalt und Anordnung vorgelegen habe als uns, läfst sich nicht erweisen; aber auch das Gegentheil nur in einem wichtigen Fall. Aus Charisius p. 202, 28 K., d. h. aus den ἀφορμαί des Iulius Romanus (p. 190, 8 K.) geht nämlich hervor, dafs schon Q. Terentius Scaurus V. 75 der jetzigen ars poetica in derselben gelesen hat. Die übrigen Citate sind zum allergröfsten Theil jung: die meisten bei Priscian und Servius, die übrigen bei Charisius, Diomedes, Donat und anderen jüngeren Grammatikern. Sie sind kurz, meist von kritisch unverfänglichen Stellen, etwas bedeutendere Abweichungen auf Gedächtnifsfehler oder Absicht zurückzuführen, namentlich bei Priscian und seinem Schüler Eutyches. Das Wichtigste noch ist, dafs V. 65 der Poetik der Fehler *diu palus* auch von Priscian und Servius anerkannt wird. In unseren erbärmlichen Scholien[1]) sind so ziemlich alle Spuren alter Textüberlieferung und Kritik verwischt, so dafs dahingestellt bleiben mufs, wie weit die durchgreifende Thätigkeit des Valerius Probus den horazischen Briefen zu Gute gekommen sein mag. Auch von dem umfangreichen Commentar des eben genannten Scaurus liegt uns so gut wie Nichts vor. Unsere besseren Handschriften, sowohl die erhaltenen, von denen die ältesten durch fast ein Jahrtausend von der Zeit des Verfassers getrennt sind, als auch die verschollenen, deren weder vollständige noch durchweg zuverlässige Kunde wir Jacob Cruquius verdanken (darunter die älteste blandinische aus einem der ersten 5 Jahrhunderte), geben einen im Ganzen sehr übereinstimmenden Text, der auf die Auctorität irgend eines nicht eben glücklichen Diorthoten zurückzuführen ist. Schon bevor

---

1) Die dadurch nicht werthvoller werden, dafs Usener kürzlich im Rhein. **Mus. XXIII** 491 die älteste Spur des Namens Acron für den einen der **Scholiasten** in einem mittelalterlichen Glossar nachgewiesen hat.

der Consul des Jahres 527, Vettius Agorius Basilius Mavortius, in Rom sein Horazexemplar (vielleicht nur die lyrischen Gedichte) mit einem anderen verglich und nach Kräften verbesserte, hatte jener den im Grofsen und Ganzen gültigen Text für alle Folge festgestellt.

Das ältere Exemplar, aus welchem diese wohl zum Schulgebrauch bestimmte Recension hervorgegangen war, mufs in einzelnen Worten unleserlich und mit Abkürzungen geschrieben gewesen sein, wahrscheinlich in Capitalcursivschrift. Varianten, auch Glosseme, Reminiscenzen und Citate mögen am Rande und zwischen den Zeilen der emendirten Handschrift gestanden haben, eine mäfsige Anzahl, welche nach verschiedener Auswahl in die uns bekannten Abschriften durch unbekannte Mittelglieder übergegangen die Abweichungen derselben unter einander begründen.

Der Bestand und die Aufeinanderfolge der Verse ist, von ganz wenigen Fällen abgesehen, wo unsere Handschriften in (relativ genommen) Kleinigkeiten (Anordnung zweier unmittelbar auf einander folgender Verse, Auslassung eines einzelnen) differiren, in allen wesentlich dieselbe. Nur im Gothanus herrscht auffallende Verwirrung, die ich in folgender Tabelle auf Grund eigner Prüfung der Handschrift klarer und zuverlässiger als nach Kirchner's (novae quaestt. Horr. p. 22 ff.) und Ritter's Angaben zur Anschauung bringe.

Der Codex, in Deutschland geschrieben (über *labris* sat. I 1, 68 steht 'haspelzug'), hat regelmäfsig 16 Zeilen auf der Seite. Der Text des Horaz[1]) beginnt auf fol. 28 mit den Satiren, und ist nach der Verszählung von Meineke in folgender Weise vertheilt:

---

[1]) Uebrigens bedarf es nur eines Blickes in die Handschrift, um sich zu überzeugen, dafs der durch vier leere Blätter von den Satiren und Episteln getrennte Text der Oden und Epoden (oder der 5 Bücher carminum und des carmen saeculare) von einer ganz verschiedenen Hand geschrieben ist und sehr wohl aus einem ganz anderen Exemplar in diesen Miscellancodex eingetragen sein kann. Die Bemerkung zu fol. 108ª beweist, dafs in jenem die Epoden den Satiren voraufgingen.

fol. 28ᵃ: 1 Zeile Ueberschrift (*Q. Oracii Flacci Liber sermonū incipit*).

		sat. I 1,	1— 15	
-	28ᵇ	-	16— 31	
-	29ᵃ	-	32— 47	
-	29ᵇ	-	48— 63	
-	30ᵃ	-	64— 79	
-	30ᵇ	-	80— 95	
-	31ᵃ	-	96—111	
-	31ᵇ	-	112—121. 2, 1—6 ohne Spatium und Ueberschrift.	
-	32ᵃ	-	2, 7— 22	
-	32ᵇ	-	23— 39 (31 zwischen den Zeilen von späterer Hand).	
-	33ᵃ	-	40— 55	
-	33ᵇ	-	56— 71	
-	34ᵃ	-	72— 87 (86 mit gröfserer Initiale).	
-	34ᵇ	-	88—103	
-	35ᵃ	-	104—119	
-	35ᵇ	-	120—134. 3, 1 f. (hat 17 Zeilen: zwischen 2, 134 und 3, 1 kein Spatium; 3, 1 nur durch gröfsere Initiale ausgezeichnet. Am Rande bei 3, 1 *de cantu*).	
-	36ᵃ	-	3, 3— 18	
-	36ᵇ	-	19— 34	
-	37ᵃ	-	35— 50	
-	37ᵇ	-	51— 66	
-	38ᵃ	-	67— 82	
-	38ᵇ	-	83— 98	
-	39ᵃ	-	99—114	
-	39ᵇ	-	115—130	
-	40ᵃ	-	131—142. 4, 1—4 ohne Spatium, mit Initiale.	
-	40ᵇ	-	4, 5— 20	
-	41ᵃ	-	21— 36	
-	41ᵇ	-	37— 52	
-	42ᵃ	-	53— 68	
-	42ᵇ	-	69— 84	
-	43ᵃ	-	85—100	
-	43ᵇ	-	101—116	
-	44ᵃ	-	117—132	
-	44ᵇ	-	133—143. 5, 1—4 mit 1 Zeile Spatium und Initiale.	
-	45ᵃ	-	5, 5— 20	
-	45ᵇ	-	21— 36	
-	46ᵃ	-	37— 52	
-	46ᵇ	-	53— 68	

fol. 47ᵃ sat. I 5, 69— 84
 - 47ᵇ -   85—100
 - 48ᵃ -   101—104. 6, 1—12 ohne Spatium, mit Initiale.
 - 48ᵇ -   6, 13— 28
 - 49ᵃ -   29— 44
 - 49ᵇ -   45— 60
 - 50ᵃ -   61— 76
 - 50ᵇ -   77— 92
 - 51ᵃ -   93—108
 - 51ᵇ -   109—124
 - 52ᵃ -   125—131. 7, 1—9 ohne Spatium, mit Initiale.
 - 52ᵇ -   7, 10— 25
 - 53ᵃ -   26— 35. 8, 1—6 ohne Spatium, mit Initiale.
 - 53ᵇ -   8, 7— 22 (8 mit größerer Initiale).
 - 54ᵃ -   23— 28.30.29.31—38 (neben 28 am Rande von zweiter
                              Hand b, neben 30 a).
 - 54ᵇ -   39 - 50. 9, 1—3. Spatium und Initiale.
 - 55ᵃ -   9, 4— 19
 - 55ᵇ -   20— 29. II, 3, 129—134 ohne Spatium und Zeichen.
 - 56ᵃ - II 3, 135—150
 - 56ᵇ -   151—167 (160 fehlt)
 - 57ᵃ -   168—183
 - 57ᵇ -   184—199
 - 58ᵃ -   200—215
 - 58ᵇ -   216—231
 - 59ᵃ -   232—247
 - 59ᵇ -   248—263
 - 60ᵃ -   264—279
 - 60ᵇ -   280—295 (294 mit größerer Initiale).
 - 61ᵃ -   296—311
 - 61ᵇ -   312—326. 4, 1 ohne Spatium und Initiale.
 - 62ᵃ -   4, 2— 17
 - 62ᵇ -   18— 33
 - 63ᵃ -   34— 49
 - 63ᵇ -   50— 65
 - 64ᵃ -   66— 81
 - 64ᵇ -   82— 95. 5, 1 f. ohne Spatium, mit Initiale.
 - 65ᵃ -   5, 3— 18
 - 65ᵇ -   19— 34
 - 66ᵃ -   35— 50
 - 66ᵇ -   51— 66
 - 67ᵃ -   67— 82

fol. 67ᵇ sat. II 5, 83— 98
- 68ᵃ -   99—110. 6, 1—4 ohne Spatium, mit Initiale.
- 68ᵇ -   6, 5— 20
- 69ᵃ -   21— 36
- 69ᵇ -   37— 52
- 70ᵃ -   53— 68
- 70ᵇ -   69— 84
- 71ᵃ -   85— 93. epist. I, 16, 67—73 ohne Spatium und Zeichen.
- 71ᵇ epist. I 16, 74— 79. 17, 1—10 ohne Spatium, mit Initiale.
- 72ᵃ -   17, 11— 26
- 72ᵇ -   27— 42
- 73ᵃ -   43— 58
- 73ᵇ -   59— 62. 18, 1—3. 8. 4 —7. 9 —11. Spatium und Initiale.
- 74ᵃ -   18, 12— 27
- 74ᵇ -   28— 43
- 75ᵃ -   44— 59
- 75ᵇ -   60— 75
- 76ᵃ -   76— 88. 90. 92 (*oderunt porrecta*) 89.
- 76ᵇ -   93—108
- 77ᵃ -   109—112. 19, 1—12 ohne Spatium, mit Initiale.
- 77ᵇ -   19, 13— 28
- 78ᵃ -   29— 44
- 78ᵇ -   45— 49. 20, 1—10 mit Spatium, keine Initiale.
- 79ᵃ -   20, 11— 26
- 79ᵇ -   27 f.   II 1, 1—13 mit Spatium und Initiale.
- 80ᵃ - II 1, 14— 29
- 80ᵇ -   30— 45
- 81ᵃ -   46— 61
- 81ᵇ -   62— 77
- 82ᵃ -   78— 93
- 82ᵇ -   94—109
- 83ᵃ -   110—125
- 83ᵇ -   126—141
- 84ᵃ -   142—157
- 84ᵇ -   158—173
- 85ᵃ -   174—189
- 85ᵇ -   190—205
- 86ᵃ -   206—221
- 86ᵇ -   222—228. 2, 21—29 ohne Spatium u. Initiale. 2, 22—29 roth durchstrichen, mit der Farbe der Initialen. Am Rande von derselben Hand: *Seᵃ* (d. h. *Sequitur*) *Et nisi cena prior*, d. h. epist. I 5, 27. Neben dem Ausgestrichnen: *Vacat;* vgl. fol. 133ᵇ. Unten mit rother Farbe als custos: *Et nisi cena,* darunter schwarz, ausgestrichen: *praesidium regale* (epist. II 2, 30).

fol. 87ᵃ epist. I 5, 27—31. 6, 1—10 mit Spatium und Initiale.
- 87ᵇ   -   6, 11—26
- 88ᵃ   -   27—42
- 88ᵇ   -   43—58 (57 f. punctirt)
- 89ᵃ   -   57—68. 7, 1—3 mit Spatium und Initiale.
- 89ᵇ   -   7, 4—19
- 90ᵃ   -   20—35
- 90ᵇ   -   36—51
- 91ᵃ   -   52—67
- 91ᵇ   -   68—83
- 92ᵃ   -   84—98. Letzte Zeile von erster Hand leer, von zweiter
                 Ad Celsū Albinovanū Comitem | Neronis.
- 92ᵇ   -   8, 1—16
- 93ᵃ   -   17. 9, 1—13. Nach 8, 17 und 9, 13 je eine Zeile leer;
                 von zweiter Hand nach 8, 17: *Ad Claudiū*
                 Neronem, nach 9, 13: *Ad Ariciū foscū ḡcū.*
- 93ᵇ   -   10, 1—16
- 94ᵃ   -   17—32
- 94ᵇ   -   33—48
- 95ᵃ   -   49 f. 11, 1—14 ohne Spatium, mit Initiale.
- 95ᵇ   -   11, 15—30
- 96ᵃ   -   12, 1—16
- 96ᵇ   -   17—29. 13, 1 f. mit Spatium und Initiale.
- 97ᵃ   -   13, 3—18
- 97ᵇ   -   19. 14, 1—14 mit Spatium und Initiale.
- 98ᵃ   -   14, 15—30
- 98ᵇ   -   31—44. 15, 1 mit Spatium und Initiale.
- 99ᵃ   -   15, 2—17
- 99ᵇ   -   18—32; nach 25 eine Zeile Spatium.
- 100ᵃ   -   33—38. 43 f. 39—42. 45 f. 16, 1 f. ohne Spatium, mit
                 Initiale.
- 100ᵇ   -   16, 3—18
- 101ᵃ   -   19—34
- 101ᵇ   -   35—50
- 102ᵃ   -   51—66
- 102ᵇ sat. I 9, 30—45 ohne Ueberschrift und Initiale.
- 103ᵃ   -   46—61 (59 mit größerer Initiale)
- 103ᵇ   -   62—77
- 104ᵃ   -   78. 10, 9—23 ohne Spatium mit Initiale.
- 104ᵇ   -   10, 24—39
- 105ᵃ   -   40—55
- 105ᵇ   -   56—71

fol. 106ᵃ sat. I 10, 72— 87
- 106ᵇ -   88 f. 91. 90. 92 — 100. II 1, 1. Zwei Zeilen Spatium und Initiale; von zweiter Hand vor II 1, 1: *Q. horacii flacci sermonum liber primus explicit | Incipit 2' foeliciter. velut dyalogus. Trebanio loquitur.*
- 107ᵃ - II 1,   2— 17
- 107ᵇ -   18— 33
- 108ᵃ -   34— 48. In der letzten Zeile von derselben Hand in demselben Zuge als der Text, auch mit roth angestrichener Initiale wie in jeder Zeile: *Vide supra i oda penultiā ſeu in epodon.*
- 108ᵇ -   49— 64
- 109ᵃ -   65— 80 Ueber der Foliozahl 109 von derselben Hand, aber ausgestrichen, 50: sollte vielleicht die auf fol. 108ᵇ neben 49 gesetzte Verszahl 50 sein?
- 109ᵇ -   81— 86. 2, 1—10 ohne Spatium, mit Initiale.
- 110ᵃ - 2, 11— 26
- 110ᵇ -   27— 42
- 111ᵃ -   43— 58 (49 fehlt, nach 52 Spatium von 1 Zeile, 53 mit gröfserer Initiale).
- 111ᵇ -   59— 74
- 112ᵃ -   75— 90
- 112ᵇ -   91—106
- 113ᵃ -   107—122
- 113ᵇ -   123—136. 3, 1 mit Spatium und Initiale.
- 114ᵃ - 3, 2— 17
- 114ᵇ -   18— 33
- 115ᵃ -   34— 49
- 115ᵇ -   50— 65
- 116ᵃ -   66— 81
- 116ᵇ -   82— 97
- 117ᵃ -   98—113
- 117ᵇ -   114—128. 6, 94 ohne Spatium und Initiale.
- 118ᵃ - 6, 95—110
- 118ᵇ -   111—117. 7, 1—9 ohne Spatium, mit Initiale.
- 119ᵃ - 7, 10— 25
- 119ᵇ -   26— 41
- 120ᵃ -   42— 57
- 120ᵇ -   58— 73

fol. 121ᵃ sat. II 7, 74— 89
- 121ᵇ -   90—105
- 122ᵃ -   106—118. 8, 1—3 ohne Spatium, mit Initiale.
- 122ᵇ -   8,   4— 19
- 123ᵃ -   20— 35
- 123ᵇ -   36— 52 (42 fehlt)
- 124ᵃ -   53— 68
- 124ᵇ -   69— 84
- 125ᵃ -   85— 95. epist. I 1, 1—5 ohne Spatium, mit Initiale
- 125ᵇ epist. I, 1, 6— 21
- 126ᵃ -   22— 37
- 126ᵇ -   38— 53
- 127ᵃ -   54— 69
- 127ᵇ -   70— 85
- 128ᵃ -   86—101
- 128ᵇ -   102—108. 2, 1—8 mit Spatium und Initiale.
- 129ᵃ -   2,   9— 24
- 129ᵇ -   25— 40
- 130ᵃ -   41— 56
- 130ᵇ -   57— 71 (letzte Zeile leer).
- 131ᵃ -   3,   1— 16
- 131ᵇ -   17— 32
- 132ᵃ -   33— 36. 4, 1—11 mit Spatium und Initiale.
- 132ᵇ -   4, 12— 16. 5, 1—11 (4, 14 fehlt.) Spatium und Initiale.
- 133ᵃ -   5, 12— 26. II 2, 21 ohne Spatium und Initiale.
- 133ᵇ - II 2, 22— 29. (8 Zeilen leer: am Rande *vacat*) vgl. fol. 86ᵇ.
- 134ᵃ ⎫ leer
- 134ᵇ ⎭
- 135ᵃ -   30— 45
- 135ᵇ -   46— 61
- 136ᵃ -   62— 77
- 136ᵇ -   78— 82. 1, 229—239 ohne Spatium und Initiale.
- 137ᵃ -   1, 240—255
- 137ᵇ -   256—270. 2, 1 ohne Spatium, mit Initiale.
- 138ᵃ -   2,   2— 17
- 138ᵇ -   18— 20. 83—95 ohne Spatium und Initiale.
- 139ᵃ -   96—111 (109 mit größerer Initiale).
- 139ᵇ -   112—127
- 140ᵃ -   128—143
- 140ᵇ -   144—159
- 141ᵃ -   160—175
- 141ᵇ -   176—191

fol. 142ª epist. II 2, 192 — 207
- 142ᵇ - 208—216 (Zeile 10: *finiunt fermones horatii metro,*
6 Zeilen leer).
- 143—146 leer
- 147ª carm. I 1 u. s. w.

Am Rande sind von 10 zu 10 fortlaufende Verszahlen gesetzt, und
zwar bis fol. 106ª vorletzte Zeile 2504. Mit sat. II 1 auf fol. 106ª unten
beginnt eine neue Zählung bis 851 fol. 133ᵇ. fol. 87ᵇ sind die durch-
strichenen Verse nicht mitgezählt.

Columnentitel:

fol. 28ᵇ ·L· fermonū horatii
- 29ᵇ Liber fermonum horatii
- 30ᵇ L. - -
- 31ᵇ - - -
- 32ᵇ - - -
- 33ᵇ ·L· ſʒ·
- 34ᵇ - -
- 35ᵇ - -
- 36ᵇ - -
- 37ᵇ ·L· ſʒ· hõ
- 38ᵇ ·L· ſer.
- 39ᵇ ·L· ſʒ·
- 40ᵇ horatius in fermonum libro
- 41ᵇ ·L· ſʒ
- 42ᵇ ·L· ſer.
- 43ᵇ ·L· ſermonum horatii
- 44ᵇ ·L· ſerm.
- 45ᵇ ·L· s'.
- 46ᵇ ·L· ſʒ
- 47ᵇ ·L· serm.
- 48ᵇ ·L· ſʒ
- 49ᵇ ·L· ſ'
- 50ᵇ ·L· I· ſermonum horatii
- 51ᵇ ·L· I· ſermonum
- 52ᵇ Lı· p'ə S' hõ.
- 53ᵇ L primus ſermonum horatii
- 54ᵇ - - - -
- 55ᵇ - - - -
- 56ᵇ ·L· I sermonum horatii
- 57ᵇ - - -

fol. 58b L· primus fermonum

- 59b Sermonum horatii liber primus
- 60b L I Sermonum horatii
- 61b Horatius in libro Sermonum
- 62b Liber Sermonum horatii
- 63b Liber Sermonum horatii flacci
- 64b L Sermonum horatii
- 65b -　　-　　　　-
- 66b ·L· primus h· in fermonibus
- 67b L· I Sermonum horatii
- 68b leer
- 69b ·L·
- 70b L
- 71b L primus
- 72b　　-
- 73b L· Sermonum
- 74b Sermonum horatii
- 75b ·L· primus
- 76b Sermonum horatii
- 77b ·L· primus
- 78b Sermonum horatii
- 79b L· primus
- 80b L· I
- 81b L primus
- 82b　　-
- 83b　　-
- 84b　　-
- 85b　　-
- 86b　　-
- 87b　　-
- 88b　　-
- 89b　　-
- 90b　　-
- 91b　　-
- 92b　　-
- 93b　　-
- 94b　　-
- 95b　　-
　　　bis
- 105b　　-
- 106b leer
- 107b ·L· 2

fol. 70a primus

- 71a primus fermonum
- 72a Sermonum horatii
- 73a　　-　　　-
- 74a horatii primus
- 75a L· I
- 76a Sermonum horatii
- 77a ·L· primus
- 78a Sermonum horatii
- 79a L· primus
- 80a Sermonum horatii
- 81a Sermonum horatii
- 82a　　-　　　-
- 83a　　-　　　-
- 84a　　-　　　-
- 85a　　-　　　-
- 86a Sermonum
- 87a　　-
- 88a　　-　　　horatii
- 89a　　-　　　-
- 90a　　-　　　-
- 91a　　-　　　-
- 92a horatii
- 93a Sermonum horatii
- 94a　　-　　　-
- 95a　　-　　　-
- 96a　　-　　　-
　　　bis
- 106a　　-　　　-
- 108a Sermonum horatii

Fol. 108ᵇ leer
  - 109ᵇ L 2   fol. 110ᵃ Sermonum horatii
      bis   bis
  - 132ᵇ -   - 133ᵃ   -   -
  - 133ᵇ -

Diese Tabelle zeigt uns an einem handgreiflichen Beispiel, in welche Verwirrung der Text selbst eines so bekannten und viel copirten Dichters wie Horaz kommen konnte. Wäre der Gothanus die einzige handschriftliche Urkunde desselben, — schwerlich würde dem Kritiker, der es wagen wollte die echte Ordnung durch Vermuthung herzustellen, der Vorwurf radicaler Willkür von gewisser Seite erspart bleiben. Ich will hier keinen Nachdruck auf die seit Pauly's quaestt. Horatt. critt. p. 16 ff. hergebrachte Ansicht legen, daſs der Gothanus für Satiren und Episteln die relativ nächste Verwandtschaft mit der ältesten der blandinischen Handschriften habe, die in Capitalbuchstaben geschrieben war. In der That ist, soweit wir aus den directen Zeugnissen des Jac. Cruquius schlieſsen können, die Aehnlichkeit zwischen beiden Texten in den Episteln nicht eben frappant, und die Zahl der Stellen, wo sie von einander abweichen, weit bedeutender als die der Uebereinstimmung, nämlich etwa doppelt so groſs, während eine ausschlieſsliche Gemeinschaft kaum vier oder fünfmal bemerkt wird. Welches aber auch immer der archetypus unserer Abschrift gewesen sein mag: auch in ihm schon sind vermuthlich dieselben Versetzungen zu finden gewesen, da der Gothanus allem Anscheine nach eine ebenso getreue als einfältige Copie seines Originals ist (vgl. fol. 108ᵃ). Dasselbe hatte vielleicht nur die eine Ueberschrift Q. HORATII FLACCI LIBER SERMONUM [I] INCIPIT, wie sie dort fol. 28ᵃ vorangestellt ist. Die einzelnen Eklogen waren nur durch Spatium einer Zeile und eine Initiale hervorgehoben, das zweite Buch der Satiren durch zwei Zeilen Spatium von dem vorhergehenden getrennt. Ein besonderer Titel der Episteln fehlte: auch die Columnentitel lassen vermuthen, daſs die ganze Sammlung als 'sermones' bezeichnet war. Einzelne Bemerkungen

wie die am Schlufs von fol. 108ᵃ mögen zwischen den Zeilen
oder am Rande gestanden haben. Wie wenig Ahnung der
Schreiber des Gothanus von der richtigen Aufeinanderfolge der
Theile hatte, zeigt seine Bemerkung auf fol. 86ᵇ. Der hiermit
übereinstimmende rothe custos am unteren Rande beweist, dafs
auch in dem ihm vorliegenden Exemplar epist. I 5, 27 auf II 1,
228 oder auf 2, 29 folgte. Ursprünglich scheinen die 9 Verse
epist. II 2, 21—29 (fol. 86ᵇ) auf einer Seite oder einem Blatt
allein gestanden zu haben. Bei dem Versuch die Anordnung
des archetypus, welche zu jenen Unordnungen den Grund gelegt hat, herzustellen, wird man von diesem Anhalt ausgehen,
sich aber dabei gegenwärtig halten müssen, was der Gothanus
ebenfalls an einem handgreiflichen Beispiel bestätigt, durch wie
mannigfache Zufälle und Versehen die Regelmäfsigkeit der Ver-
theilung gestört werden konnte: als da sind Versäumnifs oder
irrthümliche Ansetzung eines trennenden Spatium, Auslassung
eines oder mehrerer Verse, Einschiebung zwischen den Zeilen,
Wiederholung, Eintragung einer Rand- oder Interlinearbemerkung
in den Text, Ueberschreitung der regelmäfsigen Zeilenzahl, Lücken.
Von dergleichen Störungen weist der Gothanus in 3355 Versen
ungefähr 40 Fälle nach. Man wird also auf etwa 80 Verse
wenigstens einen Fehler rechnen müssen. Dazu kommen die
der Interpolation verdächtigen Stellen, von denen nicht zu sagen
ist, ob sie bereits in der älteren Urkunde so gestanden haben.
Erwägt man alle diese Momente, so giebt folgende Tabelle, die
unter vorläufiger Annahme der vulgären Versfolge aufgestellt ist,
einigen Aufschlufs über den archetypus des Gothanus.

Uebersprungen sind mit Hinzurechnung von je einer Zeile
zwischen zwei Eklogen

fol. 138ᵇ ff.	62 Verse, mit circa	1 Fehler auf und ab = ungef.	7 × 9
- 86ᵇ	93	- - - 1—2 - - - - = -	10 × 9
- 136ᵇ	124	- - - 2 - - - - = -	14 × 9
- 55ᵇ	494	- - - 6—7 - - - - = -	56 × 9
- 117ᵇ	499	- - - 6—7 - - - - = -	56 × 9
- 113ᵃ	1126	- - - 14—15 - - - - = -	124 × 9
- 71ᵃ	1334	- - - 16—17 - - - - = -	148 × 9

Versetzt sind:

```
fol.  73ᵇ u. 100ᵃ je 4 Verse,
  -   86ᵇ            9   -   mit ca.   1 Fehler auf und ab
  -  132ᵃ f.         9 )
  -  135ᵃ ff.       53 } 62 V.  -  -   1   -   -   -   -  = ungef.  7 × 9
  -  117ᵇ ff.      239 Verse  -  -   3   -   -   -   -  =   -   26 × 9
  -  125ᵃ ff.      261   -   -  - 3—4  -   -   -   -  =   -   29 × 9
  -  136ᵇ ff.      260   -   -  - 3—4  -   -   -   -  =   -   29 × 9
  -  102ᵇ ff.      495   -   -  - 6—7  -   -   -   -  =   -   56 × 9
  -   87ᵃ ff.      496   -   -  - 6--7 -   -   -   -  =   -   56 × 9
  -   55ᵇ ff.      499   -   -  - 6--7 -   -   -   -  =   -   56 × 9
  -   71ᵃ ff.      516   -   -  - 6  7 -   -   -   -  =   -   58 × 9
```

Aehnliche Unordnungen, durch Ueberspringen von Columnen
oder Ueberschlagen von Blättern oder Verwirrung ursprünglich
loser Theile eines Manuscripts hervorgerufen, können sich in
dem Exemplar befunden haben, welchem die jetzige Textgestalt
unserer übrigen Handschriften im Grofsen und Ganzen verdankt
wird. Wenn nach dem Tode des Dichters aus seinem Nachlafs
eine Ausgabe der Episteln und der Poetik veranstaltet ist, so
konnten eben diese losen, vielleicht auch ungleichen chartae sich
verschoben, und ein ungeschickter Diaskeuast, ohne den Anhalt
eines authentischen, vom Verfasser in letzter Hand revidirten
Exemplars, mag nur sehr oberflächlich nachgeholfen haben. Zur
Bestätigung dieser Annahme, die nur durch innere Gründe gerechtfertigt werden kann, mag die Beobachtung dienen, dafs eine
Anzahl von Versgruppen, die an einen falschen Platz verschlagen
zu sein scheinen, denselben oder fast denselben Umfang einfach
oder mehrfach genommen, hat, wie dies folgende Tabelle ergiebt.

Sechs Zeilen oder ein Mehrfaches davon enthalten[1]):

```
epist. I 16, 57 — 62 (45 — 50) = 6
      a. p. 391 — 407 (II 1, 138 — 149) = 17, resp. 12
      a. p. 32 — 37 (23 — 28) = 6.
```

---

[1]) Die eingeklammerten Zahlen sind die meiner Ausgabe.

Sieben Zeilen oder Mehrfaches davon:

epist. I 1,   1—12, dazu 2 Zeilen Ueberschrift = 14 Zeilen
-           13—19 (20—26) = 7 Zeilen
-           20—26 (13—19) = 7   -
-           28—40. 27 (54—67) = 14 Zeilen
-   II 2, 184—190 (I 12, 12—18) = 7   -
-     I 18, 21—36 (17, 58—71) = 16, resp. 14 Zeilen
-           39—66 (17, 72—99) = 28 Zeilen
a. p.   73—85 (II 1, 100—112) = 13 Zeilen
-   II 2, 76—96 (68—88) = 21 Zeilen
-           99—140 (89—130) = 42 Zeilen
-          141—182 = 42 Zeilen
a. p.   24—30 (29—36) = 7 Zeilen
-           38—72 (36—69) = 35   -
-          295—308 (81—94) = 14   -
-          309—322 (120—133) = 14 Zeilen
-           86—91. [92] 93 f. 95—98 (134—145) = 12, resp. 13 Zeilen
-          220—250 (146—172) = 31, resp. 27 Zeilen
-           99—152 (173—226) = 54—56 Zeilen
-          333—346 (227—239) = 14 Zeilen
-          179—219 (240—278) = 41, resp. 39 Zeilen
-          275—294 (313—332) = 20 Zeilen
-          442—448 (399—405) = 7   -

Acht Zeilen oder Mehrfaches davon:

epist. I 1, 41—48 (27—34) = 8 Zeilen
-            52—69 (35—50) = 18, resp. 16 Zeilen
-         6, 28—66 (17—55) = 39 Zeilen (5 × 8 weniger 1)
-        10, 26—41 (6, 56—71) = 16 Zeilen
-        14, 37—39. 32—34. 36. 35 (32—39) = 8 Zeilen
-        20, 14—16. 9—13 (9—16) = 8 Zeilen
a. p.   153—177 (95—119) = 25 Zeilen
-          251—274 (279—302) = 24 Zeilen.

Neun Zeilen:

epist. I 16, 46—49. 52—54. 50 f. (51—59) = 9, resp. 11 Zeilen
-        18, 104—112 (16, 77—85) = 9 Zeilen
-        17, 43—51 (49—57) = 9 Zeilen.

Zehn Zeilen:

epist. II 2, 55—60. 63 f. 61 f. (131—140) = 10 Zeilen
a. p.   323—332 (303—312) = 10 Zeilen.

Elf Zeilen oder Mehrfaches davon:

epist. I 6, 17—27 (72—82) = 11 Zeilen
-      17, 52—62 (38—48) = 11   -
-      18, 67. 72—75. 37 f. 68—71 (100—110) = 11 Zeilen
-          65—75 (55—65) = 11 Zeilen
a. p.   408—418 (70—80) = 11 Zeilen
-          347—390 (333—376) = 44 Zeilen.

Wenn ein Valerius Probus, wie kaum zu bezweifeln, diesen
Verrenkungen auf die Spur kam, so war es doch seiner Methode
so wenig wie der des Aristarch entsprechend, den einmal reci-
pirten Text radical umzuwerfen. Er wird sich begnügt haben,
die betreffenden Stellen mit dem Antisigma zu notiren und ihnen
in kurzer Andeutung ihren richtigeren Platz anzuweisen: diese
Bemerkungen aber, deren Uebertragung in andere Exemplare (wie
aus der Analogie unserer Vergilhandschriften zu schließen) schon
in den ersten Jahrhunderten unterlassen wurde, haben eben das
Schicksal aller seiner kritischen Arbeiten getheilt, von den Ab-
schreibern und der Schule ignorirt zu werden. Dazu kamen,
eben in der Schule, die Verwässerungen durch Interpolation,
theils Einzelverse, die zur Uebersicht den Inhalt größerer oder
kleinerer Abschnitte (wie für ganze Bücher die beliebten argumenta metrica) zusammenfaßten, theils Ausführungen und Bemerkungen, die sich durch Störung des feineren Zusammenhanges
und stümperhafte Fassung verrathen.

KRITISCHE BEMERKUNGEN.

ERSTES BUCH.

1.

Vers 16—19[1]) sind in der überlieferten Ordnung zu behalten $=$
auch haben Philosophen wie Zeller (Philosophie der Griechen -
II 1, 266) und Ueberweg (Grundrifs der Gesch. der Philos. I 68)
keinen Anstofs daran genommen; wohl aber Dobree, der adn.
II 386 in V. 19 *nunc* für *non* vorschlägt; Sanadon, der V. 16. 17.
19. 18 umstellt; Meineke, der früher dasselbe wie Dobree vermuthet,
dann aber eine doppelte Anordnung: 16. 19. 17. 18 oder 16. 19. 18.
17 angerathen hat; und endlich Gruppe (Minos 250 ff.), der durch
einfache Aenderung von *non* V. 19 in *et* zu helfen glaubt. Schon
diese Unsicherheit der Heilung ist bedenklich. Zunächst aber
bezeichnet V. 17 so entschieden den rigoristischen Stoiker, dem
die Tugend eine únwandelbare, sich selbst genügende $\delta\iota\acute{\alpha}\vartheta\varepsilon\sigma\iota\varsigma$
ist, der kein Mehr oder Minder, kein Mittel zwischen $\dot\alpha\varrho\varepsilon\tau\acute\eta$ und
$\varkappa\alpha\varkappa\acute\iota\alpha$ kennt, dafs er keinesfalls von der Schilderung desselben
getrennt und an den Schlufs der Stelle gesetzt werden darf in
dem Sinne: „während ich in beiden Fällen ein strammer
Hüter und Trabant der wahren Tugend bin." Gerade die aus-
gleichende Bedeutung eines solchen Zusatzes hätte dann unzweideutig hervorgehoben und der Ausdruck vorsichtiger gewählt werden müssen, um nicht zu einseitig an die Starrheit und Exclu-
sivität des stoischen Princips anzuklingen.

---

[1]) Die voranstehenden Zahlen entsprechen der Vulgata, die durch $=$
damit verglichenen meiner Anordnung. Wo ich im Text der folgenden Bemerkungen einfache Zahlen angebe, sind immer die der Vulgata gemeint.

Andererseits stimmt V. 19 ganz zu den Grundsätzen des Aristipp und dem Bilde, wie es Horaz in der 17. Epistel (V. 14 ff.) von ihm zeichnet. Jene geistig überlegene Fügsamkeit gegen Menschen und Dinge, ohne sich ihnen hinzugeben; die kluge Benutzung aller Mittel, um jene „glatte Bewegung" der Seele zu gewinnen, in der die „Lust" besteht, wird gerade dort von ihm gerühmt, und bestätigt durch die bekannten Aussprüche bei Stobaeus floril. XVII 18: κρατεῖ ἡδονῆς οὐχ ὁ ἀπεχόμενος ἀλλ' ὁ χρώμενος μὲν, μὴ προεκφερόμενος δὲ, ὥσπερ καὶ νεὼς καὶ ἵππου οὐχ ὁ μὴ χρώμενος, ἀλλ' ὁ μετάγων ὅποι βούλεται; bei Diogenes L. II 75 ἔχω, ἀλλ' οὐκ ἔχομαι· ἐπεὶ τὸ κρατεῖν καὶ μὴ ἡττᾶσθαι ἡδονῶν ἄριστον, οὐ τὸ μὴ χρῆσθαι; und II 68 (vgl. 102) τὸ δύνασθαι πᾶσι θαρροῦντως ὁμιλεῖν. Von diesem Sichdienstbarmachen (*subiungere*) der Dinge, wie eines Rosses oder Schiffes, ist die Autarkie des stoischen Weisen doch verschieden, also kein Doppelsinn.

Die Kehrseite dieser Lehren im Sinne der Cyniker mit geltend zu machen war hier nicht am Platz: denn natürlich tritt dem eklektischen Jünger immer zunächst die Lichtseite derjenigen Schule entgegen, der er sich gerade zuwendet, und von ihr aus charakterisirt er sie, besonders wo ihm doch daran liegen mufs, im Einklange mit dem in V. 11 allgemein angedeuteten ethischen Ziele zu bleiben und den Verdacht einer unedlen Auffassung abzuschneiden.

Zu beachten sind auch die schönen Gegensätze des leisen unvermerkten Abgleitens (*furtim relabor*) von der starren Strenge der Tugendlehre (*rigidus satelles*), des Untertauchens in die Wogen des praktischen Lebens (*mersor*) gegen das Bestreben sich über den Dingen zu halten (*subiungere*); und endlich die Concinnität der beiden zweizeiligen Glieder: denn wie V. 16 und 18, beide mit *nunc* anhebend, in Responsion stehen, so auch V. 17 und 19, indem jeder von ihnen das Schlagwort der betreffenden Schule in ethischer Beziehung angiebt.

V. 21 = 14. Für *longa* nimmt Bentley aus einer Handschrift von Casp. Barth adv. XXXVII 19 *lenta* auf, was sich auch in einer von Jaeck gefunden hat. ˙Dieselbe Verwechslung beider Wörter hat Bentley a. p. 172 vermuthet. Es empfiehlt sich durch die Abwechslung: hätte der Dichter sie nicht gewollt, so hätte er auch beim dritten Gliede (*piger annus*) *longus* wiederholt, z. B. *debenti, longus ut annus*: vgl. 25 f. das dreimalige *aeque*; 95. 97. 101 *rides*; 7, 25 ff. *reddes*. Das von Orelli verglichene Beispiel a. p. 293 beweist für diesen dreigliedrigen Satz Nichts, ebensowenig als I 6, 65 f. *amore iocisque*; 7, 33 *macra*; 14, 7 *fratre*; 43 *optat*; 16, 10 *multa*; 14 *utilis*; 59 *clare*; 19, 28 f. *temperat*; II 2, 168 *emptum . . . emptis*. Daſs freilich im zweiten Gliede auch *longa* von Einem noch einmal gesetzt werden konnte, der auf jene Eleganz nicht ausging, wird zuzugeben sein; und so hat auch Porphyrion gelesen.

V. 20 ff. = 12 ff. 27 = 67. 41 ff. = 27 ff. *his elementis* (27) ist ohne Beziehung auf das Vorhergehende. Welche Grundzüge sind im Vorigen entwickelt oder angedeutet und wo? Nur im Allgemeinen ist V. 25 f. von einem zu erstrebenden Ziele, einer Aufgabe die Rede gewesen, nicht von leitenden Principien. Also auch die Mehrzahl ist unverständlich. Auch an die Lehren des Aristipp und der Stoiker (16—19) kann man nicht etwa denken: da die genannten Verse zunächst nur die Verschiedenheit beider Richtungen hervorheben, denen er sich abwechselnd hingebe, so können sie als bestimmte *elementa*, nach denen der Verfasser sich zu richten habe, schwerlich zusammengefaſst werden; und da schon hier der Dichter erklärt, daſs er beiden Schulen, bald dieser bald jener, praktisch sich anschließe, so war die Beherzigung ihrer Principien keine für ihn noch erübrigende (*restat ut*) Aufgabe. Ja dieses *restat ut* ist auch davon abgesehen in solchem Zusammenhange geradezu unverständlich. Wer versichert, daſs er zu praktischem Zwecke (25 f.) mit ganzem Eifer versenkt sei in philosophische Theorieen, wird deren Hauptsätze dem Leser erst vorführen, ehe er mit der Erklärung abschließt, übrig bleibe ihm, nach denselben zu handeln. Denn daſs *restat ut* nichts Anderes als dies bedeuten könne, nicht etwa „es ergiebt sich", wie noch Feldbausch sich .einbildet, bedarf für Kenner des Latein und genaue Erklärer keiner Versicherung: bei Cicero de nat. deor. II, 16, 44 enthalten die Worte 'restat igitur ut motus astrorum sit voluntarius' das Resultat einer Schlufskette, sie geben von drei aufgestellten Möglichkeiten nach Abweisung der beiden anderen die einzig noch übrig bleibende. Da sich nun die ganze Partie von 28—69, welche jene *elementa* der Weisheit ausführt, paränetisch an den Leser richtet, von V. 70 an aber der Dichter wieder auf sein persönliches Verhalten zurückkommt, so eignet sich V. 27 für den Uebergang vom einen zum andern Theil um so mehr, als ein solcher nach V. 69 vermifst wird.

Unbedingt nöthig ist es nun zwar nicht, aber doch die natürliche, von meinem Schüler Lütjohann (der auch an V. 27 mit Recht Anstofs genommen hat) erkannte Ordnung, dafs auf die Versicherung *curo et rogo et omnis in hoc sum* nach V. 12 unmittelbar die ausgeführte Schilderung dieses Eifers in V. 20—26 folgt. Dann aber kann die nähere Erklärung über die Richtung des Studiums (13—19) ohne Bedenken angeknüpft werden. Empfohlen wird die Umstellung noch insbesondere durch die Beziehung, welche *tuter* V. 13 zu *nocebit* V. 26 gewinnt.

Vor Allem aber war nach dieser Einleitung das erstrebte Ziel scharf zu bezeichnen, der feste Punkt, welchen auch der dilettantische Eklektiker im Auge hat. Dies geschieht jedoch erst in der Mitte der folgenden Auseinandersetzung V. 41 f. in einer Definition, die an der Spitze zu stehen sich vorzüglich eignet: keinem System ausschliefslich zugethan erkenne ich als den Kern meines Strebens *vitium fugere* und *stultitia caruisse*. Auch wird hieran zur Bestätigung von V. 25 f. passend zunächst angeschlossen, wie natürlich und unentbehrlich die Erwerbung jenes höchsten Gutes sei (—48). Der schon mit V. 43 begonnene Vergleich desselben mit dem von der Menge vor Allem geschätzten Gelde wird hierauf von V. 52—69 fortgeführt, unterbrochen nur durch drei Verse 49—51, deren Inhalt sich dieser Gedankenreihe freilich ohne erhebliche Schwierigkeit einfügt. Der

8 *

Kaufmann, der sich den Gelderwerb so sauer werden läfst (45 f.)
und darüber höhere Güter versäumt, wird passend mit dem Klopf-
fechter verglichen, der ohne sonderlichen Ruhm davonzutragen
seine Haut 'inter angustias vicorum' (Suet. Oct. 45) oder an den
Kreuzwegen, sei es am Feste der Compitalia oder sonst (vgl.
Preller R. M. 495), zu Markte trägt. Nur ist der Kaufmann
noch thörichter als dieser: denn während der ordinäre Faust-
kämpfer, wenn er auch in Olympia auftreten wollte, sicherlich
nicht *ἀκονιτὶ* wie ein Dromeus (Pausan. VI 11, 4) oder Dioxippus
(Plin. n. h. XXXV 11, 139) im Pankration die Palme davontragen würde, so könnte jener sich die körperliche Anstrengung wirklich sparen, und wenn er nur den rechten Preis, der
kostbarer als Silber und Gold ist, ernstlich ins Auge fafste, *sine
pulvere* den Siegeslohn der Tugend davontragen. Indessen wird
durch die Einschachtelung dieses neuen Gleichnisses die Einheit
und Klarheit des Gedankenganges doch merklich gestört, der
vollkommen durchsichtig bleibt, wenn die Parallele zwischen
Geld und Tugend ohne Unterbrechung nach V. 48 mit 52 ff.
fortgesetzt und erledigt wird. Dagegen, nachdem der Werth philosophischer Tugend in den stolzen Worten 68 f. gepriesen ist,
nach dem erhebenden Bilde dieses wahrhaften Geisteshelden, der
frei und aufrecht, nicht sich unterwerfend, der übermüthigen Fortuna seinen Mann steht (*responsare*: vgl. sat. II 4, 18. 7, 85.
103 und das *τύχῃ ἀντιτάξεσθαι*, was Epicur dem Weisen zu-
schrieb: Diog. L. X 120), am Schlufs dieses Abschnittes (nach
69) tritt jenes Enthymem vom Olympischen Sieger viel schlagender in sein Recht ein: die Ausdrücke des Kampfes hier und
dort heben und stützen einander. Und hier, wo das ideale Ziel
des philosophischen Strebens in seinem höchsten Glanz gezeigt ist
(*dulcis ... palma*), findet auch die Ermuthigung des an seiner
Kraft Verzagenden ihre Stelle (von V. 28 an), dafs auch mit der
relativen Annäherung an dasselbe schon etwas erreicht sei: *est
quadam prodire tenus, si non datur ultra* (32). Dem entsprechend auch in der weiteren Ausführung 34 *lenire*, 35 *magnam morbi deponere partem*, 37 *recreare*, 39 *mitescere*. Die

Verbindung mit den eben umschriebenen Sätzen wird auch durch die demselben Anschauungskreise entlehnte Erinnerung an den Athleten Glycon (30) festgehalten. Nur wendet der Verfasser, zu seiner Definition (*vitium fugere*) zurückkehrend, seine Ermunterung der Schwachen von dem Bilde des Kampfes ab und geht in das mildere der Heilung über (29. 31).

Nachdem nun diese Paränese, die sich an den Leser wendet, mit V. 40 beendet ist, bildet den Uebergang zu der persönlichen Aufgabe und Richtung des Verfassers V. 27, indem *regam* auf die moralische Zucht, die V. 28—40 behandelte (vgl. besonders 39 f. *ferus — mitescere — culturae*), *soler* auf den Widerstand gegen die Launen des Schicksals, die V. 68 f. berührt waren, zurückweist; *restat ut* endlich den Abschluſs des vorhergegangenen Abschnittes deutlich bezeichnet.

Thöricht ist die in Mützells Zeitschrift XVI 320 f. empfohlene Erklärung: weil die Vernachlässigung des philosophischen Studiums Knaben und Greisen schade, Horaz aber Greis sei und die Philosophie bisher vernachlässigt habe (was beides nicht wahr ist), so bleibe ihm nur übrig nach folgenden Anfangsgründen sein Thun zu lenken und sich damit zu trösten. Nicht Annehmbareres bietet F. Pahle, dessen lange, aber, soviel ich sehe, „zur Erklärung des ersten Buches der Horazischen Episteln" keine Frucht bringende Analysen (in Fleckeisens Jahrbb. LXXXXVII 1868 Heft 3 und 4) mir so eben bei der letzten Durchsicht meines Manuscriptes zu Gesicht kommen. Nach ihm (S. 187) führt Horaz nach der Klage, daſs er in seinem Studium der Philosophie „zu oft gestört werde und nicht so vorwärts komme, wie er wohl möchte" (das soll in 20—26 stehen!) mit folgendem „Gedanken" fort: „darüber muſs ich mich trösten (*regam = erigam* und synonym mit *consoler*!) mit meinen (*his*!) nur auf die Elemente sich erstreckenden Kenntnissen" (*elementis*!); wobei *ipse* unterschlagen wird und im Ganzen das schöne Bekenntnifs herauskommt „ich bin ganz in die Philosophie vertieft, und weil ich dem Ziel der philosophischen Erkenntnifs mit der gröſsten Ungeduld zustrebe, so — beruhige ich mich bei meinen bereits erworbenen Anfangsgründen“. Freilich wird daraus gleich nachher wieder ein „ins Klare kommen“ über die Grundlehren: nur mit dem Text kommen wir nicht ins Klare. Mit einer so naiven Interpretationskunst (die z. B. in V. 6 die Besorgnifs des Dichters erkennt, das Joch der Lyrik nicht wieder loszuwerden, wenn er sich einmal in dasselbe habe spannen lassen) mich auseinanderzusetzen, werde ich mir im Folgenden ersparen, wozu ich um so mehr berechtigt bin, da auch der Verfasser von der neueren Kritik und Erklärung über Döderlein hinaus keine Notiz nimmt.

V. 46 = 32. Zu verbinden ist *per mare pauperiem fugiens* u. s. w., nicht *curris ... ad Indos per mare, pauperiem f., per saxa, per ignis*. Nimmt man *ignis* auch als Sonnenbrand wie carm. III 3, 55 (vgl. Vergil ge. I 234, Lucan VIII 848 IX 375, Silius Italicus XVI 99), so dafs sie zu den regelmäfsigen Reisestrapazen eines Indienfahrers gezählt werden können, so hat doch *curris* seine Localbestimmung, das Ziel, in dem Zusatz *ad Indos*, während der zu durchmessende Raum, wozu schon der Rahmen des Verses einladet, passend mit demjenigen Verbum verbunden wird, welches zugleich den Beweggrund (*pauperiem fugiens*) andeutet, wozu denn auch das Folgende in unmittelbarem Verhältnifs steht. Entsprechend Theognis 175 f., den Porphyrion so anführt:

χρὴ πενίην φεύγοντα καὶ ἐς βαθυκήτεα πόντον
φεύγειν καὶ πετρῶν, Κύρνε, κατ᾽ ἠλιβάτων.

V. [56] entlehnt aus sat. I 6, 74, wo er allein zur anschaulichen Schilderung der lieben Schuljugend pafst, während er hier von *iuvenes senesque* gesagt höchstens als Anspielung auf jene Stelle und somit als frostiger Scherz zu fassen wäre, daher von Guyet mit vollem Recht getilgt ist. Die alberne Belehrung bei dem sogen. Acron, es sei vor Zeiten Sitte in Rom gewesen, dafs Philosophie studirende Jünglinge und Senatoren beim Eintritt in die Curie (oder Wucherer beim Eintritt in den Janusbogen, die Börse,) am linken Arm Schreib- (oder Rechen-)tafel und eine Cassette (*loculos*) zu etwaigen Einkäufen (oder gar zum

Eincassiren von Zinsen) bei sich geführt hätten, wird in dieser
Fassung als Erklärung des Verses jeden Verständigen nur er-
heitern (vgl. C. Fr. Hermann progr. Marburg. 1838, Zeitschr. f. A.
1842 p. 239). Marklands Conjectur aber *senesque et laevo —
lacerto*, die Döderlein „sinnreich" nennt, wird kaum durch die
wenigen Beispiele eines *et* am Versschlufs nach Synalöphe (7, 22
decorum et; sat. II 2, 58 *vinum et*; 5, 97 *urgue et*; 8, 92 *earum
et*: epist. I 6, 34 ist *et* nach *porro* zu tilgen) als möglich gerechtfertigt, aber als absurd erwiesen durch das Folgende, wo
eben diesen *pueri* eine *nenia* ganz entgegengesetzten Sinnes in
den Mund gelegt wird (59 f.).

V. 59 f. = 41 f. Der Knabenvers war ein trochäischer Sep-
tenar und lautete nach Porphyrion:

    rex erit, qui recte faciet: qui non faciet, non erit;

was leicht in die Horazische Formel umzuändern ist:

    rex eris, si recte facies: si non facies, non eris.

Also kann man die folgenden Worte, die der Naivetät eines
Kinderliedes auch wenig entsprechen, nicht für dasselbe mit in
Anspruch nehmen, wie Scheibe (Jahrbb. f. Philol. 1859 S. 129)
wollte. Nun greift aber die im Stil des Tugendpredigers gehal-
tene Ermahnung, die schon Wieland aus dem Ton zu fallen
schien, und Keck (Plöner Progr. 1857 S. 7 f.) wahrlich nicht
dadurch vor diesem Vorwurf geschützt hat, dafs er sie als eine
philosophische Declaration der 'nenia puerorum' erklärt, *hic murus
aëneus esto* u. s. w., der ironischen Frage 62 ff. vor, welche in
sich kein Argument enthält, das ihr ohne Weiteres den Charakter einer kategorischen Behauptung oder eines indirecten Be-
weises aufprägen könnte. Die Zweideutigkeit des Ausdrucks in
V. 61, die Zangemeister (de Horatii vocibus singularibus. Bero-
lini 1862. S. 30 ff.) und Döderlein (dieser *pallescere*, jener *conscire*) vielleicht nicht ganz mit Unrecht gegen Meineke in Schutz
genommen haben, möchte noch hingehen, obwohl sie grade in
der runden Form einer Gnome doppelt bedenklich erscheint:
aber erwartet man nicht der ganzen Umgebung entsprechend in
V. 61 *tibi* statt *sibi*? Dafs nun, wenn man sich entschliefst,

diese anderthalb Verse mit Meineke als Interpolation zu tilgen, eine Lücke entsteht, kann man beklagen, aber ein Argument gegen diese Annahme ist es nicht. Mit Gruppe dagegen (Minos S. 248) auch noch die erste Hälfte von V. 60 zu streichen, um dann V. 59 glatt an 62 rücken zu können, ist nicht zu empfehlen, da in den Worten *si recte facies* der wahre Schwerpunkt unserer Stelle liegt: so bekannt sie also auch dem Leser sein mochten, so erforderte schon die Klarheit des Zusammenhanges ihre Hinzufügung.

V. 76 = 74. *es* ist handschriftlich am besten bezeugt, auch Pseudo-Acron hat es im Lemma. Da im Folgenden (91. 95. 97. 101. 104) die Anrede fortgesetzt wird und durchweg auf den *populus* (70) paſst, so ist auch hier die zweite Person der dritten vorzuziehen. Dann aber ist es nur folgerichtig, auch das Uebrige als die V. 74 angekündigte Antwort auf die Frage jenes populus aufzufassen, also die Anführungszeichen nicht mit V. 75 zu schlieſsen, obwohl die Antwort des Fuchses zunächst sich nicht weiter erstreckt (darin hat Bentley Recht). Das Folgende ist der Commentar hierzu, der aber auch an die Adresse des Volkes und seiner einzelnen Glieder (aber nicht etwa des Mäcenas ausschlieſslich) gerichtet ist.

V. 91 = 89. Bentley's schöne Verbesserung *viden ut* (vor *mutat*) befreit uns von dem schalen *ride* der Handschriften, dessen Unverträglichkeit mit dem Folgenden, im Gedankengange wie in der Form, er nachgewiesen hat, ohne widerlegt zu sein. Die Döderlein'sche Interpunction *quid? pauper — ride! — mutat* bessert Nichts, sondern zerhackt nur den Vers.

Warum Lehrs Rh. Mus. XVII 489 Vers 101 = 99 für „verkehrt und unmöglich" erklärt, bekenne ich nicht einzusehen. Dasselbe Volk (immer noch der populus von V. 75, nicht, wie auch Bentley miſsversteht, Mäcen), das für jede Unebenheit in der äuſseren Erscheinung ein so scharfes Auge hat und den Spott auf offener Straſse nicht spart, nimmt doch an Widersprüchen des Charakters, an Verworrenheit des Willens keinen Anstoſs, hält diese *insania*, die es als solche natürlich nicht

erkennt, für etwas dem Brauch (wobei sich ja die Menge zu
beruhigen pflegt) ganz Angemessenes, findet also weder Spott
noch was wirklich Noth thäte, eine ernste Cur oder eine Auf-
sicht, wie sie Unzurechnungsfähigen von Obrigkeitswegen gesetzt
wird, für angebracht.

103 = 101 ff. Hier (oder vielmehr von 94 an) auch nur
vorzugsweise an das Verhältnifs des Mäcenas zu Horaz zu denken
wäre beider unwürdig. Angeredet ist auch hier das Volk, welches
aber wie der Löwe (73) als Individuum gefafst wird, daher eine
beliebige einzelne Persönlichkeit, obwohl selbst nichts Anderes
als Glied jener Gesammtheit, doch ihr als Freund oder Client
gegenüber gestellt, sie selbst als Obhut und Aufseherin (*tutela*)
des Einzelnen aufgefafst werden kann. Von ihrem Urtheil hängt
derselbe ab (*de te pendentis*), nach ihrem Vorbilde richtet er
sich um nicht aufzufallen (*respicientis* wie a. p. 317 = 128) und
entsprechend der Forderung von V. 71 f. *iudiciis fruar isdem
nec sequar aut fugiam quae diligit ipse vel odit.*

Inhalt.

·Poetische Arbeiten habe ich aufgegeben, mich ganz der Philosophie in die Arme geworfen (1—19 meiner A.). Ohne einer einzelnen Schule ausschliefslich anzugehören (20—26), erkenne ich
als Hauptziel das Ablegen jeder Thorheit, die das Leben be-
unruhigt und trübt (27—34). Innere Freiheit ist mehr werth
als Gold und leichter zu gewinnen, wenn man sie ernstlich erstrebt (35—53); und wenn man sie auch nicht gleich ganz
erwerben kann, so ist doch schon die Milderung der Leidenschaften, welche das menschliche Herz bestürmen, wohlthätig
(54—66). Dieser Erkenntnifs will ich folgen, nicht den Meinungen
der Menge, die keinen festen Halt giebt, heute dies, morgen
jenes will (67—91), und nicht ahnt, wie thöricht sie ist
(92—103). Kurz, der Weise allein ist glücklich (104—106).

II

V. 14 will Prien (Die Symmetrie u. Responsion der römischen Elegie. Programm des Catharineums in Lübeck. 1867 S. 80) getilgt wissen, weil er mit V. 8 und 15 f., wonach den Völkern ebenfalls wie den Fürsten Verschuldung beigemessen werde, nicht nur Bufse für die Sünden der Könige, in offenbarem Widerspruch stehe. Sind denn aber dadurch die Achiver zu Weisen und Heiligen gemacht, dafs (in der Sache vollkommen richtig) bemerkt wird, sie haben die Thorheiten der Könige zu büfsen? Können sie nicht aufserdem noch ihr besonderes Theil von Schuld sich verdienen? Nur dafs die Fehler der Anführer stets viel verhängnifsvoller sind und demnach doch auch bei Homer entschieden in den Vordergrund treten. Einer vermeintlichen Symmetrie von V. 6—16 und 17—26 zu Liebe, die übrigens durch kein Zeichen (als da sind Wiederholung derselben Wörter oder Wendungen, gleiche Structur und Interpunktion) markirt wird, kann dieser classische Vers doch nicht fallen.

V. 25. Der unschuldige Odysseus, dem für den Fall seiner Versetzung in den Stall der Circe dieses aufgedrungene ·Verhältnifs der „Dienstbarkeit bei einer Buhlerin" als ein „unsittliches" angerechnet werden soll, — nach Döderlein's Meinung nämlich, der *turpis* so erklärt, hierauf mit Th. Schmid interpungirt, und *et excors* zum Folgenden zieht! Also zurechnungsfähig als ehemaliger Mensch, eine arme, hülf- und gedankenlose Creatur als Hund · oder Schwein?

45. *pacantur silvae* (so alle codd. und Pseudo-Acron) kann, wie Lachmann zu Lucrez S. 338 richtig bemerkt hat, nur heifsen: sie werden von wilden Thieren befreit (vgl. Verg. Aen. VI 803), während doch Horaz nur von Urbarmachung des Bodens sprechen will. Ganz richtig von Bodencultur gesagt ist II 2, 187 = I 12, 15 *ferro mitiget agrum*, schützt aber nicht unser *pacantur*. Ebenso wenig hilft uns die vermeintliche Analogie von Ausdrücken wie 'terram rastris (ferro) *domare, moliri, exercere, subigere*' oder 'terra *mansuescit* arando.' Ganz unpassend wird

verglichen Germanicus Phaenom. 117, wo es von der im goldenen Zeitalter durch den Ackerbau noch unberührten Erde heifst: 'fructusque dabat *placata* colono sponte sua tellus': sie war ihm freundlich gesinnt, durch Opfer gewonnen. Im Zusammenhange unserer Stelle wird auch weniger ein Wort erwartet, welches den civilisatorischen Zweck des Ackerbaues hervorhebt, vielmehr liegt es in der Tendenz des Verfassers, die harte Arbeit und Mühe um des Erwerbes willen zu betonen. Demnach stand wohl vielmehr geschrieben: *parantur = perarantur*, wie Nodell nott. critt. ad Avian. c. 4 p. 92 längst vermuthet hat. Und wirklich hat eine Handschrift bei Obbarius *parantur*.

V. [46]. [57]. Dafs [46] den Zusammenhang stört, hat Lehrs Rhein. Mus. XVII 488 richtig bemerkt; einen besseren Platz glaubte Chr. Lütjohann für ihn nach V. 55 ausfindig zu machen, wo er indessen wenigstens entbehrlich ist, da *certum voto pete finem* (56) dasselbe sagt, nur gedrungener. Gewifs aber hat der Verfasser, wer er auch gewesen sein mag, diese Partie mit jenem Spruch bereichern wollen. Er wird uns jedoch um so verdächtiger, da wir eben hier in der Nähe gleich wieder auf einen solchen stofsen, [57], der in der monotonen Reihe einzeiliger Sentenzen der vierte sein würde, und in 58 f. nicht nur dem Inhalte nach wiederholt wird, sondern auch durch Wiederkehr desselben Wortes am Anfange (*invidus* und *invidia*) sehr lästig in die Ohren fällt. In unseren Scholien wird V. [57] nicht behandelt.

60 = 58 ff. Döderlein's Interpunction (*qui non moderabitur irae, infectum volet esse dolor quod suaserit et mens. Dum poenas odio per vim festinat inulto ira, furor brevis est*) nimmt dem ersten Satze ein nothwendiges Glied, um dem zweiten ein überflüssiges, ja störendes vorn anzuhängen. Denn offenbar bildet einen Gedanken Folgendes: der Jähzornige wird bereuen was er in der Uebereilung (*dum — festinat*) aus Rachsucht, seiner augenblicklichen Leidenschaft folgend (*dolor quod suaserit et mens*) gethan hat. Einer Modification des Satzes *ira furor*

brevis est bedurfte es nicht, da der von Döderlein in Schutz genommene „heilige Zorn" überhaupt nach dem ganzen Zusammenhange nicht unter den Begriff der *ira* in Horazischem wie überhaupt wohl in philosophischem Sinne fällt.

66 = 64. Nicht im Anbellen, sondern im Anpacken des Wildes wird der Jagdhund auf dem Hofe geübt, ('ipsa *venabitur* aula' Gratius Cyneg. 167), indem er am Hirschfell den Geruch des Thieres kennen lernt. Wenn unser Serviuscommentar zur Bestätigung dieses letzteren Umstandes, auf den Vergil Aen. VII 480 (*noto naris contingit odore*) anspielt, unsere Stelle (*venaticus — aula*) anführt, und unsere Handschriften des Scholiasten (soweit sich davon jetzt reden läfst) *latravit* bieten, wie auch bei Horaz die Vulgata lautet, so beweist das noch lange nicht, dafs Servius selbst in seinem Exemplar so las und es billigte. Pseudoacron ('gustavit, persecutus fuerat') scheint eher *laceravit* gelesen zu haben. So steht in Handschriften von Fea und Obbarius, wenn auch in letzteren von zweiter Hand. Ein zweites Beispiel der häufigen Verwechslung von *latrare* und *lacerare* bietet sat. II 1, 85 (*latrauerit BHSgω lacerauerit ς*), wo Bentley nachzusehen ist. So hat ferner in der Ciris 61 der Rehdigeranus *latrasse* statt *lacerasse*. Vgl. auch Schillers „Kampf mit dem Drachen":

> Und als das Bild vollendet war,
> Erwähl' ich mir ein Doggenpaar,
> Gewaltig, schnell, von flinken Läufen,
> Gewohnt den wilden Ur zu greifen;
> Die hetz' ich auf den Lindwurm an,
> Erhitze sie zu wildem Grimme,
> Zu fassen ihn mit scharfem Zahn,
> Und lenke sie mit meiner Stimme.
>
> Und wo des Bauches weiches Vliefs
> Den scharfen Bissen Blöfse liefs,
> Da reiz' ich sie, den Wurm zu packen,
> Die spitzen Zähne einzuhacken.

70 = 68 f. Das Urtheil von Lehrs Rhein. Mus. XVII 488, dafs die Schlufsworte „ in diesem Zusammenhange und in dem Verhältnifs, in welchem Horaz zu Lollius diese Epistel schrieb, abgeschmackt“ seien und den echten Schlufs verdrängt haben, kann ich nicht unterschreiben. Warum sollte Horaz nicht haben mit einer Wendung schliefsen können folgenden Sinnes: „ich rathe dir, bei Zeiten Philosophie zu treiben, indessen will ich dich in deinem Tempo ebenso wenig stören, als ich mich in dem meinigen stören lasse“? Auch kann ich *quodsi cessas aut strenuus anteis* nicht so räthselhaft finden, dafs es zu seiner Erklärung oder Rechtfertigung so künstlich und unwahrscheinlich ersonnener Hypothesen bedürfte, wie sie Kolster neulich (im Meldorfer Programm 1867 S. 9 f.) vorgetragen hat, als ob sich Lollius brieflich wegen seiner Fortschritte in der Rhetorik über den auf diesem Gebiete mit Niemandem rivalisirenden Dichter überhoben hätte; oder etwa der Döderlein'schen Annahme, dafs L. in Physik, Dialektik und allen möglichen anderen speculativen Disciplinen der Philosophie seinen ungelehrten Freund zu überholen drohe. Dem urbanen, ironischen Dichter war es ja ganz natürlich, selbst dem Jüngeren, Unreifen gegenüber den Lehrton so herabzustimmen, dafs er eine Umkehr des Verhältnisses zwischen Schüler und Meister wenn auch nicht gerade für den Augenblick statuirend doch für die Zukunft stets offen hielt. Hier spricht er allgemein, zeitlos. Möglich, dafs unter irgend welchen Umständen Lollius wirklich einmal auch in der Lebensphilosophie den Vorsprung gewinnt. Obwohl nicht einmal hiervon ausdrücklich die Rede ist: beide Verba (*cessas* und *anteis*) können auch auf ganz verschiedene Sphären bezogen werden. Lollius kann in der Philosophie hinter Horaz zurück sein, während er ihm auf der Bahn des praktischen Lebens, der politischen Thätigkeit rüstig und wacker voraufgeht, ohne dafs Jener deshalb das ehrgeizige Verlangen spürt, ihm nachzueifern, ihn zu ereilen (*nec praecedentibus insto*), so wenig er seinen Schritt dem von ihm gewählten Ziele zu um des Zögernden willen zu hemmen gesonnen ist (*nec tardum opperior*).

Inhalt.

Die Lebensphilosophie des Homer (1—5 m. A.). Die Thorheiten der Fürsten gebüfst und getheilt von den Völkern (6—16); Vorbild der Besonnenheit Ulixes (17—26). Unser Spiegel die unthätige Menge (27—31): warum sind wir so faul, für unser Bestes, die Gesundheit des Geistes, zu sorgen, da wir doch geringere, ja verbrecherische Zwecke eifrig verfolgen (32—43)? Alles äufsere Gut hilft uns ja ohne jene Nichts (44—53). Vor Allem müssen die Begierden und Leidenschaften gezügelt werden, und zwar in der Jugend (54—69).

III

V. 9. Die Interpunction *quid? Titius* statt *quid Titius* mit Fragezeichen nach *ora* ist von Halm angegeben. (Zeitschr. f. österr. Gymn. 1857, S. 125.)

V. 30. *sit*, welches die besten Handschriften, unter ihnen die Blandinischen, nebst Porphyrion bezeugen, ist vollkommen untadlig, wenn man V. 31 mit *an* eine neue, unabhängige Frage beginnen läfst, der Lockerheit des Briefstils ganz angemessen; wie dies schon Th. Schmid im Wesentlichen richtig angegeben und Döderlein angenommen hat.

Dagegen ist der Einfall des Letzteren, V. 35 nach *vivitis* das Komma zu streichen, nach *foedus* den Satz mit Punkt zu schliefsen und *ubicumque* V. 34 adverbialisch zu fassen, durchaus verwerflich. Weder ist diese adverbialische Bedeutung gerechtfertigt (denn bei Ovid amor. III 10, 5 ist längst auf handschriftlicher Grundlage *ubi quaque* hergestellt), noch hat in diesem Zusammenhange der momentane Aufenthalt der Freunde irgend eine Bedeutung (die er erst gewinnt, wenn die Entfernung von der Heimath im Geist gemessen und an die Rückkehr gedacht wird), noch liegt irgend ein plausibler Grund vor, den letzten Satz (36) von seinen natürlichen Gliedern loszureifsen und äufserlich vereinsamt hinzustellen, während er doch nur

durch die innige Verbindung mit dem Vorigen Wärme und
Leben erhält.

IV

V. 6. *eras*, als du noch in Rom warst und wir mit einander verkehrten: hoffentlich hast du dich nicht verändert. So
hat schon Th. Schmid das Imperfectum ganz verständig gefaſst.
Horkel's (anall. 139 f.) Besorgniſs, daſs mit solchem Lobe und
solcher Hoffnung, die sich bei einem Manne wie Tibull von selbst
verstanden habe, dem fein organisirten Freunde zu nahe getreten
werde, ist wohl zu ängstlich. Es kommt nur auf den Maaſs-
stab an. Wie viele in Rom werden nach dem des Horaz in der
That *corpus cum pectore* gewesen und von ihm unter Seinesgleichen
als solche bezeichnet sein! Hier aber ist es, wie aus dem unmittelbar
Folgenden hervorgeht, gar nichts so sehr Sublimes, was sich Horaz
unter diesem „Herzen“ oder richtiger Kopf denkt, den der
Freund im Leibe habe. Es ist die „Kunst zu genieſsen“ (7),
der Gaben, welche Natur und Glück gespendet, sich erfreuend
auch die Reize des Landlebens, die Freuden harmloser Tage und
Stunden aus dem Vollen, in reiner Stimmung (ungetrübt von
vergeblichen Gedanken an die Zukunft wie von Affecten der
Leidenschaft: 12) auf sich wirken zu lassen. Wie viel inhalts-
voller und gemüthlicher in diesem Sinne die traute Erinnerung
an gemeinsame Genüsse als die kalte, fast schulmeisterliche
Erwartung, *eris*, wie Horkel vorschlug, der Sinn und Zusammenhang der Worte überhaupt nicht verstanden hat!
V. 9. Sämmtliche Ausgaben haben am Schluſs des Verses
cui, auch Bentley, der nach Aufnahme des sicher (u. A. durch
die Blandinii und den Bernensis; *quin* der Gothanus u. a.) be-
glaubigten *qui* zu Anfang desselben sich nicht anders zu helfen
wuſste als durch die etwas seltsame Erklärung, der *dulcis
alumnus*, welchem die Amme ihre Segenswünsche widme, sei
eigentlich schon ein fertiger Mann, mit Allem ausgestattet, was
eben die gute Pflegerin seiner Kindheit ihm nicht etwa damals

von den Göttern erfleht habe, sondern jetzt erflehen würde, — wenn er es nicht zum Glück schon besäfse. Sie soll z. B. *divitias* (7) wünschen dem, *cui contingat domus et victus non deficiente crumena.* Es ist bezeichnend für die tiefe Neigung der meisten Horazerklärer zum Verkehrten, dafs d i e s e Verirrung Bentley's, soviel ich weifs, keinen Widerspruch erfahren hat. Denn Th. Schmids Bemerkung, statt *contingat* V. 10 werde in solchem Zusammenhange eher *contigerit* erwartet, ist deshalb nicht schlagend, weil *gratia, fama, valetudo* (freilich nicht *domus*) Güter sind, die sich täglich erneuern müssen, wenn sie Werth haben sollen. Dagegen mufste schon der überschwängliche Ausdruck *contingat abunde* (10) und *possit* in V. 9 bedenklich machen, da man Jemand wohl w ü n s c h e n kann, dafs es ihm doch m ö g l i c h, beschieden wäre, Herz und Zunge auf der rechten Stelle zu haben, bei einfacher Personalbeschreibung aber die erfüllte Thatsache angiebt: *qui sapiat.* Daher war eine ganz verständige Aenderung (in *HSω*) *quam sapere et fari ut possit,* wenn man nur nicht dann das häfsliche und unwahrscheinliche *utque* von Lambin nöthig hätte. Von allen Mühseligkeiten und Halbheiten werden wir mit einem Schlage befreit, wenn wir jenes *qui* nur recht verstehen und uns erinnern, wie unzähligemale von den Schreibern (wegen der ähnlichen Aussprache) *qui* und *cui* verwechselt sind. Nun ist der Gebrauch des alten Ablativs *qui* (dessen Verwendung als Versicherungspartikel Fleckeisen krit. Miscellen 28 ff. so schön nachgewiesen hat) in W u n s c h formeln (wie *qui illum di omnes deaeque perdant!*) allbekannt. Vgl. zum Ueberflufs Holtze syntax. I 379. Dem Horaz ist dieses *qui* in Satiren und Episteln besonders geläufig als Fragewort: „wie so?“ und auch Wünsche sind Fragen an das Schicksal oder die Götter, in ethischem wie in grammatischem Sinne. Nichts ist natürlicher als jenen Gebrauch auf unsere Stelle anzuwenden, und zwar nicht nur am Anfange des Verses 9, sondern auch am Ende desselben *qui* (für *cui*) zu schreiben. Dann bleibt das Bild der zärtlichen Amme mit ihrem süfsen Säugling ungestört, und V. 9—11 enthalten die Antwort auf die

Frage von V. 8, den wirklichen Inhalt der Wünsche; *maius* aber blickt nicht allein vor-, sondern auch rückwärts. „Dir haben die Götter Schönheit, Reichthum und die Kunst zu geniefsen gegeben; und das ist Alles was zum Leben gehört. Denn was kann selbst die Amme ihrem Liebling Gröfseres wünschen? Eben doch, dafs er“ u. s. w. Man wende nicht ein, dafs nach V. 6 f. diese Ausführung (9—11) hätte fehlen können. Sie entwickelt, was oben nur angedeutet war, um dem Freunde anschaulich zu machen, dafs ihm in der That zu anderen *curae* als philosophischen kein Stoff geboten sei.

V. 11. Von Bentley habe ich *et domus et victus* angenommen, da gute Handschriften (z. B. der Graevianus und der Leidensis Bentley's, beide aus dem 10. Jahrh.) *modus et* für *mundus* geben. Je mehr Wünsche, desto besser. Was *mundus* allenfalls sagen könnte, giebt das Folgende *non deficiente crumena*.

V. 14 fehlt zwar im Gothanus und wird von Pseudoacron übergangen, ist auch zur Noth entbehrlich, aber doch im ganzen Ton so angemessen und so natürlich sich anschliefsend, dafs man sich des Verdachtes gegen seine Echtheit getrost entschlagen kann.

V

V. 6 = 11. Die Einladung, welche dem Freunde doch Lust machen soll ihr zu folgen, wird in der Mitte unterbrochen durch V. 6, der selbst als Parenthese gefafst sich gar trocken und kurz angebunden, ja so allein und an dieser Stelle so zu sagen patzig ausnimmt. Ich lege keinen besonderen Werth auf die Umstellung von 6 und 7 in einer Fea'schen Handschrift, die zufällig sein kann. Aber warum fuhr denn der Verfasser dieses Billets nicht einstweilen ruhig mit V. 7—11 fort, den gehofften Gast durch freundliche Versprechungen und Vorstellungen zu locken? Erst nachdem diese Mittel erschöpft sind, kann er im bescheidenen Gefühl ihrer Unzulänglichkeit einem Verwöhnten, Anspruchsvollen gegenüber ihm in humoristischem Kleinmuth, aber nur um ihn desto sicherer zu gewinnen, jene Alternative stellen, der

unmittelbar darauf die reizenden Bilder des Behagens am sauberen
Tisch im trauten, harmonischen Freundeskreise (21 ff.) gegen-
übertreten. Nun erst gewinnt *ego* und *imperor* (21 = 12)
die rechte Beziehung zu dem Gast, dem die Wahl gelassen war,
entweder selbst Wirth zu sein oder bei dem Anderen vorlieb zu
nehmen. Denn nicht der leiseste Grund war anzustofsen an
dem urbanen und entgegenkommenden *vel imperium fer* „oder
noch lieber, lafs dir mein Gebot gefallen, wie ich es meiner-
seits gern als ein Gebot (*imperor* 21) meiner Gäste an-
sehe, es ihnen nach Kräften bei mir behaglich zu machen.“
Barsch dagegen wäre *aut* gewesen (vgl. Kolster Jahrbb. 1860
S. 140 gegen Keck, Plöner Progr. 1857 S. 8 f.).

Aber diese beiden Hälften (1—5. 7—11 = 1—10 und
6. 21 ff. = 11 ff.) werden auseinandergerissen und in ihrem natürlichen Gedankengange gestört durch eine ebenso breitspurige als
triviale Diatribe über die Angemessenheit fröhlichen Lebens-
genusses und die Freuden des Rausches [12—20]. Und wie
pafst gerade hier zu der Beschreibung einer bescheidenen Ein-
richtung eines frugalen Mahles die einem Capitalisten, nicht
dem Besitzer von ‘parva rura’ (carm. II 16, 37; vgl. III
16, 22 ff. u. s. w.) geziemende Berufung auf „Vermögen“, *fortuna* [12], das nicht für den „Erben“ [13] aufgespart werden solle? *mitte levis spes et certamina divitiarum* sagte
kurz vorher (8) Horaz zu seinem edeln Freunde. So widerräth
er auch dem Dellius, Reichthum unnütz für den Erben aufzu-
speichern, wo er ihn auffordert, zum gemeinsamen Gelage Wein,
Salben und Rosen unter den vereinten Schatten von Pinien und
Pappeln am kühlen Quell herbeizuschaffen (carm. II 3, 13 ff.).
Auch dem Postumus hält er den Erben vor (II 13, 25 ff.). Aber
welcher Mensch von einigem Tact und Geschmack wird überhaupt in einem Einladungsbillet, gleichsam als ob es ihm einen
Kampf mit seinem Geiz gekostet habe, zu motiviren suchen, dafs
er recht thue, den Beutel einmal aufzuthun und seinen Freunden
leidlich guten Wein und Hausmannskost zu bieten? Dann ge-
wännen freilich die Worte *si melius quid habes, arcesse* etwas

besonders Schluckerhaftes: sie sähen wirklich wie ein Widerruf der Einladung oder wie eine parasitische Provocation aus, wo sie auch stehen mögen. Wie philisterhaft der vermessene Entschlufs *patiarque vel inconsultus haberi* [15]! Und „anfangen" will er zu trinken und Blumen zu streuen: *incipiam* [15] — jetzt, mehrere Jahre nach dem zweiten Consulate des T. Statilius Taurus (4), d. h. nach 728, also in einem Alter von jedenfalls mehr als 40 Jahren? Sollte das Alles Ironie und Humor sein, so war die Fiction des Wohlstandes und der jugendlichen Ueppigkeit von Anfang an aufzunehmen und bis zum Schlufs durchzuführen, nicht so plötzlich, ohne alle Vermittelung, in ganz anderem Ton wie die Umgebung, mitten hineinzuwerfen. Die so entschiedene Aussicht aber auf einen Rausch [16 ff.], noch dazu auf *proelia,* zu welchen derselbe treiben soll — *trudit inertem* [17] — mag in einem lyrischen Gedichte, welches bacchische Begeisterung und Ausgelassenheit athmet, an der Stelle sein, aber schwerlich in einer sonst anständig, ehrbar und nüchtern gehaltenen Epistel. Selbst der Lyriker zählt jene Kämpfe nicht unter den Segnungen des Liber auf, sondern warnt vor ihnen carm. I 18, 7 ff. 27, 1 ff. Das ganze Thema von den beseligenden Wirkungen des Weines, wie es ein lyrisches ist (Bacchylides fr. 27), findet sich in auffallender Uebereinstimmung mit unserer Stelle abgehandelt in der 21. Ode des dritten Buches, wo denn auch passend gleich der Krug selber angeredet wird. Im behaglichen Conversationston episodisch, und noch dazu so plump mit der *ebrietas* beginnend davon zu handeln konnte nur einem Rhetor einfallen, der nicht einmal eine correcte Ordnung innegehalten hat. Oder warum sind die *proelia* [17] zwischen „Hoffnungen" — *spes* — und „Sorgen" — *sollicitis animis* [18] — eingeschoben? Das Alles ist nicht freie Laune, Uebermuth, der etwa den ernsten Freund mit fortreifsen könnte, sondern nüchterner, mühsamer Schulton, der sich auch in der frostigen Uebertragung des Begriffs von *adsidet* [14], d. h. *eodem ordine habendus est*, verräth. Gruppe, der diese ganze Stelle mit vollem Recht verwirft (Minos 253 ff.), hat auch aufmerksam gemacht, wie ungehörig für solchen Kreis

wie den horazischen gerühmt werde, dafs die Becher beredt
— *disertum* [19] — machen. Der Hoffnung, welche Heinr. Muther
(in einem Coburger Progr. von 1864 „Beiträge zur Erklärung
und zur Emendation der horazischen Episteln" S. 4) äufsert,
dafs jenes Urtheil Gruppe's „ein ganz vereinzeltes bleiben" möge,
bedaure ich nicht Folge geben zu können, auch nicht der interessanten „Symmetrie" in der Composition (11 + 9 + 11) zu
Liebe, die ja fast noch symmetrischer würde, wenn die Mittel-
gruppe wegfiele. Wer nun diesen fremdartigen Zusatz in den
Text einschob, konnte V. 6 nicht mehr an seiner Stelle brauchen
und verpflanzte ihn nach oben, wo freilich, wenn er sich nur auf
die genannte Weinsorte hätte beziehen sollen, *quid* fehlen müfste.

V. 11 = 10. Dem Geburtstage des Augustus a. d. IX Ka-
lendas Octobres kann freilich eine *aestiva nox* nicht voraus-
gehen, am wenigsten kann sie mit Sicherheit vorausgesagt werden. Aber warum sollte nicht, wie schon Porphyrion angiebt,
der Geburtstag des Julius Caesar (a. d. IV Id. Iul.) gemeint sein,
der nach Senatsbeschlufs seit 710 (Cassius Dio 44, 4) jährlich
gefeiert wurde? Nach dem Jahre 727 lag sogar bei dem Namen
Caesar die Beziehung auf den divus näher als auf den lebenden
Kaiser; und jedenfalls war dem Empfänger des Briefes ohne
Weiteres klar, welcher Caesar zu verstehen sei, wie sat. I 9, 18
bei *Caesaris hortos*. Wie schön trägt das Beiwort der „som-
merlichen" Nacht mit allen Reizen des Südens in solcher Jahres-
zeit zum Eindruck der Behaglichkeit bei, wie passend zu ihr das
Verbum *tendere*, da man im Juli in Italien überhaupt erst nach
Sonnenuntergang recht zu leben anfängt! Meineke's Conjectur *festivam* dagegen ist nach *festus* V. 9 doch zum
Wenigsten sehr überflüssig, wenn nicht störend. Auch Lachmann
zwar (Allg. Lit. Z. 1836. S. 259) hält es für ausgemacht, dafs
Augusts Geburtstag, dessen beständige Feier erst 734 beschlossen
wurde (Dio LIV 7), in V. 9 gemeint sei. Indessen macht
schon der Ton, in welchem hier von dem Feste die Rede ist,
den Eindruck, dafs es ein gewohntes, nicht ein neu begründetes sei.

VI

Diese Epistel besteht nach der gewöhnlichen Ueberlieferung aus zwei Theilen ganz widersprechenden Inhaltes. Während der erste (bis 27) Gemüthsruhe, Maaſshaltung in allem, selbst in dem edelsten Streben nach Tugend (15 f.) empfiehlt, vollends alles äuſserliche Gut als eitel bezeichnet, führt der zweite (28—66) in der rücksichtslosesten Weise aus, was man einmal als Mittel zum glücklichen Leben (*recte vivere* 29) nach subjectivem Ermessen erkannt habe, gleichviel ob Tugend, Reichthum, Ehre und Einfluſs, die Freuden des Magens oder der Liebe, müsse man auch consequent und energisch verfolgen, wie der Kranke vor Allem suchen müsse gesund zu werden, einseitig und mit Hintansetzung aller anderen Aufgaben. Natürlich kann es dem Dichter mit den Ermahnungen dieses zweiten Capitels unmöglich Ernst sein: vielfach scheint die Ironie deutlich genug hindurch, wie zum Ueberfluſs Funkhänel (Jahrbb. f. Philol. 1863 S. 280) an einigen Stellen (20. 22. 45. 51. 55. 60 ff.) dargethan hat. Aber jede Widerlegung, jede Ausgleichung zwischen zwei so entgegengesetzten Standpunkten fehlt. Wie der zweite Theil schroff, ohne eine Spur von Uebergang an den ersten herantritt, so schlieſst unmittelbar hinter ihm jählings der Brief ab, und doch in einer Weise, als ob der Verfasser etwas Positives aufgestellt hätte: *his utere mecum.* Das ist ja heller Hohn. Oder wäre beides, bald dieses, bald jenes sein Princip?

Aus dieser Noth hilft sich Döderlein mit der Annahme eines (freilich durch Nichts angedeuteten) Zwiegesprächs zwischen Horaz und Numicius. Derselbe soll V. 15 f. die Einrede machen, völlige Leidenschaftslosigkeit sei für den Menschen zu viel verlangt, was denn Horaz gelten lasse: dann müsse man aber wenigstens bestrebt sein, ein ganzer tüchtiger Weltmensch zu sein. Nur keine Halbheit: aut — aut, Philosoph oder — entschiedener Sclave irgend einer Leidenschaft. Die Lehre würde also ungefähr auf die tiefsinnige Formel hinauslaufen: *aut nil aut aliquid admirari!* Was dabei Alles in den Text hineingetragen und willkürlich an den Gedanken gemodelt ist, nachzuweisen, würde den verständigen Leser ermüden. Es genügt zu bemerken, dafs von *virtus* in den Versen 1—14 noch nicht die Rede war, so dafs der Gegner gar kein Recht hatte Verwahrung einzulegen gegen eine allzu rigoristische Tugendforderung, eine Verwahrung, die obenein Nichts ist als eine consequente Schlufsfolgerung aus dem Princip des Dichters *nil admirari*, — also auch die Tugend nicht, natürlich cum grano salis zu verstehen: ein stupides, fanatisches Anbeten der abstracten Tugend wie eines Götzenbildes ist des Weisen allerdings unwürdig. Ferner spottet die Döderleinsche Erklärung von *i nunc* V. 17 im concedirenden Sinne „nun gut" des längst beobachteten, unzweifelhaften und constanten Sprachgebrauchs (vgl. ep. II 2, 76 und die in den Commentaren gesammelten Citate aus anderen Schriftstellern, auch Kolster Jahrbb. f. Philol. 1857 S. 578 A.), wonach jene Wendung stets den Beschlufs einer siegreichen Auseinandersetzung macht, welche dem, wozu mit *i nunc* ironisch aufgefordert wird, schnurstracks entgegensteht[1]).

Sollen wir nun mit Funkhänel, der a. a. O. S. 276 ff. die Auffassungen der übrigen Herausgeber einer genügenden Kritik unterzogen hat, uns dabei beruhigen zu glauben, dafs Horaz in dieser so positiv beginnenden Epistel der Ironie nicht nur einen unverhältnifsmäfsig grofsen Spielraum vergönnt habe, sondern auch ohne jede Rückkehr zu seiner ernsthaften Meinung den Leser am Schlufs sich selbst überlasse? Um auf seine eigenen Grundsätze (*his*) hinweisen zu können, müfste er sie doch wenigstens noch einmal kurz zusammengefafst und den Verehrern der Leidenschaft gegenüber erhärtet haben. Nun blickt *i nunc* (17) mit Befriedigung wie auf einen Beweis zurück, der keines-

---

[1] Das Unmöglichste von Allem hat Pahle a. a. O. S. 198 f. möglich gemacht, indem er das gerade Gegentheil von dem, was geschrieben steht, herausinquirirt: 'insani sapiens nomen *non magis* ferat *quam* aequus iniqui', und 'nomen *ferat*' soll wiederum nichts Anderes bedeuten als *est*, und das Ganze also der Versicherung gleichkommen, dafs es in der virtus kein nimium gebe!

wegs, wie diese Formel erwarten läfst, im Obigen indirect geführt ist: nur kategorische Lehren haben wir gehört. Unser Philosoph triumphirt zu früh: diese Partie (17—27) sieht wie ein Abschlufs aus, aber hier oben hingestellt beraubt sie ihn durch ihre ironischen Rathschläge des Stoffes für die dann erst folgende, ebenfalls ironische Einrede. Diese dagegen konnte sich sehr wohl unmittelbar an V. 16 anschliefsen. Sie beginnt mit der Widerlegung des letzten auf die Spitze gestellten Satzes, dafs der Weise auch die *virtus* nicht *ultra quam satis est* erstrebe. Warum nicht? wenn sie ihn glücklich macht, ihm zum 'recte vivere' verhilft? Aber so gut wie der Eine dasselbe in der *virtus* findet, sind Andere berechtigt, anderen Gütern nach ihrem subjectiven Geschmack nachzujagen, denn ein objectives Princip erkennt der Gegner nicht an.

Hebt man nun die an ihrer Stelle entbehrlichen und verfrühten 11 Verse (17—27) hier heraus und rückt sie vor V. 67 ein, so ist zwar die Hinweisung auf das Ende aller Dinge (27) hier am Schlufs besonders wirksam, und der unmittelbar angeschlossene Wunsch für den Freund *vive, vale* (67) um so bedeutungsvoller, aber trotz aller Ironie können die von 28—66 vorgetragenen Lehren nicht für einen indirecten Beweis des *nil admirari* gelten, sie vertreten vielmehr das Gegentheil, die Berechtigung der Leidenschaft. Wir müssen also eine Lücke annehmen, welche das Vermifste einst enthielt. Sie läfst sich aber ausfüllen, freilich auf Kosten eines anderen Stückes.

In der zehnten Epistel nämlich rühmt Horaz dem Aristius Fuscus, einem Stadtkinde, das Landleben, weil es dem stoischen Princip, *vivere naturae convenienter* (ὁμολογουμένως τῇ φύσει ζῆν), so angemessen sei (bis 25). Unmittelbar nach diesen Sätzen, die in frischer Anschaulichkeit an die unübertrefflichen Reize der Natur appelliren, überrascht uns eine Gedankenreihe, die, mit dogmatischem Nachdruck vorgetragen, vor dem Schaden warnt, den nehme wer nicht verstehe *vero distinguere falsum* (29), vor der schweren Erschütterung, die ein Wechsel des Glücks dem verursache, der an der Gunst desselben *plus nimio* sich erfreut habe (30): *si quid mirabere, pones invitus* (31), man solle nicht zu hoch hinauswollen und nicht wie das Pferd in der Fabel seine Freiheit (40) an den Mammon verkaufen. Verdiente, so fragen wir erstaunt, der nur in Betreff des zu wählenden Aufenthaltes abweichende Geschmack des trefflichen Freundes diese rauhe, in solchem Zusammenhange geradezu polternde Zurechtweisung? „Er muſs ihrer wohl bedurft haben" sagen die Ausleger in ihrer bequemen Weise, die sich den Horaz gar zu gern als Pädagogen mit der Zuchtruthe denkt. Aber eine tiefere Kluft in der geistigen Richtung zwischen beiden stellt ja dieser selbst ausdrücklich in Abrede: *hac in re scilicet una multum dissimiles, at cetera paene gemelli fraternis animis quidquid negat alter et alter adnuimus pariter* (2 ff.). Konnte er das sagen, wenn des Aristius Neigung zum Stadtleben in Habsucht, Ehrgeiz und Hoffahrt aller Art, in geistiger Unfreiheit wurzelte? Hätte er, der urbanste aller Römer, keine edleren und feineren Motive gekannt, an der Stadt zu hangen? Durfte sich der Freund nicht auf die geistigen Anregungen aller Art berufen, welche sie bot, auf die Bürgerpflicht, den öffentlichen Interessen zu leben, thätig einzugreifen, Staub und Hitze des Forums zu ertragen, statt am Waldbach ausgestreckt Kühlung zu athmen und zu träumen? Und doch hätte ohne Weiteres dies das „Wahre", jenes das „Falsche" genannt werden dürfen? Und nach allem Schelten wird der Arme doch noch ziemlich gnädig entlassen: man traut ihm doch zu, in weiser Zufriedenheit mit seinem Loose auch in der Stadt leben zu können (44), man räumt ihm sogar das Recht ein, gelegentlich den Freund auf dem Lande, wenn er sich der Habsucht ergeben sollte, zurechtzuweisen (45 f.). Also ist man doch auch hier so wenig sicher vor diesem Laster, als man dort ihm nothwendig ergeben sein muſs. Folglich konnte sich unser Dichter seine ganze Predigt hier sparen.

Aber sehr am Platz war sie, nachdem er in der sechsten Epistel dem Knecht der Leidenschaft das Wort gelassen hatte. Hier haben wir die vermiſste Widerlegung des thörichten Geredes, scharf und nachdrücklich, wie sich's geziemte. Und wie schlagend in diesem Zusammenhange die Fabel vom Pferd und Hirsch, die Zurückführung des wahrhaft glücklichen Lebens auf die Freiheit! Nun war es an der Zeit, mit der Ueberlegenheit des Siegers dem Thoren seine armseligen, vergänglichen Güter vor die Füfse zu werfen: *suspice* und *mirare* (18 = 73) blickt nun zurück auf *mirabere* (10, 31 = 61), *gaude* (19 = 74) auf *delectavere* (10, 30 = 60); an das *certamen* (10, 35 = 65) erinnert noch einmal das hastige, unermüdliche Streben des Geschäftsmannes (20 = 75 ff.).

V. 7. Zuzugeben ist Döderlein, dafs *ludicra* hier nicht öffentliche Spiele bedeuten kann, aber nicht, dafs *plausus* als Genetiv damit zu verbinden sei. Vielmehr bildet *ludicra* zu den beiden Objecten *plausus* und *dona* die Apposition: beides, die Beifallsbezeigungen wie die Ehrengaben des Volkes werden als *ludicra* (d. h. *inania* nach Pseudoacron) bezeichnet.

V. 31 = 20. Die Handschriften sind getheilt zwischen *ut* und *et*: von den Scholiasten las jenes Pseudoacron, dieses, wie es scheint, Porphyrion. Sagt man, Tugend für Worte und einen heiligen Hain für Bäume zu erklären, beides bezeichne denselben materialistischen Standpunkt, der sich in Verachtung der Moral wie der Religion kundthue, so ist damit die Nothwendigkeit von *et* noch nicht bewiesen, sowenig als man durch Aufnahme von *ut* Gefahr läuft dem Horaz selbst eine freigeistige Aeufserung in den Mund zu legen, wie Bentley fürchtet. Von Religion ist übrigens weder vor- noch nachher die Rede, der Vergleich aber braucht nur dem zur Last zu fallen, der die *virtus* zu *verba* herabsetzt. So hält *ut* die Einheit des Gedankens straffer zusammen ohne etwas aufzugeben und ohne den Dichter zu compromittiren.

V. 59 = 48. *campum* für das handschriftliche *populum* nach Bentley's schöner Conjectur, die freilich von allen neueren Herausgebern verschmäht ist, obwohl Keiner gezeigt und mit wirklich passenden Beispielen belegt hat, warum Horaz nach *differtum forum* es vorgezogen, höchst überflüssiger Weise, wie

es dem einfachen Sinn erscheinen muſs, noch ausdrücklich die
Volksmenge zu erwähnen, die (nicht etwa in einer rhetorischen
Figur) im folgenden Verse gleich wieder auftritt, statt das Bild
des Jagdzuges durch einen zweiten viel besuchten Platz zu be-
leben. Sehr möglich, daſs die überlieferte Lesart aus einem über-
geschriebenen Citat eines alten Commentators zu *differtum forum*
stammte, nämlich der von Bentley zu demselben Zwecke angeführten Stelle aus Cicero's Phil. III 13, 32 'videtisne *refertum
forum, populumque* Romanum ad spem reciperandae libertatis
erectum?'

10, 37 = 67. Ueberliefert ist *uictor uiolens*, auch Pseudo-
acron las *violens*. Wie richtig und nothwendig *victo* ist, hat
hiernach Bentley gezeigt. Für das ganz unpassende *violens* hat
M. Haupt *ridens* vorgeschlagen, paläographisch sehr ansprechend
und auch der Vorstellungsweise der Fabeldichtung nicht unan-
gemessen. Wenn das Pferd weint (Phaedrus append. I 19, 6, um
von den homerischen Rossen nicht zu reden), wie die Rabenmutter
(Babrios 78, 1), der Fuchs (86, 7), der Hase (Phaedrus I 9, 3), so
kann es auch lachen, so gut wie der Wolf bald lächelt (Babrios 94, 6
καρχαρόν τι μειδήσας), bald laut hohnlacht (99, 8 καγχάσας), wie
der Löwe (107, 9 γελάσας), die Vögel (Phaedrus append. II 11, 8.
13), die Ameise (24, 8), die Zicklein (app. III 10, 2. 6) lachen.
Den Schriftzügen ferner stehend, aber das freudige Lebensgefühl
des siegreichen Thieres vielleicht noch plastischer ausdrückend
würde *volitans* sein, wodurch wir einen Dactylus mehr erhalten
würden. Indessen sind vier Spondeen hintereinander in den
Episteln sehr häufig: in der unsrigen z. B. 50 und 10, 33, so
daſs Scheibe's Bemerkung über den unschönen Rhythmus (Jahrbb.
f. Philol. 1859 S. 144) auf sich beruhen bleiben kann.

Inhalt.

Unerschütterliche Ruhe und Klarheit der Seele kann
allein glücklich machen. Nicht die Wunder des Himmels
noch Schätze und Freuden der Erde dürfen den Weisen auf-
regen, nicht einmal die Liebe zur Tugend (1—16). Einrede:

Jeder geht eben dem nach, wovon er ein angenehmes Leben
erwartet; das erstrebt er ausschliefslich mit allen Kräften, und thut
Recht daran, mag dieses Ziel nun Tugend heifsen (17—20 m. A.)
oder Reichthum (20—37) oder Volksgunst und Ansehen (38—44)
oder eine gut besetzte Tafel (45—53) oder Liebe (54 f.).

Erwiderung: wehe dem, der das Wahre nicht vom Falschen zu unterscheiden vermag. In allen Wechselfällen des Lebens
bewährt sich allein als echt und unvergänglich die Freiheit
des Geistes, welche preis giebt wer sein Herz an Vergängliches
hängt (56—71). Eitel aber und dem Tode verfallen ist alles
Irdische (72—84).

VII

V. 29. *nitedula* für das handschriftliche *uolpecula* nach
Bentley's unumstöfslicher Verbesserung, die auch durch Hauthals
langen Excurs zu Acron an dieser Stelle nicht widerlegt noch
durch seinen Vorschlag, V. 30 *pulmenti* statt *frumenti* zu setzen,
entbehrlich geworden ist. Der Fuchs ist einmal auch in der
Fabel weder ein Hausthier noch frifst er Korn, noch kann er
durch eine schmale Ritze schlüpfen, noch ist er so dumm, dafs
er der Belehrung durch eine Maus bedarf. Vielmehr haben wir
hier ein sicheres Beispiel, wie der Glossator der Urhandschrift
schon vor Entstehung unserer Scholien in ihrer jetzigen Gestalt
und vor Isidorus orig. I 39 sich der abweichenden Version bei
Aesop (31 f.) oder Babrios (86) erinnernd über *nitedula* den
Namen des in jenen Quellen gewählten Thieres setzte, worauf
denn, wie in so unzähligen Fällen, ein gedankenloser Redactor
unseres Textes was als harmlose Reminiscenz gemeint gewesen
war gläubig als eine ernstlich gemeinte Correctur hinnahm. Die
echte Lesart hat vielleicht der von Bentley citirte Hieronymus
noch gekannt.

V. 73. *hinc* hat Döderlein aus einigen unbedeutenden
Handschriften aufgenommen, dem Sinne ganz entsprechend: „von
diesem ersten Besuche an". Dafs schon im Archetypus hier das
erforderliche einsylbige Wörtlein entweder ausgefallen oder un-

leserlich war, beweist sowohl die Lücke im Graevianus Bentley's als auch das auffallende Schwanken der übrigen Bücher.

V. 79. *requiem* weder Aufenthalt noch Stoff zur Erholung, Spaſs, sondern Ruhe vor den langweiligen Lobreden des Mena auf das Landleben (*non cessat laudare* 78).

IX

V. [4 f.] Die Ungehörigkeit dieser beiden Verse fühle ich ebenso entschieden wie Gruppe im Minos S. 258 ff. Die Umstellung (5. 4) von Muther (a. O. S. 6) fügt zu den übrigen Fehlern nur ein Selbstlob hinzu, über dessen Feinheit oder Unfeinheit sich freilich nicht streiten läſst.

11. Daſs selbst Halm (Zeitschr. f. österr. Gymn. 1857 S. 126) in der Erklärung von *frontis ad urbanae descendi praemia* irre gegangen ist, wundert mich, und es kann seiner Ansicht nicht zur Empfehlung dienen, daſs Pahle (a. o. S. 269), ohne sie zu kennen, so ziemlich auf dasselbe gekommen ist. „Ich habe mich herabgelassen zu den Belohnungen dreister Stirne, bestehend in einem Fuſstritt und Verweisung aus der Thür" soll mit andern Worten bedeuten: „ich habe es gewagt für meinen Freund eine Fürbitte einzulegen, selbst auf die Gefahr hin, mich deiner Ungnade auszusetzen"?! Heiſst denn *descendere* schlechtweg „riskiren"? oder war es so ausgemacht, daſs Tiberius sofort jene *praemia* appliciren würde? führt *quodsi* wirklich einen Gegensatz („wenn hingegen") ein, nicht vielmehr eine Bedingung, die sich an den mit *quod* zusammengefaſsten vorhergehenden Satz anlehnt? Dann aber hätte Horaz in einem Athem Strafe und Verzeihung für seine Dreistigkeit in Aussicht genommen. Das Richtige hat schon, wenn auch nicht mit gehöriger Bestimmtheit, Th. Schmid unter Berufung auf Cicero acad. pr. II 1, 1 und Lucrez III 956 angegeben: „Vorrechte einer städtischen Stirn". Dieselben bestehen darin, daſs sie nicht so leicht wie die des rusticus erröthet, daſs sie in Fällen wie der vorliegende *pudorem deposuit* (12). Dies ist auch Krüger's Auffassung.

X

Dafs die Verse 26—41 nicht hierher, sondern in die sechste Epistel gehören, habe ich dort nachzuweisen gesucht. Hierdurch entsteht allerdings in der unsrigen eine Lücke, die ich anderswoher nicht auszufüllen vermag. Auch ihr Umfang läfst sich nicht ermessen. Gewifs hat der Dichter die Zufriedenheit und das persönliche Wohlbehagen als das entscheidende Moment bei der Wahl jedes Aufenthalts wie jeder Lebensart bezeichnet: Jeder wähle, was ihm, seinen Neigungen und Verhältnissen gemäfs ist. In diesem Gedankengang, namentlich vom letzten Satz aus, konnte dann mit leichtem Uebergang V. 42 ff. angeschlossen werden. Eine Lücke nach V. 25 vermuthete auch Lütjohann, aufmerksam gemacht durch Guyet, der hier angestofsen war.

Die richtige Erklärung von V. 47 = 31 f. hat längst Bentley zu I 2, 62 gegeben: wenn das Geld dem Besitzer nicht dient, so beherrscht es ihn, und doch verdient es vielmehr als Sclav oder meinetwegen (mit Krüger) wie ein Stück Vieh gebunden dem Herrn zu folgen als ihn selbst wie seinen Gefangenen hinter sich herzuschleppen.

XI

Die grofsen Schwierigkeiten, welche Lehrs (Jahrbb. f. Philol. 1863 S. 540 ff.) an dem Verständnifs dieses Briefes verzweifeln lassen und zur Verwerfung von nicht weniger als 13 Versen (7—16. 20 f. 26) bewogen haben, kann ich nicht finden, zumal nachdem Haupt durch Ueberweisung von V. 7—10 an Bullatius dem Leser zu Hülfe gekommen ist. Es ist hiernach dies in der That ein Antwortschreiben auf Klagen des wohl aus politischen Gründen von Rom entfernten Freundes. Unzufrieden mit seinem Schicksal und mit den Verhältnissen in Rom (wohin ihn dennoch eine stille, aber nicht eingestandene Sehnsucht zieht: 4), unstät von Ort zu Ort reisend, hat er unterwegs in halber Desperation als mögliches Ziel seiner Irrfahrten, natürlich nicht im Ernst (*vellem* 8), das kleine, stille Lebedus bezeichnet, um dort (noch ist er nicht da: *illic* 8) der Heimath und der Landsleute vergessend, auch von ihnen vergessen, den brandenden Wogen (dem Bilde seines vergangenen, nun von ihm aufgegebenen Lebens) aus gesicherter Ferne unbetheiligt zuzuschauen. Viel lieber das als in das unerquickliche Treiben Roms zurückzukehren. Hierauf antwortet Horaz begütigend. Nachdem er zunächst in harmlosester Weise sich erkundigt hat, wie Bullatius von den Eindrücken der bei den Touristen jener Zeit berühmtesten Oerter befriedigt sei (deren Besuch natürlich dem Bullatius bei Abfassung seines Schreibens noch bevorgestanden haben mufs) und welches seine ferneren Reisepläne seien, dann auf Lebedus und obige bedenkliche Aeufserung gekommen ist, führt er ihm zu Gemüthe, er möge doch ein augenblickliches Asyl, so erwünscht es ihm gegenwärtig scheinen möge, nicht für einen definitiven Aufenthalt ansehen, so wenig wie der Reisende, der auf dem Wege von Capua nach Rom in einer Schenke Obdach vor schlechtem Wetter suche, deshalb die Schenke zu seinem dauernden Wohnhause machen werde, wenn das Unwetter vorüber sei, oder wie Einer ein warmes römisches Bad, ein gutes Mittel gegen Erkältung, für das Ideal dauernden irdischen Glückes ansehen werde. Vielmehr solle auch er das Leben in der Fremde, so wohlthuend es ihm gegenwärtig nach so viel Unannehmlichkeiten in der Heimath sein möge, nur als eine vorübergehende, wenn auch nöthige und heilsame Episode ansehen. Mit der Zeit werden sich die Umstände günstiger gestalten: nicht immer gehen die Wogen so ungestüm; kein unerschrockener Schiffer wird dem Meer auf immer Valet sagen, wenn ihn auch einmal der Sturm auf hoher See umhergeschleudert hat. So wirst auch du Rom nicht auf immer den Rücken kehren, der unvergleichlichen Weltstadt, gegen die doch, wenn man die freie Wahl hat, kein anderer Ort aufkommt. Für alle Fälle aber ist das Beste, jede gute Stunde, wo es auch sei, dankbar zu geniefsen. Wer Gleichmuth besitzt, wird sich überall glücklich fühlen: Zufriedenheit ist in Rom wie in dem ödesten Nest zu finden, alles leidenschaftliche Jagen danach ist vergeblich.

Was wäre hierin nicht verständlich und zusammenhängend? Wären wir nicht ganz ohne Kunde über die Person des Bullatius, so würde manche Beziehung, die wir jetzt nur errathen können, in noch helleres Licht treten. Dafs er nicht *incolumis* war, geht aus V. 17 ff. deutlich genug hervor, dafs er aus politischen Gründen Rom fern blieb (gleichviel wann) hat schon Sanadon mit Fug aus V. 9 f. geschlossen, worauf auch alle folgenden Gleichnisse (vom Unwetter, von der Erkältung, vom Seesturm) hinweisen. Dafs der aufmerksame Leser die Verse 7—10 für Worte des Bullatius nehmen mufste, dafür war durch Ton und Ausdruck wie durch die gleich mit *sed* eingeführte Entgegnung vollkommen gesorgt.

V. 25 stört mich besonders die in *nam si* und dem dadurch eingeführten Gedanken liegende Trockenheit, wenn man ihn auch so fafst: „denn so wahr nur Vernunft und Klugheit, kein noch so gesicherter Ort, an dessen Klippen die Brandung des Meers sich bricht (vgl. 10), die Sorgen entfernt, so vergeblich ist es, durch Veränderung des Aufenthaltes die Stimmung des Gemüthes ändern zu wollen. “ Auch so sind Vorder- und Nachsatz identisch. Freier und eindringlicher scheint mir *nobis* (wie 28 *nos*). Unlogisch ist Muther's Vorschlag (S. 20) *nam ni*. Der Ort entfernt unter keinen Umständen die Sorgen, auch nicht, wenn *ratio et prudentia* dies thun: dann thun es eben diese. Uebrigens sind die „Beiträge“ dieses Herrn so unannehmbar, dafs ich die Berücksichtigung des Restes mir und dem Leser ersparen darf.

XII

Iti zuletzt von Linker Jahrbb. f. Philol. 1864 S. 728, früher schon von Torrentius und Fulvius Ursinus nach inschriftlichen Zeugnissen für *Icci* (einige Handschriften *icti*: vgl. auch Hauthals Scholien) hergestellt. Der Adressat mag über eine geringere Ernte geklagt, übrigens aber von seinen eifrig fortgesetzten philosophischen Studien erzählt haben. Hierauf antwortet

Horaz mit leiser Neckerei, ihm sei nicht bange um den Freund, dessen tiefe Natur, durch keine Launen des Glückes auf die Dauer zu trüben und irre zu führen, nun doch einmal mit sicherem Compaſs dem wahren, idealen Ziele zusteure, das Materielle im Grunde des Herzens verachtend.

Wenn auch der Uebergang auf die Philosophie V. $12 = 19$ etwas schroff ist, so würde doch hier Niemand so leicht auf die Vermuthung einer Lücke kommen, stände uns nicht eine Gruppe von Versen (II 2, 184—190) zur Verfügung, die, an ihrer Stelle den Zusammenhang störend, grade hier vortrefflich eingreifen. Warum sie in die zweite Epistel des zweiten Buches nicht gehören, ist an ihrem Orte zu erklären. Einstweilen bin ich zufrieden, wenn man zugiebt, daſs der Satz *naturam mutare pecunia nescit* (10), „im Gelde liegt nicht die Kraft, den angeborenen Charakter eines Menschen zu verändern“, passend erläutert wird durch das Beispiel zweier ungleicher Brüder, die bei gleichen Glücksgütern dem natürlichen Zuge ihres individuellen Wesens gemäſs so verschieden leben, und zwar der eine (186 f.) ganz wie der *abstemius* in V. 7, — mag nun jenes Paar einer Komödie entnommen sein (wie mir wahrscheinlich: vgl. com. Lat. p. 96 incerti poetae ADELPH..) oder einer Erinnerung aus dem wirklichen Leben. Weiter aber dient die Hinweisung auf den Genius, der seit der Geburt Jedem als Hort und Lenker seiner individuellen Natur zur Seite geht (188—190), auch zur Erklärung des philosophischen Eifers, worin Itius mit Demokrit wetteifert, — Alles natürlich mit einem feinen Anflug von Scherz und Ironie, wie in V. $20 = 27$ und $21 = 28$ noch deutlicher hervortritt.

Jener Genius, *natale comes qui temperat astrum*, wird V. 189 sehr gut genannt *naturae deus humanae*, dann aber in den Handschriften *mortalis in unum quodque caput*. Das kann nicht heiſsen „mit Jeglichem sterbend“ (wie er mit dem Einzelnen geboren ist), erstens weil dieser Erklärung der lateinische Ausdruck entgegensteht (Accusativ, nicht Ablativ), zweitens weil das Dogma von der Sterblichkeit des Genius im Individuum keineswegs so feststeht, vielmehr Varro bei Augustinus de civ. dei VII 6 und Apuleius de deo Socr. 15 grade das Gegentheil sagen. Denn wenn er auch nach letzterem 'quodammodo cum homine gignitur', d. h. diese individuelle Gestalt annimmt, so heifst er doch in demselben Satze ausdrücklich *immortalis*. Aber dies nun mit Hartung (Religion der Römer I 34) in unseren Text zu bringen, wird schon deshalb unräthlich sein, weil überhaupt gar kein ersichtlicher Grund vorlag, diese so problematische Sterblichkeit oder Unsterblichkeit eines Gottes (*deus*) hier zu betonen, da es nur darauf ankam, einerseits seine Unwandelbarkeit für das Leben des Einzelnen, andererseits seine proteusartige Vielgestaltigkeit in den Verschiedenen, die mit unvergänglicher Existenz sehr wohl zu vereinigen ist (ebenso wie die Ewigkeit der Substanz mit ihren Accidenzien), hervorzuheben, wie letzteres in den Worten *voltu mutabilis* geschieht. Ersteres hingegen ist ausdrücklich noch nicht gesagt, denn in den Worten *natale comes qui temperat astrum* liegt es nicht unzweideutig. Dies wird erst erreicht, wenn wir *fatalis* statt des, wie ich glaube, alten, aber verunglückten Glossems *mortalis* schreiben. Hiermit hoffe ich der antiken Anschauung und Ausdrucksweise treuer geblieben zu sein, als noch zuletzt Döderlein mit seinem „sterblichen Gott in der Menschennatur“, *naturae deus humanae mortalis, in unum quodque caput vultu mutabilis*, und aller subtilen Psychologie, die hierauf dem Horaz untergeschoben wird.

Schömanns Vorschlag (opusc. acad. I 380 A.) *mortalium* erkennt die Unerträglichkeit der Ueberlieferung an, aber nach *naturae humanae* war diese abermalige Hinweisung auf die Sterblichen wenigstens sehr überflüssig.

Willkührlich und für den Ausdruck ungenügend ist Ukerts Ausflucht (Abh. der philos. histor. Cl. der sächs. Gesellsch. der Wissensch. I 215 A. 61), Horaz habe bei *mortalis* „an die Vorstellung mehrerer Philosophen gedacht, dafs der Genius, als ein Theil der allgemeinen Weltseele, beim Tode seines Schützlings zu dieser zurückkehre.“ Vgl. auch Gerhard in den Abh. der Berliner Akademie 1852 S. 246, der S. 260 A. 41 an unserer Stelle schweigend vorübergeht, desgleichen Preller Röm. Myth. S. 568.

XIII

V. 14. Die Handschriften geben theils *pyrria* (*BH*), theils *pirria* (*Sg*, die Parisini *By* der Acron-Scholien bei Hauthal), theils *piria* (Guelf. 3); *purri MR* des Porphyrion. Die Vulgata *Pyrrhia* ist aus gutem Grunde von Lachmann zum Lucr. p. 408 verworfen. Leider wird das nach dieser ancilla benannte Stück des Titinius, auf welches nach den Scholien Horaz möglicherweise (obwohl nicht sicher) anspielt, ebenfalls unter sehr verschiedenen und verderbten Formen citirt (s. meine com. Lat. rel. p. 123 ff. und 136 fr. XXI). Als Titel desselben habe ich ehemals *Procilia* angenommen und für Horaz *Proclia* vorgeschlagen, und jedenfalls war es ein lateinischer, kein griechischer Name. Man kann aber noch an manchen anderen Namen denken, vor allen an *Prilia*, wie viermal gradezu bei Nonius, einmal auch in guten Handschriften Priscians steht, womit fast übereinstimmt die Ueberlieferung im Festuscodex *prilla* und in der Handschrift des Charisius *p'lia*. Letzteres freilich könnte noch eher auf *Pilia* gedeutet werden, wie z. B. die Gattin des Atticus hiefs. Weiter ab liegt *Pulia* oder *Pullia, Pollia Poplia Popnia Proenia Prosia Pupia.*

V. 16. Die besten Handschriften geben *ne*, die geringeren *nec*; im Sangallensis und im Galeanus Bentley's steht *neu*. Das Asyndeton ist steif; *nec* läfst sich schützen durch a. p. 192 = 253 f. (nur hier ist es auch ein Verbot); da aber vor *uulgo* noch leichter ein *u* ausfallen konnte als ein *c*, so ist mir hier *neu* wahrscheinlicher.

V. 18 f. Die Bentley'sche Interpunction *nitere. porro vade* kann ich nicht so unerläfslich finden als Lachmann Allg. Lit. Zeit. 1836 II p. 259. Wenn auch Vinius schon auf dem Wege nach Rom war (1), als Horaz ihm diese Instruction nachzusenden fingirte, so wird doch unter allen Umständen vorausgesetzt, dafs er unterwegs sich irgendwo aufgehalten hat und eben dort dieselbe empfangen kann, um dann seines Weges weiter zu ziehen. Also konnte sein Mandant ihn recht wohl, wenn auch aus der Entfernung, von Neuem entlassen und ihm glückliche Reise wünschen. Dagegen die Worte *oratus multa prece nitere porro* in dem gewöhnlich angenommenen Sinne zu fassen „so viel du auch gebeten wirst (dich unterwegs aufzuhalten), klettere vorwärts" verbietet, abgesehen von der Unvollständigkeit des Ausdrucks (in *oratus* durfte kein anderer Inhalt hineingelegt werden als der sich aus dem Uebrigen von selbst ergiebt) die Anordnung der Vorschriften in dieser Instruction. Denn bereits V. 10 ist von dem unverdrossenen Marsche *per clivos flumina lamas* die Rede gewesen; dort war der Platz, vor unnöthigem Aufenthalt zu warnen; jedoch wird sogleich V. 11 die Erreichung des Zieles angenommen. Unten wird vielmehr kurz abgeschlossen: „nun bin ich mit meinen Anweisungen zu Ende; so klettere denn und ziehe deines Weges weiter". Da hiernach beide Imperative (*nitere* und *vade*) sammt *vale* dazu dienen, dem Vinius glückliche Weiterreise zu wünschen, so weifs ich nicht, warum die nach Mafsgabe des Verses bequemere Verbindung von *porro* mit dem voraufgehenden Verbum nicht der anderen, durch die vor dem letzten Fufs ohne Noth eintretende Interpunction etwas härteren, soll vorgezogen werden dürfen oder gar müssen.

XIV

„Entsetzlich sind die Verunstaltungen der vierzehnten Epistel" sagt Lehrs Jahrbb. f. Ph. 1863 S. 542, und hierin stimme ich ihm vollkommen bei. Aber ('nunc age quid nostrum concentum dividat audi') für die Heilung glaube ich ganz andere Wege einschlagen zu müssen. Richtig zwar hat er an dem eben angeführten V. 31 = 10 Anstofs genommen, da wir das allerdings von V. 14 an so vollständig vernommen haben, dafs sogar V. 18 mit einer Wendung, die an jene deutlich erinnert, abgeschlossen wird: *eo disconvenit inter meque et te.* Hieraus folgt aber für mich, nicht dafs V. 31 auszuwerfen sei, sondern dafs er vor V. 14 gehört. Vorauf geht nämlich das natürlich nicht schwerfällig zu nehmende Zugeständnifs einer gewissen Aehnlichkeit zwischen Horaz und seinem Verwalter, insofern Beide von dem Orte, wo sie zu verweilen durch ihre Verhältnisse angewiesen sind, sich wegsehnen, der Eine aus der Stadt auf das Land, der Andere umgekehrt, Beide in dem thörichten Glauben, dafs der Ort, nicht vielmehr das eigene Gemüth Zufriedenheit oder das Gegentheil schaffe (10—13 = 6—9). Verschieden sind Beide darin, dafs der Eine, Horaz, sich in der Vorliebe für das Landleben stets gleich geblieben ist, während der Andere, unstäten Sinnes, nicht weifs was er will, bald dies bald jenes und immer das, was er eben nicht hat, erstrebt. Bei V. 6—9 = 28—31, die auch Lehrs geduldig hinnimmt, würde man sich, wo sie einmal stehen, beruhigen müssen, wenn alles Uebrige glatt abginge. Nun aber mufste Horaz nach der ausführlichen Aufzählung aller Gegenstände der Sehnsucht und des Mifsvergnügens für den vilicus, wo er wiederum auf sich zurückkommt, was er herbeiwünscht und meidet hervorheben will, unzweideutig seine Person im Gegensatz zu dem Anderen auch in der Rede hervorheben. Und da ferner die *cena brevis* auf dem Gute, an welcher der Herr jetzt Geschmack findet (35 = 39), offenbar den *urbana diaria* entgegengesetzt wird, welche der Verwalter dem ländlichen Tisch vorzieht (40), so war es unzweckmäfsig, diese beiden zusammengehörigen Gruppen (32—36 und 40 ff.) zu trennen durch ein Lob auf die Harmlosigkeit des Landes, das die giftigen Uebel der Stadt, Neid und Intrigue (37—39), nicht kenne. Vielmehr steht dasselbe, namentlich das idyllisch-humoristische Bild des städtischen Gutsherrn, der in der Vigne emsig das Grabscheit führt, umstanden von den gutmüthig lachenden Nachbarn, die dem wohl nicht ganz geschickten Eifer des kleinen corpulenten Mannes gemüthlich zusehen (39), in offenbarem Gegensatze zu den oben geschilderten Beschwerden des vilicus, der, fern von den Hochgenüssen der Stadt (ihren Kneipen nämlich), über die harte Arbeit klagt, die er mit Widerstreben und säumig genug besorgt (27—30 = 24—27). Was ihm als rauher Frohndienst erscheint, ist für Horaz grade eine Erholung und Quelle der Heiterkeit. Sonach gehören V. 37—39 unzweifelhaft zu der Ausführung des Satzes *quae deserta et inhospita tesqua credis, amoena rocat mecum qui sentit, et odit quae tu pulchra putas* (19 ff.). In dieselbe Reihe von Gegensätzen pafst nun aber V. 6—9 hinein. Jenen unedlen Gelüsten des vilicus, dem *fornix et uncta popina*, die Weintaberne und zuletzt die *meretrix tibicina*, die zum Tanz aufspielt, Sehnsucht nach der Stadt einflöfsen, stellt Horaz das edle und starke Motiv der Freundschaft zu seinem trostbedürftigen Lamia entgegen. Aber selbst die herzliche Sorge um ihn vermag seinem unwiderstehlichen Verlangen nach der Freiheit des Landes keine Fesseln anzulegen. In diesem Zusammenhange erst versteht man die Erwähnung des betrübten Freundes; jetzt erst, wenn V. 6 unmittelbar auf 30 folgt, gewinnen wir ein deutliches *me*, wie es auch Lehrs verlangte; jetzt heben sich einander *istuc* V. 8 = 30 und *istic* 37 = 32, und ihre Beziehung auf *angulus iste* 23 = 20 tritt ins rechte Licht.

Oben aber nach V. 5 hindert Nichts, gleich auf V. 10 überzugehen. In den vier Versen bis 13 wird die Aehnlichkeit zwischen beiden hurz und präcis, wie sich's gebührte, in wenige, concinn gebaute kleine Kola gefafst. Diese Concinnität wäre ohne Noth zerstört, wenn Horaz nur seiner Sehnsucht nach dem Lande vier volle Zeilen eingeräumt hätte, ohne in entsprechendem Bilde das umgekehrte Streben des vilicus nach der Stadt gleich hier darzustellen.

In dieser Reconstruction des Briefes, bei der kein Vers verloren geht, ist Lütjohann zu meiner Freude mit mir zusammengetroffen. In der Versetzung von V. 31 nach 13 ist uns bereits Keck im Plöner Programm 1857 S. 22 voraufgegangen.

V. 12 = 8. Dafs unter *uterque* Horaz und sein Meier zu verstehen sind, kann nach der obigen Auseinandersetzung keinem Zweifel unterliegen. Noch deutlicher aber und dem gemüthlichen Ton, den der Herr einmal angeschlagen hat, entsprechender erscheint auch mir *causamur*, was schon Döderlein für das überlieferte *causatur* bei dieser Auffassung postulirt hat. Auch durch *nostrum concentum* V. 31 = 10 wird es empfohlen.

V. 9 = 31. *avet* mit Bentley für das handschriftliche *amat*, das vergeblich durch Beispiele wie carm. III 9, 24, I 2, 50 vertheidigt wird. Man kann wohl sagen „ich würde glücklich sein mit dir zu leben" (*tecum vivere amem*), oder „lafs dir's gefallen Vater zu heifsen" (*ames dici*), aber das leidenschaftliche Begehren und Streben zunächst nach Sprengung der Hindernisse, die dem ersehnten Ziel entgegenstehn, konnte schwerlich mit einem Verbum bezeichnet werden, dessen Object ein ruhiger Besitz oder eine zur Gewohnheit gewordene Handlung ist, während hier schon durch den Vordersatz der Fall zunächst nur als ein einzelner hingestellt ist.

V. 32—36 = 35—39 hätte von Horaz auch in der zehnten Epistel nach V. 7 eingefügt werden können, und die Erinnerung an das Liebesverhältnifs mit der Cinara, an gemeinsame Symposien kann dem Freunde Aristius gegenüber noch angemessener erscheinen als gegen den untergeordneten Meier. Indessen genügen diese Gründe für eine wirkliche Umstellung nicht (das Verhältnifs zwischen dem Dichter und seinem Diener soll eben, wie aus dem ganzen Briefe hervorgeht, nicht als ein steifes, trockenes aufgefafst werden, abgesehen davon, dafs die Adresse wohl überhaupt nur fingirt ist), und die oben berührte Beziehung zwischen *cena brevis* und *urbana diaria* warnt vor jedem Wagnifs. Auch wird der Rückblick auf gefeierte Liebestriumphe und lustige Zechgesellschaft, welche auch dem Horaz einst die Stadt bot, motivirt durch die starke Sehnsucht des vilicus nach der Weinschenke und der *meretrix tibicina*.

V. 36 = 38 ist zu retten, aber auch nur so, durch Umstellung als Parenthese vor 35 = 39, worauf schon Gruppe Minos S. 261 f. verfallen ist, obwohl er übrigens ganz Verkehrtes über Absicht und Zusammenhang des Gedichtes vorbringt.

V. 43. Der von den Interpreten erregte Wettstreit, ob dem Ochsen oder dem Gaul das Prädicat der Faulheit (*piger*) zukomme, wird wohl am Besten dadurch geschlichtet, dafs sich

beide in die Ehre theilen, wie auch Krüger vorschlägt. Denn
der träge Widerwille gegen die jedem gewohnte Arbeit ist es,
der jeden das Loos des anderen wünschen läfst. Weder dafs
der Ochs sprüchwörtlich faul ist, noch der von Meineke aufserdem geführte Nachweis, dafs Horaz bisweilen in den Episteln
nach dem dritten Dactylus Cäsur und Interpunction zugelassen
hat (I 6, 48. II 2, 75. a.p.19), übrigens nur einmal noch so, dafs
der dritte Dactylus aus einem einsylbigen und einem zweisylbigen
Worte besteht (a. p. 19), kann uns zu der engeren Verbindung
von *bos piger* nöthigen.

Die ganze Derbheit des Römischen Herrn dem Diener gegenüber tritt in diesen beiden letzten Zeilen zu Tage. Das Gesinde
ist vor allen Dingen zur Arbeit da so gut wie das Vieh im
Stalle: allem gegenseitigen Neid und allen Begehrlichkeiten
macht der Herr ein kurzes Ende, indem er jeden an seine Ver-
richtung weist.

Inhalt.

Lafs uns sehen, ob ich besser verstehe das Unkraut der
Thorhet aus dem Herzen zu jäten als du das wirkliche aus
deinem Acker (1—5 meiner A.). Jeder von uns beiden ist mit
seiner Lage unzufrieden, bei beiden liegt die Schuld im Innern,
nicht an Ort (6—9); aber der Unterschied zwischen uns besteht
darin, lafs du deine Wünsche geändert hast, ich den meinigen
treu gellieben bin (10—14). So ist es gekommen, dafs unsere
Neigungen verschieden sind. Du sehnst dich nach der Stadt
zurück und beklagst dich über die Entbehrungen und Mühseligkeiten des Landlebens (15—27); ich trotz aller innigeren Bande,
die mich an die Stadt fesseln, schwärme für das Land und die
Harmlosigkeit seiner Bewohner (28—39). Wie du das Stadt-
gesinde beneidest, so dieses dich: jeder wünscht sich was der
Andere hat, statt freudig den ihm beschiedenen Beruf zu üben
(40—44).

XV

Gegen die ungeheuerliche Periode, welche nach 24 Versen voller Einschachtelungen, die sich wie selbständige Sätze gebehrden, mit einer einzigen Zeile (25) als Nachsatz schliefst, empört sich mein stilistisches Gefühl trotz der Beglaubigung durch die Scholien eben so stark wie das von Lehrs Jahrbb. 1863 S. 539, und zwar um so mehr, da dieses Monstrum durch keinen Witz, der in dem Satzgefüge als solchem läge, gerechtfertigt wird. Will man Klarheit und Halt in die Rede bringen, so kann man nicht anders als entweder mit Lehrs gleich nach dem ersten Verse eine Zeile wie die von ihm angegebene *quaerere ab experto iam mi est opus, est opus illud* einzuschieben oder anzunehmen, dafs nach *via* V. 2 zwei Hemistichien ausgefallen sind, denen sich dann als neuer Satz *nam mihi Baias* u. s. w. ansclliefsen mochte.

V. 3 ist das handschriftliche *et tamen* nicht zu halten, weil die Entbehrlichkeit Baiä's für Horaz doch nicht die Entrüstung der um ihren Verdienst gekommenen, eigennützigen Bewohner über den ungetreuen Gast ausschliefst. Ein Gegensatz besteht, aber nur insofern, als die Gefühle der Gleichgültigkeit auf Seiten des ehemaligen Gastes keineswegs von der anderen Seite getheilt werden, die vielmehr grade über jene grollt. Dieses Vehältnifs wird erst klar, wenn wir *at tamen* schreiben. Weder Diderleins Ellipse (*et etsi non aliis, tamen illis*) noch Th. Schmids Erklärung („ungeachtet ich nicht auf eigenen Antrieb Baiä meide, sondern auf Befehl der Muse, so zürnen sie mir doch") verdienen eine Wiederlegung. Lehrs, der mit Recht Anstofs an der Ueberlieferung nahm, verlangte *et magis*, womit er, wie mir scheint, das Messer an einer gesunden Stelle angesetzt und die kranke unberührt gelassen hat.

Sinnlos ist auch V. 13 *sed* nach *eques*. Die Verglichung von sat. I 5, 60 (bei Keck a. a. O. S. 23 f.) hilft uns Nichts, denn *sed* ist nicht *at*, und die Trockenheit dieser lehreichen Notiz wäre auch so unerträglich. Da Horkels Vorschlag (anal.

Hor. 146) *ut* der Prosodie von *equĕs* ungebührliche Gewalt an-
thut, und ein anderes Mittel, diesem salzlosen Zusatz zu einigem
Halt zu verhelfen, sich nicht bietet, so muſs ich Lehrs beistimmen,
der diese Worte für interpolirt hält. Ob dann ihr Verfasser *equi*
oder *equis* geschrieben hat, kann uns gleichgültig sein. Wir gewinnen aber die Möglichkeit, auch den zunächst folgenden Fragen
ein Verbum voranzuschicken (wie Lehrs vorschlägt durch die
Ergänzung *certum nitens iter. edere perge*), und auch die zweite
groſse Parenthese von V. 16—21 zu vermeiden. Indessen scheint
mir das nicht unbedingt geboten.

V. 16. Bei dem auch von Pseudo-Acron bezeugten Schwanken der Ueberlieferung zwischen *iugis* nnd *dulcis* stehe ich trotz
der Auctorität des ältesten Blandinius, dem im Text auch hier
der Gothanus (übergeschrieben erst von später Hand *iugis*) sich
anschlieſst, nicht an, mich für *iugis* zu entscheiden, da von
Horaz einfach die Frage gestellt wird, ob das Trinkwasser in
der Gegend von Salernum durch den Regen in Cisternen oder
durch flieſsende Brunnen gewonnen werde. Süſs, d. h. nicht salzig
ist auch Regenwasser.

V. 17. Wenn man bedenkt, wie häufig die Abschreiber *quid*
und *quod, quidvis* und *quodvis* (vgl. ep. II 2, 8. a. p. 23) verwechseln, so sollte man sich gegen die einleuchtende Verbesserung
von N. Heinsius, der *quodvis* für das überwiegend beglaubigte
quidvis empfiehlt (nur wenige unbedeutende Handschriften bei
Obbarius haben wirklich *quodvis*), nicht so sehr sträuben. Denn
V. 18 ff. wird der Begriff des Weines festgehalten, und reine
Willkühr, ohne jeden besonderen Reiz wäre die Ausdehnung in
V. 17 auf „Alles und Jedes" gewesen. Ohnehin ist viel zu viel
damit gesagt.

V. 30 *fundere* mit Schrader emendatt. p. 75 für das handschriftliche *fingere,* was zu *opprobria* so wenig paſst als es zu
male dicta passen würde, oder als wir von solchen Improvisationen
sagen: „Schimpf ersinnen". Die Analogie von *crimina fingere*
(Erdichtung von Anklagen und Vorwürfen) kann nicht genügen.
Ich finde keinen Grund für einen so gesuchten Ausdruck, wo das

Einfachste, „Schimpfreden ausschütten“ schon durch *quaelibet* und *quemvis* und die ganze Persönlichkeit des hungrigen Parasiten nahe gelegt wird.

V. [31 f.] habe ich, Lehrs folgend, als Interpolation (ungeschickte Ausführung von 26 f.) gestrichen. Hiernach fällt die Bentley'sche Emendation *donaret* für *donarat* oder *donabat* der Handschriften von selbst weg.

XVI XVII XVIII

Ueber die sechszehnte, siebzehnte und achtzehnte Epistel habe ich im Zusammenhange gehandelt im Rhein. Museum XXIII 66 ff. und sodann auf die Einwendungen von Lehrs („Ein halber Bogen Horatiana. Die sechzehnte und siebzehnte Epistel“) ebenda S. 432 ff. geantwortet. Die Ergänzungen, Begründungen und Modificationen des früheren Aufsatzes, welche an letzterer Stelle gegeben sind, sollen in der folgenden Ueberarbeitung gleich in den Text verwoben werden: einige polemische Bemerkungen auch gegen Andere hier zu wiederholen schien überflüssig.

Die ersten 20 Verse der achtzehnten Epistel empfehlen eine edle, durch Wohlwollen und Geschmack gemilderte Freimüthigkeit als die Mitte zwischen den beiden Extremen scurriler Unterwürfigkeit und rechthaberischer Grobheit. Welchem derselben der junge Lollius Maximus mehr zuneigt, ist nach der Anrede *liberrime Lolli* und dem sichern Zutrauen, womit Horaz ihn von dem andern Fehler frei spricht (*si bene te novi, metues, l. L., scurrantis speciem praebere professus amicum*), unzweifelhaft. Auch war es ganz natürlich, daſs der Sohn eines vornehmen, bei Hofe angesehenen, unermeſslich reichen Mannes, der vielleicht eben noch in das Studium der stoischen Philosophie versenkt war (I 2, 3 f.), im Verkehr mit Andern eher den eigensinnigen Sonderling als den gefälligen Narren zu spielen sich berufen fühlte. So unwürdig die Rolle des Letzteren auch dem Horaz erscheint (3 f. 10—17), so ergeht sich doch sein Spott mit unverkennbarer Absicht ausführlicher über die kindische Rechthaberei des biederen Wahrheitsapostels (15—20): *alter rixator* (mit Muret) *de lana saepe caprina propugnat nugis animatus,* nicht, wie in den Handschriften steht, *armatus.* Dafs der *rixator* (entgegengesetzt dem *derisor* V. 11) durch Nichtigkeiten in Athem versetzt und muthbeseelt oft *de lana caprina* sich in einen Kampf einläfst, war zu sagen. Seine Waffen, auf die es indessen hier überhaupt nicht ankommt, sind grobe Worte, nicht Possen: *nugae* sind sein Kampfobject.

Ganz unverbunden hiermit und fremdartig ist das folgende Capitel von 21—36 (= 17, 58—71), über dessen ursprünglichen Text wir uns zunächst verständigen müssen. Man soll mit dem reicheren Freunde nicht aus thörichtem Ehrgeiz über die eigenen Kräfte hinaus wetteifern wollen in kostbaren Leidenschaften (Venus und Würfelspiel: 21) und in eleganter Toilette (22), wodurch man sich nur Mifsfallen oder beschämende Zurechtweisung von Seiten des Herrn zuzieht (25—31) und sich ruinirt (31—36). Hiernach sehe ich zwar keinen Grund, Lehrs (Jahrbb. f. Ph. 1863 S. 546) die Unechtheit von V. 21 *quem damnosa Venus, quem praeceps alea nudat* zuzugeben, mufs aber desto entschiedener nicht nur mit ihm [23], sondern auch den folgenden verwerfen. „Hunger und Durst nach Silber" oder, wie es gleich darauf tautologisch erklärt wird, „Scham und Flucht vor Armuth" sind ja grade das Gegentheil jener Verschwendung. Oder sollen wir Döderlein glauben, dafs Horaz dem einfachen Leser, der Latein verstand, zugemuthet habe, die Worte *quem tenet argenti sitis inportuna famesque, quem paupertatis pudor et fuga* zu verstehen: „wer seinen Hunger und Durst durch Anschaffung von Silbergeschirr befriedigt, wer sich seiner Armuth schämt und ihr durch Luxus, der über seine Kräfte geht, zu entfliehen sucht?" Nur so freilich war der Gedankenzusammenhang zu retten, nur so das sonst unerträgliche „Hunger und Durst" einigermafsen zu entschuldigen; aber der Widersinn des Ausdruckes *quem tenet — fuga* bleibt in allen Fällen zurück.

Nun ist beachtenswerth, dafs der Schlufs des [24.] Verses im Gothanus nicht *dives amicus* lautet, sondern *amicus dives,* wodurch *dives* als Glossem verdächtig wird. Dafs der Freund reich und reicher ist als jener eitle Verschwender, dafs es ihm seine Mittel erlauben seinen Neigungen nachzugehen (*stultitiam patiuntur opes* 29), war hier freilich zu sagen, nicht aber, dafs er „mit Lastern reichlicher ausgerüstet sei als der Andere", oder gar, wie im Text steht: *saepe decem vitiis instructior* (25). „Mit zehn Lastern besser versehen" soll heifsen „zehnmal so lasterhaft" (*decies tanto vitiosior*)? Handelt es sich nicht auf beiden Seiten um dieselben *vitia*? und was thut es zur Sache, wenn der Freund vielleicht auch noch für zehn andere Dinge derselben Kategorie Geld ausgiebt? Wie überflüssig und matt ist auch jenes *saepe*! Der Anfang dieser Zeile mufs im Archetypus Schaden gelitten haben. Leserlich war vielleicht nur: SE////// DIS. Dies wurde unglücklich ergänzt: SEPE DECEM, während Sprache und Gedanke SECTANDIS erforderten: „der Freund, der besser (mit Mitteln) ausgerüstet ist, um seinen Lastern nachzugehen." Und hierzu, namentlich zu *instructior* war *dives* von einem älteren Erklärer hinzugeschrieben.

Aber auch der Schlufs dieser Zeile *odit et horret* ist schwerlich richtig: *odit* als Ausdruck der Abneigung, des Mifsfallens genügte; *horret* ist tautologisch oder unpassend, denn eigentlich kommt *horrere* dem Schwächeren, Untergeordeten zu, wie der *imi derisor lecti* oben V. 11 *nutum divitis horret*, wie Volteius den Philippus I 7, 64 *neglegit aut horret*, sich Nichts aus ihm macht oder aus Respect und Blödigkeit Nichts von ihm wissen will. Döderleins Erklärung aber, es seien zwei Klassen: der eine hasse den Renommisten, der andere fürchte ihn als seinen Nebenbuhler, ist entschieden verfehlt. Denn *odit et horret* kann nur einem und demselben Subject zugeschrieben werden, und wie kann der Reiche den Unbemittelten, der sich vor seinen Augen ruinirt, als Rivalen fürchten? Auch liegt ja in V. 26 eine ganz andere Unterscheidung vor: *odit, aut si non odit, regit* u. s. w. Setzen wir lieber an Stelle jenes überflüssigen Zusatzes das einzige gesunde Wort der vorhergehenden Zeile, so ergiebt sich als echt horazischer Text für uns Folgendes:

quem damnosa Venus, quem praeceps alea nudat,   21
gloria quem supra vires et vestit et unguit,
  sectandis vitiis instructior odit amicus u. s. w.   25

Uebrigens sollte man den Manen des jovialen römischen Ritters P. Volumnius Eutrapelus, an dessen Tafel Cicero sich's wohl sein liefs, nicht so wehe thun, ihn mit dem diabolischen Jugendverführer Eutrapelus in unserer Epistel zu verwechseln, unzweifelhaft einem lanista oder mango, der junge Leute methodisch herunterbrachte, um sie in seine Gewalt zu bringen und Geld mit ihnen als Gladiatoren oder anderweitigen Sclaven zu verdienen.

Aber was hat nun dieses ganze Capitel mit Lollius zu thun? Nimmermehr ist zu glauben, dafs er irgend einem Grofsen gegenüber die untergeordnete Stellung eines *comes* einnahm, eine Stellung, wie sie Horaz und andere unbemittelte Litteraten bekleideten. Denn nicht etwa von der cohors im Lager des Feldherrn, sondern von dem *marmoreum venerandi limen amici* (73 = 17, 102) ist die Rede, und jenes Verhältnifs zum *potens amicus* (44. 86) wird bis V. 88 festgehalten. Und wirklich ist der Adressat dieser ganzen Partie, der *lenibus imperiis* seines Gönners nachzugeben hat (45), ein Poet, wie aus V. 40 (*poemata panges*) und 47 (*senium depone camenae*) hervorgeht, wenn er auch im Cantabrischen Kriege 729 seine ersten stipendia verdient hat (55) und in Leibesübungen geschickter als Horaz gewesen sein mag (52 ff.); wie denn auch die relative Beschränktheit seiner Mittel sowenig wie etwa bei Tibull und Anderen aufgehoben wird durch den väterlichen Besitz eines kleinen Landgutes (60). Dafs für ihn die Gunst seines Herrn Lebensfrage ist, beweist der Ton des Ganzen und insbesondere der Schlufs 83—88.

Von hier an nämlich werden wir plötzlich, ohne allen Uebergang und Zusammenhang wieder in das Geleise der ersten Partie unserer Epistel zurückgeführt. „Nimm die Wolken von der Stirn“ u. s. w. konnte sehr wohl demselben zugerufen werden, der vorher vor übermäfsiger Strenge und Rauheit gewarnt wurde, etwa in folgender Gedankenreihe, die freilich zu suppliren ist: „du wirst sagen, Jeder hat einmal sein Temperament und seinen Charakter, auf dessen Anerkennung von Seiten Anderer man Anspruch hat. Aber wenn Jeder schroff und engherzig im geselligen Verkehr seine Natur geltend machen wollte, so würde alles Behagen an einander aufhören, welches verlangt, dafs die verschiedenen Elemente sich freundlich mischen und der Einzelne der Stimmung der Mehrzahl sich gefällig zu accommodiren wisse. Ohne das giebt es nur Reibungen und gegenseitiges Mifsfallen: *oderunt hilarem tristes* (89 = 21)“ u. s. w. Eine Schaar gleichgestimmter Gesellen wird einem Einzelnen, nicht mit ihnen harmonirenden, gegenübergestellt. Dafs die Stelle *oderunt* u. s. w. (89—95) mit dem Vorhergehenden nicht zusammenhänge, fühlte schon Döderlein. Seine Versetzung nach V. 66 = 17, 99 müfste man annehmen, wenn nicht viel wahrscheinlicher wäre, dafs die Verse überhaupt nicht in dasselbe Gedicht gehören als die vorhergehenden. Die Ausscheidung der Worte *bibuli ... oderunt* nach *potores* (91) wird Meineke (s. praef. XXXVIII) verdankt.

Auch die Ermahnung zum fleifsigen Studium der Philosophie, *qua ratione queas traducere leniter aevum* (97: die beiden folgenden Zeilen sind nur eine schlechte Paraphrase des Uebrigen und verrathen sich schon durch das unpassende *num* als Interpolation) war bei dem jungen Lollius, der in und aus sich selber sein Lebensglück zu schaffen hatte, wohl angebracht, und konnte ohne Härte dem Vorigen zum Schlufs angereiht werden, obwohl ebenso gut zwischen V. 95 und 96 noch mancherlei gesagt gewesen sein kann. Aber ganz äufserlich angeklebt sind wieder die letzten 9 Zeilen (104—112 = 16, 77—85). Denn was hat die Genügsamkeit des Horaz und sein idyllisches Behagen auf dem Gute mit den Regeln über den Verkehr mit Menschen zu thun? da doch nicht ein Bindeglied dazwischen tritt, wie etwa dieses: „der wahre Philosoph ist wie sein bester Freund (vgl. 101), so sein bester Gesellschafter: in der Einsamkeit ist ihm am wohlsten. So geht es mir“ u. s. w. Das steht eben nicht da, und auch so bleibt verwunderlich, warum der Leser V. 105 über den Digentiabach so genau orientirt und warum gerade hier die kalten Winde, welche in dem hochliegenden Örtchen Mandela geherrscht haben mögen, mit einem Witz über sein höckeriges Terrain (*rugosus frigore pagus*) gerächt werden.

Haben wir somit als echte Reste der Epistel an den jungen Lollius nur V. 1—20 und nach einer Lücke von unbestimmbarem Umfange 89—103 gelten lassen können, so gelingt es vielleicht dem Uebrigen anderswo seine Stätte anzuweisen[1]).

Das Thema nämlich, welches wir in V. 21—88 behandelt fanden, wie sich der bescheidene Hausfreund im Pallaste des mächtigen Gönners zu verhalten habe, ohne weder an seiner Würde und moralischen Selbständigkeit zu verlieren noch die Gunst des Herrn und seine auf ihr ruhende Existenz zu verscherzen, — kurz *quo tenuem* (nach Horkels schöner und nothwendiger Emendation für *tandem*) *pacto deceat maioribus uti* (17, 2) wird ja ausdrücklich von Horaz als Inhalt der siebzehnten Epistel an den uns leider unbekannten Scäva angekündigt. Dieselbe aber ist weit entfernt davon, diesen Stoff zu erschöpfen, vielmehr giebt sie nur gleichsam das Fundament, nämlich Erledigung der Vorfrage, ob das Verhältnifs des *comes* zum *rex* überhaupt eines freien Menschen würdig sei. Das Resultat ist V. 33—37: „der höchste Ruhm freilich sind die Lorbeeren des Feldherrn, aber nicht Jedem sind sie vergönnt, und so ist es wenigstens nicht der geringste, solcher hervorragender Männer Freund und Schützling zu sein“. Hierauf erst sollte das *quo pacto*, die richtige Art des Verkehrs mit ihnen, wie versprochen,

---

[1]) Der Döderleinschen Auffassung, wodurch der achtzehnte Brief durch „Aufzählung der Entsagungen und Selbstüberwindungen“ im Umgange des Niederen mit Grofsen „eine indirecte Entmuthigung des Lollius“ ein solches Verhältnifs einzugehen bezwecken soll, steht aufser der socialen Stellung des Lollius vieles Einzelne in der fraglichen Partie selbst entgegen: die positiven Rathschläge 37 f. 68 f. 76 ff., die keinerlei Demüthigung oder Opfer verlangen, die directe Billigung des *Romanis sollemne viris opus* (49), und der ganze Ton, endlich auch die Schlufsermahnung (87 f.) die voraussetzt, dafs der Freund ein solches Verhältnifs, für dessen Erhaltung die richtige Methode gezeigt wird, bereits eingegangen ist.

Ob nun, was wir aus der achtzehnten Epistel (21 ff.) in die siebzehnte verpflanzt haben wollen, ohne Weiteres sich an 17, 51 (= 57 m. A.) angeschlossen habe oder ob ein Uebergang ausgefallen sei, wage ich nicht zu entscheiden. Für nöthig halte ich einen solchen nicht. Das unanständige Bestreben sich durch den mächtigen Freund zu b e r e i c h e r n ist in den beiden erledigten Abschnitten (38—57 m. A.) gegeifselt: den Gegensatz dazu bildet, wer aus Eitelkeit, um es dem reichen Genossen gleich zu thun, sich in Schulden stürzt und v e r a r m t (18, 21 = 17, 58 ff.).

Nur kann, was hierauf (nach 18, 36 = 17, 71) folgt, nicht in dieser Ordnung componirt sein. Wollte man nämlich auch *illius* 37=17,105 auf den *instructior amicus* von V. 25 zurückbeziehen, so hat doch die hier empfohlene Discretion mit der vorhergehenden Warnung vor thörichtem Wetteifer mit dem Herrn in kostbarem Luxus (21—36) so gar Nichts gemein, dafs die lose Anknüpfung durch *neque* unpassend erscheinen mufs. Gefällige Nachgiebigkeit dagegen in unschuldigeren Neigungen wie die Theilnahme an den Jagdvergnügungen des Herrn (39—66) wird offenbar im Gegensatz zu jener ungehörigen Nachahmung vornehmer Passionen (Liebe, Würfel, Kleider) empfohlen. Wie so oft bei Horaz ist das dem Gewichte nach untergeordnete Glied der Gedankenreihe vorausgeschickt: „so thöricht ein Rivalisiren mit dem reicheren Freunde wäre, so unpassend wäre doch auch eigensinnige Sprödigkeit gegen seine Neigungen: *nec tua laudabis studia aut aliena reprendes* (39)". Geselliges Mitmachen an sich unverwerflicher, ja (im Gegensatze zu jenen Ausschweifungen) löblicher (49 ff.) Zeitvertreibe selbst mit momentaner Aufopferung eigener Neigungen wird (so sind die Schlufsworte dieser Partie 65 f. in allgemeinerem Sinne zu fassen) dir selbst in anderen Fällen von Seiten des Gönners vergolten werden durch beifälliges Eingehen auf d e i n e Interessen (denn mit leiser Beziehung ist bei dem *ludus* wohl nicht nur an die dörfliche Naumachie, sondern auch z. B. an die *poëmata* (40) des Scäva zu denken). Aber immer, so konnte Horaz den Faden weiter spinnen, wirst du gut thun,

deine Neigungen zu beherrschen, und dich nicht etwa von einer
Leidenschaft hinreifsen zu lassen, deren Befriedigung von dem
guten Willen deines Herrn abhängt, so dafs du in deinem inner-
sten Leben ein Spielball seiner Laune wirst. Also konnte auf V. 66
nach dem Uebergang in 67 = 17, 100 passend folgen 72 — 75, eine
Warnung, die für ein leicht entzündbares Poëtenherz gewifs nicht
überflüssig war. Discretion aber und Verschwiegenheit (37 f.) gehört eng zusammen mit der Vorsicht im Reden, die 68 — 71
empfohlen wird, worauf dann die Vorsicht bei Einführung, Empfehlung, Vertheidigung dritter Personen (76 ff.) sich natürlich
anschlofs. Also erhalten wir folgende Anordnung: 18, 21 — 36.
39 — 66. 67. 72 — 75. 37 f. 68 — 71. 76 ff. Von hier läuft der
Text in gutem natürlichem Zusammenhange bis zu der passend
angefügten Schlufsbemerkung 86 — 88, womit die siebzehnte
Epistel meiner Ansicht nach ihr Ende erreicht hat.

Um die Identität des jungen Poëten von etwa 23 — 25
Jahren, der in der behandelten Partie des achtzehnten Briefes
Rathschläge empfängt, und des jedenfalls auch jüngeren (*iunior
audi* 17, 16) Scäva, an den der siebzehnte gerichtet ist, wahrscheinlich zu finden, beachte man die Aehnlichkeit des Tones
und der Wendungen, womit hier und da einzelne Weisungen oder
das Ganze eingeführt werden: man vergleiche in der siebzehnten
Epistel den Eingang *quamvis, Scaeva, satis per te tibi consulis
et scis* .... *disce docendus adhuc quae censet amiculus*
u. s. w. (auch 16 *doce vel iunior audi*) mit 18, 67 (= 17, 100)
protinus ut moneam, siquid monitoris eges tu, und 59 f.
(= 17, 92) *quamvis nil extra numerum fecisse modumque
curas.* Nur wegen Lehrs ist hierbei kurz zu erinnern, dafs kein
Unbefangener in der höflichen Eingangsformel *quamvis, Scaeva,
satis per te tibi consulis et scis* u. s. w. und den folgenden
Vorschriften einen Widerspruch finden wird, wenn er die beschrän-
kende Bedeutung von *satis* erwägt, wie sie sat. II 7, 3 ep. II
1, 166 (vgl. auch sat. II 6, 64 ep. I 15, 43) wiederkehrt. Fehlt
doch sogar diese Beschränkung a. p. 366 = 352. Und der lehrende
amiculus selbst nennt sich ja *docendus adhuc* nach Bentley's

richtiger Erklärung, wie er auch durch die Alternative in V. 16 nur die Formen der Urbanität erfüllt.

Jene Gleichheit der Personen leuchtete auch den alten Erklärern so ein, daſs sie, freilich den ganz verschiedenen Inhalt der übrigen Theile des achtzehnten Briefs übersehend, aus beiden Gedichten eins machten und als den Adressaten *Lollium Scaevam* oder *Scaevam Lollium, equitem Romanum* nannten, der ihnen indessen ebenso unbekannt war als uns (s. die Scholien zum Anfange beider Briefe). Uebrigens faſst das argumentum der achtzehnten Epistel bei beiden Commentatoren nur die ersten 20 Verse zusammen, bei Porphyrion mit der Einführung 'aliud praeceptum quo monet' u. s. w. Also fand er in seiner Handschrift keine Trennung zwischen beiden Briefen. Ob nun dieser Umstand eine Folge der bereits eingetretenen Verwirrung gewesen ist oder ob er dieselbe erst befördert hat, kann dahingestellt bleiben.

Es ist noch übrig, den Versen 18, 104—112 ihre Stelle anzuweisen. Das Detail über Digentia und Mandela führt uns von selbst auf die sechszehnte Epistel, in der sich Horaz die Aufgabe stellt: *scribetur tibi forma loquaciter et situs agri* (4). Dem ganzen Tone nach aber konnten obige Verse nirgends anders stehen als am Schluſs eines Gedichtes, also nicht etwa vor V. 17, wozu der scheinbare Gegensatz zu *tu recte vivis* auf den ersten Blick einladen mag. Es frägt sich, ob die sechszehnte Epistel den ihrigen schon hat oder ob ihr mit diesem gedient ist. Nach der versprochenen Schilderung des Landgutes, dem der Dichter Gesundheit und, wie aus der behaglichen Schilderung ohne Weiteres hervorgeht, Zufriedenheit verdankt (1—16), geht er leicht und rasch über auf das Leben seines jungen, noch aufstrebenden Freundes, worin für diesen der Begriff eines *beatus* oder des *recte vivere* bestehen müsse, nämlich darin, daſs er *vir bonus et sapiens* nicht nur zu heiſsen, sondern in Wahrheit zu sein bestrebt sei (17 *tu recte vivis, si curas esse quod audis*). Wer aber ist *vir bonus?* Wer von Herzen gut ist, nicht nur vor der Welt rechtschaffen erscheint, nicht wie der Sclav aus Furcht vor

Strafe Böses vermeidet, sondern wer aus Liebe zur Tugend das
Böse hafst (52 = 55), wer rein von Begierden innerlich wahrhaft frei
ist. Auch der sittlich Unfreie zwar kann wie der Sclav nützliche
Dienste thun und praktische Erfolge haben, aber jene göttliche
Unabhängigkeit von den Mächtigen der Welt und den Launen
des Schicksals, wie sie dem Pentheus gegenüber Dionysos zeigt,
ist nur dem *vir bonus et sapiens* vorbehalten.

Hiermit könnte allerdings die Epistel schliefsen. Aber mehr
der Weise des Horaz angemessen ist es, dafs er die Feierlichkeit
dieser Stelle abzutönen sucht und den persönlichen Ton des
Briefes nicht ganz verklingen läfst, sondern mit anmuthiger Rückkehr zu dem im Eingange behandelten Thema, der Beschreibung
seines Gutes, das Ganze abrundet. Nicht als ob er sich jenem
erhabenen Weisen zur Seite stellen wollte. Noch hängt er am
Leben, noch erquickt ihn das Bad im Digentiabach, aber —
„bereit sein ist Alles“. Die Dauer seines Lebens, seines Wohlstandes erfleht er einstweilen noch von der Willkühr Jupiters,
aber als s e i n e eigenste Aufgabe erkennt auch er die Erwerbung
eben jenes Gleichmuthes, der den Freien und Weisen macht: *ne
fluitem dubiae spe pendulus horae* (18, 110 = 16, 83). Also
schliefsen sich 18, 104—112 auf das beste an 16, 79=76 an. Auch
in den Scholien findet sich v i e l l e i c h t noch eine leise Spur dieses
Zusammenhanges. Porphyrion giebt als Inhalt der sechszehnten
Epistel an: ʻ*scribit autem Quintio d e a e q u a n i m i t a t e et
t e m p e r a n t i a s u a, qua se parvo esse contentum demonstrat
arguens alios dissimulatis vitiis magis bonos videri velle quam
fieri*ʼ u. s. w., was der sogenannte Acron schon etwas anders
wendet: ʻ*Quintium adloquitur de situ agri sui — et ex obliquo
loquitur de aequanimitate ac temperantia (sua), quare parvo
esse contentus debeat unus quisque arguens*ʼ u. s. w.

Uebrigens bedarf dieser Brief noch mehrfacher Hülfe. Auszuscheiden ist die aus dem Gedankengang fallende und den Ton
störende Sentenz V. [24]. Wozu noch der *occulta febris* (22)
die *incurata ulcera* hinzufügen? Auch ist es nicht „Scham“,
welche den Kranken bei Tisch wie den sittlich Ungesunden von

der Heilung und dem Bekenntnifs seiner Schäden abhält, sondern böse Begierde.

Demselben sentenzensüchtigen Interpolator sind, wie zuerst Guyet gesehen hat, auch V. [55 f.] zuzuschreiben, von denen die Fassung des zweiten auch in den Handschriften verdächtig variirt. Nicht von dem gröfseren oder geringeren Mafse der Schuld ist in diesem ganzen Zusammenhang die Rede, sondern von dem Unterschiede zwischen wahrer und scheinbarer Rechtschaffenheit, wie sie der Sclav aus Furcht vor Strafe zur Schau trägt.

Aber in dieses Capitel von V. 46—62 kommt erst ein klarer Flufs (vgl. Rhein. Mus. XXIII 435), wenn man, was über den *vir bonus* und sein unechtes Abbild zunächst und dann vergleichsweise vom Sclaven gesagt wird, in die natürlich zusammengehörigen Gruppen ordnet. Demnach mufs auf V. 44 f. *sed videt hunc* (den sogenannten *vir bonus*) *omnis domus et vicinia tota introrsus turpem, speciosum pelle decora* Ausführung und Beleg dieses Satzes in V. 57—62 folgen. Das Gleichnifs vom Wolf, Kranich und Falken aber (50 f.), wenn es von Horaz herrührt, wie an sich zu bezweifeln kein genügender Grund ist, gehört, wie *enim* beweist, hinter V. 54 (*tu nihil admittes in te formidine poenae* u. s. w.).

Mehrere der oben ausgeführten Vermuthungen sind mir von Lütjohann vorweggenommen: er hat richtig 18, 72—75 nach 67 gesetzt, die Stelle 16, 46—62 im Wesentlichen wie oben geordnet (nur 69—72 dürfte nicht zwischen 62 und 46 geschoben werden); hat erkannt, dafs 18, 104—112 in die sechszehnte Epistel gehören, wo er sie freilich nach V. 16 einfügen will, und auf die Spur in den Scholien aufmerksam gemacht. Auch die Rettung von 17, 53 (S. 161) gegen Lehrs gehört ihm. Dagegen habe ich mir von Kolsters Auseinandersetzungen (im Meldorfer Programm 1867 S. 11 ff. vgl. Philol. X 543 ff.) Nichts aneignen können. Auch aus einem Görlitzer Programm („der Gedankengang von Horat. Epist. I 16. — 1857) von Schütt habe ich keinen Nutzen gezogen.

Die viel mifsdeutete Stelle V. 25 ff. erkläre ich so: „magst

du immerhin unbefangen genug und demnach im Stande sein
(*possis*), Lobreden, die dem Augustus zukommen, wenn sie dir
gehalten werden sollten, jenem zuzuweisen: aber wenn du dir
gefallen lässest weise und makellos genannt zu werden (nicht
vielmehr auch dieses Lob abweisest), stehst du für die Wahrheit
desselben mit deinem Namen ein?" Oder kürzer: „Lobreden, die
dem Augustus gebühren, weisest du bescheiden genug von dir
ab; den Namen eines weisen untadelhaften Mannes dagegen
lässest du dir unbedenklich gefallen. Aber wenn du das thust,
stehst du auch mit deiner Person für die Wahrheit dieses Lobes
ein?" Gegenüber den verführerischen Schmeichelreden der Leute
will Horaz dem Freunde strenge Selbstprüfung ans Herz legen
(19). Nicht genug, daſs derselbe sich groben Schmeicheleien un-
zugänglich erweist (die Verse aus dem Panegyricus des Varius
sind ihnen zu Grunde gelegt, um sie desto handgreiflicher zu
machen, *possis* 29 ist sarkastisch): auch wenn ihm eine
Anerkennung, auf die er wie mancher andere ordentliche Mann
unbedenklichen Anspruch zu haben glaubt (32), gezollt wird,
soll er, ehe er dieselbe annimmt, sich fragen, ob er wirklich
den hiermit an ihn gerichteten Erwartungen durch die That
entspricht. Wer sich gefallen läſst (*pateris* 30), daſs ihm der Besitz
gewisser Tugenden zugeschrieben werde, der geht, wenn er ein
Mann von Ehre ist, damit eine Verpflichtung ein, diese Schuld
im Buche der öffentlichen Meinung einzulösen (*respondesne tuo
... nomine?* 31).

Auf den Einwand, daſs der Name eines *vir bonus et prudens* von keinem Ehrliebenden so leicht zurückgewiesen werde,
folgt die Entgegnung (33 ff.), daſs ein solcher Titel ohne innere
Berechtigung eben immer etwas Aeuſserliches bleibe wie jeder
zufällige Besitz, wie z. B. die Amtsinsignien, die auch einem
Unwürdigen (*indigno* 34) eben so leicht genommen als gegeben werden können. Natürlich bleibt demselben, wenn er des
erborgten Schmuckes, auf den er kein inneres Anrecht hatte,
durch eintretende Ungunst des wankelmüthigen Volkes und Zurück-
setzung in seiner weiteren Laufbahn (vgl. I 6, 52 ff. carm. III

2, 17 ff.) entkleidet wird, nur übrig sich „in seines Nichts durchbohrendem Gefühle" traurig und beschämt zurückzuziehen (*pono tristisque recedo* 35). Auch Leute von gutem Mittelschlag, die grobe Verläumdung eben so ruhig läfst (36—38) als grobe Schmeichelei, verfallen doch in feinerem Sinne den Lockungen des *falsus honor* (39) gar zu leicht, weil sie der inneren Stimme über ihren wahren Werth kein unbedingtes Gehör schenken. Uebrigens vgl. Rhein. Mus. XXIII 74 A. 433 f.

Anordnung der sechszehnten Epistel.

Beschreibung des Landgutes, das mich gesund und zufrieden erhält (1—16 m. A.). Dich preist schon längst ganz Rom als einen Glücklichen und Hochbegabten, aber das wahre Glück mufst du in dir selbst finden, in der Wahrheit deines inneren Wesens, welches jeden Schein verschmäht (17—23). Zwar ist es nicht immer leicht, ein strenges unbestochenes Urtheil gegen sich selbst zu üben. Mag man auch die gröbsten Schmeicheleien abweisen (24—28), so läfst sich doch Jeder gern klug und gut nennen, ohne zu prüfen, ob er es wirklich ist (29—31). Und doch ist der Beifall der Menge so flüchtig, und kein Ehrlicher sollte an falscher Ehre Gefallen finden, sowenig wie er durch Verläumdungen geschreckt wird (32—39). Wer ist denn eigentlich gut? Nicht der Legale und Angesehene (40—50), nicht der Sclave, der aus Furcht vor Strafe nicht sündigt (51—59). Innerlich unfrei ist auch der Habgierige und wer immer der Begierde und der Furcht unterworfen ist (60—65). Praktische Dienste kann immerhin auch der Unfreie leisten (66—69), aber der gute und weise Mann ist über alles Aeufsere erhaben: ihm kann die Freiheit, die er in sich trägt, durch keine Fessel genommen werden (70—76). In diesem Gefühl, dafs ich das Beste, Gleichmuth der Seele, mir selbst schaffen kann, bitte ich auch für mich von Juppiter Nichts weiter als was ich eben habe, ohne zu vergessen, dafs er es jeden Augenblick wieder nehmen kann (77—85).

Gedankengang der siebzehnten Epistel.

Vernimm meine Rathschläge wie der Unbemittelte mit Grofsen verkehren soll (1—5 m. A.). Vorfrage, ob es des Freien überhaupt würdig sei, ein solches Verhältnifs einzugehen (6—37). Wer sich keinen Unbequemlichkeiten unterziehen will und mit beschaulicher Zurückgezogenheit zufrieden ist, bleibe davon (6—10); wer aber sich und den Seinigen ein glänzendes Leben wünscht, mufs sich, wenn er arm ist, dazu entschliefsen (11 f.). Man braucht deshalb so wenig wie Aristippus, der durch kluge, überlegene Geschmeidigkeit die Mittel der Grofsen sich dienstbar zu machen wufste, seine geistige Freiheit aufzugeben. Der Cyniker vielmehr erniedrigt sich zum Bettler und hat Nichts davon (13—22). Aristipp als ein wahrhaft Freier wufste sich in jede Rolle mit Anstand zu schicken, während der Cyniker der Sclave seines Princips, der Bedürfnifslosigkeit ist (23—32). Selbst die Freundschaft bedeutender Männer ist doch auch eine Ehre, die einiger Mühe lohnt (33—37).

Umgangsregeln. Geschenke erpressen durch Klagen und Lügen bringt bald um allen Credit (38—48); am besten steht sich wer ohne laut zu fordern im Stillen bescheiden nimmt, was ihm freiwillig gegeben wird (49—57). In kostbaren Liebhabereien und äufserer Eleganz es dem Gönner gleich thun zu wollen ist thöricht: du mifsfällst ihm und ruinirst dich (58—71). Sei dagegen nachgiebig gegen seine Neigungen, jage mit ihm, auch wenn du lieber dichten möchtest, zumal da die Jagd eine nützliche, gesunde Uebung ist und du in der Waffenführung im Ernst wie im Spiel wohl erfahren bist (72—99). Verhalten zu anderen Hausgenossen. Lafs dich nicht gelüsten nach einem Mädchen oder einem Knaben im Hause des Herrn, dafs dich die Leidenschaft, deren Befriedigung von ihm abhängt, nicht um deinen Gleichmuth bringe (100—104). Discretion, und Vorsicht gegen Indiscrete (105—110). Sei bedachtsam in Empfehlungen und lafs fallen wer sich deines Schutzes unwürdig bewiesen hat, damit sein Sturz dich nicht mit trifft (111—120). Denn überhaupt

ist die Freundschaft mit Grofsen unbeständig wie das Meer
(121—123).

XIX

Der Gedankengang ist einfach folgender: „ein altes Wort des
Cratinus sagt, Wassertrinker können keine unsterblichen Verse
machen. Und er hat Recht, wenigstens haben die Poeten zu
allen Zeiten den Wein geliebt. Ich hab' auch einmal im Uebermuth etwas Aehnliches gesagt: da hat das *servum pecus* der
imitatores das als ein neues Orakel, als ein Arcanum für Erwerbung dichterischen Lorbeers genommen", womit denn die Bahn
für den Verfasser gebrochen ist, um seinem bitteren Unmuth über
seine geistlosen, neidischen Collegen vom Helicon Luft zu machen,
die von der rechten Nachahmung grofser Muster, wie sie Horaz
den griechischen Lyrikern gegenüber geübt hat, keine Ahnung
haben, und ihn doch scheelsüchtig als Nachtreter derselben ver-
kleinern, nur weil er nicht zu ihrer Clique geschworen hat. —
Eine bittere Replik auf die von der *ventosa plebs* des republi-
canisch gesinnten Publicums nur zu sehr getheilten Antipathien
der *veteres poëtae* gegen den gräcisirenden, vornehmen Hoflyriker.

V. 3 *ut* von Lambin und Bentley richtig in der Bedeutung
von *tamquam* gefafst: „Bacchus selbst hat die Poëten als Be-
rauschte in seinen Thiasos eingereiht." (vgl. carm. I 1, 31.)
Erklärt man mit den Neueren 'ex quo', und läfst demnach V. 5
als Nachsatz folgen, so erscheinen die ehrwürdigen Camenen,
die dem Commando des Liber keineswegs von jeher unterworfen,
jedenfalls aber in Latium eher zu Hause gewesen sind, als die
erst mit Livius Andronicus auftretenden poëtae, höchst ungerechter-
weise, und dann weiter auch Homer und Ennius so ziemlich auf
einer Linie blinder Nachäfferei wie die römischen Dichterlinge,
welche dem Horaz als ihrem Chorführer folgend *non cessavere
... nocturno certare mero, putere diurno.*

Welcher Schalk den Quellnymphen, deren lieblich süfses
Wasser noch von Vitruv VIII 3 beiläufig gerühmt wird, ange-
dichtet habe, dafs sie, so arg gegen römische Matronensitte ver-

stoſsend, Morgens gewöhnlich nach Wein dufteten wie in Folge nächtlicher Symposien, weiſs ich nicht. War es ein Satiriker, der etwa den Poëten seiner Zeit nachsagen wollte, daſs sie der begeisternden Kraft des Trunkes aus der Camenenquelle durch dasjenige Naſs, welches neben Wasser und Milch (nach Varro bei Servius zu Verg. ecl. VII 21) jene Göttinnen wie die Nymphen gerade nicht genieſsen durften, Nachts zu Hülfe kämen?

Den Vorschlag von Lehrs Jahrbb. 1864 S. 195 *ut male siccos* V. 3 und *vina lyrae dulces* V. 5 halte ich für sehr gewagt und entbehrlich (das zweite sogar unverständlich): freue mich aber, daſs auch er die Unzuträglichkeiten der herkömmlichen Erklärung von *ut* in temporalem Sinne anerkennt und in V. 3—8 ebenfalls eine Aufzählung der Instanzen erblickt, mit denen die Cratinusanhänger ihre Trinkseligkeit rechtfertigen können.

V. 15 f. vielleicht die beiden räthselhaftesten Zeilen in den horazischen Briefen. Kein Zweifel zwar, daſs *rupit* im eigentlichen Sinne nichts Anderes bedeuten kann als einen durch übergroſse Anstrengung des Stimmorgans verursachten inneren Schaden, und ebenso unzweifelhaft, daſs nicht die „Zunge", sondern nur die Kehle, daſs unmöglich das Streben für fein (*urbanus*) und beredt zu gelten, sondern nur eine wirkliche Kraftanstrengung der Stimme dergleichen anrichten kann. Demnach dürfte jenes Verbum hier nur sehr uneigentlich zu verstehen sein von einer vergeblichen Bemühung mit dem Timagenes in witzigen und gewandten Reden zu wetteifern. Jenen *Iarbita* kennen wir nun einmal nicht, denn ich fürchte, daſs auch Porphyrions Gelehrsamkeit, er habe eigentlich *Cordus* geheiſsen, nur auf einer gewagten Combination mit jener Vergilstelle ecl. VII 26 (*invidia rumpantur ut ilia Codro*) beruhe. Das Wichtigste aber ist der Zusammenhang dieser Zeilen mit ihrer Umgebung. Daſs auch sie ein Beispiel eines verunglückten Versuchs der Nachahmung liefern, kann uns nicht genügen. Horaz spricht hier überall von jener einfältigen Nachäfferei, die in Nebendingen das Wesen ihres Vorbildes, im sclavischen Copiren von Zufälligkeiten und tadelnswerthen Aeuſserlichkeiten (*decipit exemplar vitiis imita-*

bile 17) ihre Aufgabe erkennen, die grofsen Männern abgucken, wie sie sich räuspern und wie sie spucken, um dann für ihres Gleichen zu gelten. Davon enthalten diese beiden Verse, soviel wir entdecken können, Nichts, es müfste denn sein, dafs jener Parrhesiastes ganz gegen die Art von Witzlingen und Spöttern seine Malicen mit einer Stentorstimme herausgebrüllt hätte, welche dann sein Nachahmer noch zu überbieten gesucht habe. Und da es schwerlich Jemand wagen wird, hier an Interpolation zu denken (wäre es auch nur ein fremdartiger Zusatz aus einem anderen Satiriker), so wird man sich wohl hierbei beruhigen müssen. Alle Versuche, die Verse anderweitig unterzubringen, werden sich als vergeblich erweisen.

V. 48 f. Nach *diludia*, in Betreff deren wir uns auf die ganz glaubwürdige Erklärung des sogen. Acron und des comm. Cruquianus ('tempora, quae gladiatoribus conceduntur inter dies munerum quibus pugnant') verlassen müssen, kann unter *ludus* verständigerweise nichts Anderes verstanden werden als die Fechter- oder Gladiatorenschule oder vielmehr in diesem Zusammenhange das Auftreten in der Arena, eine Gladiatorenvorstellung, womit die Recitation verglichen wird (wie I 1, 2 f.). Wie nun ein *munus gladiatorium* die Parteileidenschaft im Publicum erregte, das sich in Anhänger verschiedener Waffen und wohl auch bestimmter Gladiatoren theilte (vgl. Friedländer Sittengesch. II 216 f.), so mochte Horaz auch litterarischen Agonen, wie die Recitationen doch gewissermafsen waren, aus dem Wege gehen, weil sie ihm den Keim zu Eifersucht und Zerwürfnissen innerhalb wie aufserhalb der Zunft zu legen schienen. Vielleicht auch bezeichneten *diludia* nicht blofs Aufschub von Gladiatorenkämpfen, sondern auch anderer öffentlicher Schauspiele, so dafs bei *ludus* ebensogut auch an scenische Aufführungen gedacht werden könnte, mit denen die Recitationen noch passender verglichen werden. Ja bei Vitruv VII 5 werden eben diese geradezu *ludi* genannt. So sind die beiden Verse gegen Guyets Verdammungsurtheil zu schützen, der damit wenigstens sein Nichtverständnifs derselben ehrlich bekannte, während die übrigen Erklärer, soweit ich sie kenne, zwar Verschiedenes beibringen, was aber theils sprachlich, theils dem Inhalte nach gleich unmöglich ist.

XX

Wer weifs ob der Verfasser, der sein nach der Oeffentlichkeit verlangendes Buch vor den Gefahren derselben warnt, auch das traurige Ende seiner Laufbahn wirklich erleben wird? Einige Zeit lang durfte Horaz doch wohl auf ein dauerhaftes Interesse des Publicums rechnen, und da er selbst bereits ein Vierundvierziger war, so kann er das Veralten (10) seiner neusten und reifsten Arbeiten und dessen Folgen (12—14) bei Lebzeiten schwerlich im Ernst befürchtet haben. Dann aber kann er sich auch nicht vermessen, den Flüchtling auslachen zu wollen (14), wenn er den Motten zum Frafs dient oder mit anderen Ladenhütern in die Provinz geschickt wird. Zunächst war es schon Mifshandlung genug, wenn der saubere Band verletzt oder vom müden Leser zerknüllt und zerkniffen wurde (8). Ich ziehe es also vor mit Lütjohann schon hier das schadenfrohe Lachen des nicht gehörten Warners (14—16) eintreten zu lassen, zumal da von *servare* (16) viel passender die Rede war nach Erwähnung jener äufseren Unbilden als nach V. 13, der keine Zerstörung, sondern nur ein Exil in Aussicht stellt. Und nachdem der Herr hiermit, namentlich mit dem derben Gleichnifs des ungehorsamen Esels, seinem Unmuth Luft gemacht hatte, waren auch die Ausdrücke in V. 9 (*odio peccantis* bezüglich auf *male parentem* 15, *augur* an *monitor* erinnernd, besonders auch *quodsi*) mehr an ihrer Stelle als unmittelbar nach V. 8, während nun die Prophezeiungen von 9—13 und 17 f. ununterbrochen fortlaufen, und zwar ohne dafs, wie es nach 14—16 viel mehr der Fall ist, der Anspruch erhoben werden kann, dafs V. 17 f. eine Steigerung im Vergleich zu den vorher geweissagten letzten Schicksalen enthalten sollen.

Wenn von Jansen Jahrbb. 1859 S. 434 ff. richtig gegen Hertz ebenda 1856 S. 57 ff. nachgewiesen ist, dafs mit *sol tepidus* in V. 19 nur die Abend-, nicht die Märzsonne gemeint sein kann, so ist auch von hier an nicht mehr von Schulunterricht die

Rede, da derselbe am frühen Morgen begann (Martial IX 68 XII 57, 4 f. Iuvenal VII 222: Becker Gallus II 69 f.); und Meineke wird Recht haben, der zwischen V. 18 und 19 den Uebergang vermifste und eine Lücke von mehreren Versen annahm. Dafs im Folgenden eine Zeit ins Auge gefafst wird, wo Horaz bereits nicht mehr unter den Lebenden war, hat Döderlein gut aus V. 23—25 (*placuisse* und *essem*) geschlossen. Vorauszuschicken war demnach etwa Folgendes: „sollte dir beschieden sein, auch nach meinem Tode noch Liebhaber zu finden, die bei abendlicher Kühle die Läden der Buchhändler durchstöbernd dich zur Hand nehmen oder (wenn V. 20 *admoverit aures* streng zu nehmen ist) irgend einem grammaticus zuhören, der (wie jene bei Gellius) Stücke aus dir einem litterarisch gebildeten Kreise vorliest und erklärt, so erzähle den Leuten" u. s. w.

Die Döderleinsche Erklärung von *solibus aptum* V. 24 würde ich mir gefallen lassen, wenn der von ihm angenommenen humoristischen Beziehung auf den kahlen Scheitel durch ein Wort zu Hülfe gekommen wäre, welches den Vergleich desselben mit einem den Sonnenstrahlen ausgesetzten Felde bestimmter hervorriefe. Da aber ohnehin Horaz sich wohl gehütet haben wird, sein Haupt (wenn es kahl war) der italiänischen Sonne auszusetzen, so glaube ich an den ganzen Spafs nicht. Abgesehen aber von dieser Auffassung würde *solibus aptum* nur einen gegen die Sonnengluth (denn das bedeutet doch der Plural) überwiegend Abgehärteten (wie Pseudo-Acron sagt 'durae cutis hominem et ad laborem fortem') bedeuten können, was natürlich auf unseren Dichter am allerwenigsten pafst. Hübsch, aber nicht wahrscheinlich, ist Meineke's *solis amicum*. Da ich auf die von Döderlein verlangte Concinnität, wonach V. 24 der Schilderung des Aeufseren, V. 25 der des inneren Wesens gewidmet sein soll, Nichts gebe, so scheint mir am characteristischsten wie leichtesten *lusibus aptum*, „zu Scherzen aufgelegt", wie Ovid amor. II 3, 13 von *apti lusibus anni* spricht.

ZWEITES BUCH.

I

V. 18. *hoc*, wie die Scholiasten lasen und der codex ex collegio Trinitatis erhalten hat, ziehe ich mit Bentley der Lesart der übrigen Handschriften *hic* vor. So ausdrücklich auf das gegenwärtige Volk Roms hinzuweisen war kein Grund, besonders da eine Unterscheidung bereits durch *tuus* gegeben war. Wohl aber konnte ohne *hoc* der Satz mifsverstanden werden, als ob Weisheit und Gerechtigkeit darin bestehe, dafs die Römer den Augustus allein allen Uebrigen vorziehen, während offenbar die auch von den Scholiasten richtig verstandene Meinung ist, dafs sie nur in diesem einen Punkte, der Verehrung des Kaisers bei Lebzeiten, jene Eigenschaften bewähren.

Zugeben mufs man Gruppe (Minos 265 f.), dafs V. 19 entbehrlich, ja verwerflich ist. Denn was hat mit der Aufstellung von Altären für den Herrscher ein Vergleich seiner Vortrefflichkeit mit griechischen Feldherrn zu thun? Zumal da seine Ueberlegenheit schon in V. 17 einen viel prägnanteren Ausdruck gefunden hatte.

V. 28. Der Auctorität des ältesten Blandinius und des Gothanus, die *Graiorum* statt *Graecorum* bieten, ist wohl nachzugeben, da Horaz diese Form in gehobnerem Tone anwendet, wo er bewundernd von den Thaten oder dem Genie der Griechen spricht: *Graiae .. camenae* carm. II 16, 38, *fortium Graiorum* IV 8, 4, *Graia victorum manus* epod. 10, 12 (mit epischer Färbung), und besonders a. p. 323 = 303. Auch hier werden also die Griechen durch diese Namensform gleichsam auf ein höheres Niveau versetzt, auf dem sich die Römer mit ihnen nicht messen können. Dagegen finde ich keinen genügenden Grund, V. 90 (= 88) und 161 (= 185) gegen die Ueberlieferung *Graecis* in *Grais* zu verwandeln, da man nicht nur epist. II 2, 7 *litterulis Graecis* verächtlich, sondern auch anerkennend *exemplaria Graeca* a. p. 268 (= 296) wie *vestigia Graeca* 286 (= 324) liest (vgl. auch serm. I 5, 3. 10, 35. 66).

V. 31. *olea* nach Bentley's eleganter Verbesserung (die auch durch zwei sonst unbedeutende Handschriften bestätigt wird) für *oleam*. Das Bild mufs einem von der Schule geläufigen Beispiel des Fehlschlusses entlehnt sein: ‘ negant manifesta ’, sagt Porphyrion.

Die fruchtlosen Bemühungen, V. 32 = 118 f. in diesem Zusammenhange zu erklären, sind endlich aufzugeben. Auch aus dem ironischen Zugeständnifs, dafs, weil die ältesten Gedichte der Griechen die besten sind, dasselbe auch auf die Römer anzuwenden sei, folgt nimmermehr die Ueberlegenheit der jetzigen Römer über die Griechen in Malerei, Citherspiel und Athletik. Der von Döderlein durch das Fragezeichen nach *unctis* erzwungene Gedanke: „die Blüthe unseres Staates bedingt eine solche Ueberlegenheit nicht“ ist in diesem Zusammenhange, wo nur das Vorurtheil für das Alte zu widerlegen ist, ganz ungehörig. Nur dieses Thema wird im unmittelbar Folgenden behandelt: *si meliora* V. 34 ist das zweite Glied in der Kette, die mit *si quia Graiorum* V. 28 anhub. Geht man unabhängig von dem Voraufgehenden und Folgenden nur auf den in V. 32 f. angeschlagenen Ton ein, so sollte man gerade im Gegentheil eher einen Ausspruch der Zuversicht erwarten, dafs es dem glücklichen Römer nun auch mit dem Versemachen leicht von der Hand gehen werde.

Nun heifst es weiter unten (93 = 91 ff.) von den Griechen: als sie nach Beendigung ihrer Kriege (mit dem Auslande, besonders mit den Persern) sich auf müfsigen Zeitvertreib zu legen begannen *et in vitium fortuna labier aequa* (vgl. 32 *venimus ad summum fortunae*), da waren sie für den Ringkampf (*athletarum studiis* 95: vgl. *luctamur* 33), für Pferderennen begeistert, liebten Sculptur und Malerei (97: vgl. *pingimus* 32), hatten ihre Freude an Flötenspielern und Tragöden: das war die Frucht des Friedens und glücklicher Zeiten (*ventique secundi* 102). Aehnlich, so heifst es nachher von V. 103 an, ging es in

Rom. Nachdem das Volk lange ernsthafte und trockne Geschäfte getrieben (bis 107), hat es seinen Sinn geändert und nur noch Interesse für Schriftstellerei: *puerique patresque severi fronde comas vincti cenant et carmina dictant* (110). Die Parallele wird vollständig, Zeit und Ursache dieses Umschwunges tritt vermittelnd hinzu, wenn wir V. 32 f. nach 107 einsetzen. Dies ist in der That die einzige Fuge, wo diese unstäten Zeilen vollkommen ungezwungen und zum offenbaren Vortheil der Umgebung unterzubringen sind. An keiner anderen Stelle gelingt es. Die Scholiasten freilich lasen die Verse bereits an ihrem jetzigen Platze. Uebrigens ist die Lesart des Eutychius II 8 p. 2179 P. (*scitius* oder vielmehr *citius* von zweiter Hand in der Handschrift von Bobbio, von erster *dictionibus* V. 33 für *doctius*) ohne Gewähr, da er aus dem Gedächtnils citirt, wie sein *saltamus* für *luctamur* beweist.

V. 41 = 39 Bentley's schöne Emendation *probosque* für *poëtas* wird ungebührlich verschmäht. Nach *poëmata* (34) war eine ausdrückliche Nennung der Dichter als Kategorie ganz überflüssig, durchaus wesentlich aber in diesem Sorites die wiederholte präcise Betonung des Begriffs, auf dessen Definition es ankommt: vgl. 37 *perfectos veteresque*, 39 *vetus atque probus*. Besonders aber erfordert der Gegensatz in V. 42 *quos ... respuat aetas* gebieterisch ein Wort, welches die Billigung hervorhebt.

V. 67 = 65 *cedit* mit Bentley und einer Londoner Handschrift statt *credit*. Auf das Urtheil, nicht auf den Glauben der Menge muls es dem Verfasser hier ankommen: vgl. *videt* V. 63, *miratur laudatque* 64, das genau entsprechende *fatetur* 67, *iudicat* 68.

V. 94 = 92 *vitium*, vom Standpunkte des strengen Altrömers (wie *nugari* 93) gesagt, wenn auch Horaz denselben nicht ernsthaft theilt, sondern in Beziehung auf den litterarischen Geschmack sogar widerlegen will, ist nicht anzutasten. Lehrs Rhein. Mus. XVII 489 verlangte *lusum*.

Derselbe greift auch V. 100 = 98 mit Unrecht an. Nicht

allein „zum Muster in der Beweglichkeit" will der Dichter Griechenland den Römern aufstellen, sondern die glückliche Naivetät des griechischen Genie's, das spielend die Blüthen aller Künste, von einer zur andern flatternd, gepflückt habe, immerhin mit einem Anfluge überlegenen Lächelns, wie der ernste Mann dem anmuthigen Spiele des Kindes zusieht, dem geschäftsmäfsigen Eifer seiner Landsleute gegenüberstellen, die nun auch das Versemachen mit gewohnter Beharrlichkeit und Hingebung in Angriff genommen haben. Entschieden verwerflich dagegen ist die magere, elend ausgedrückte Sentenz, mit der V. [101] den Zusammenhang unterbricht und das Verständnifs von *hoc* V. 102 verdunkelt. Mit richtigem Blick hat Schütz sie als unecht erkannt opusc. p. 246, obwohl schon die Scholiasten sie in ihren Texten lasen.

Da nun aber Horaz zeigen wollte, wie eben jene Erfindsamkeit der Griechen und ihre Empfänglichkeit für das Neue die Litteratur und namentlich die Poesie bereichert und die bewunderten classischen Muster geschaffen habe, so mufs der Leser sich etwas kurz abgefunden halten mit dem einzigen V. 98, der nach Erwähnung gymnastischer und darstellender Künste auch die musischen nur obenhin berührt, wenn auch in sehr prägnanter Auswahl: *tibicines* als die Begleiter der alten dithyrambischen Chorgesänge (vgl. Athenaeus XIV 617 *B*), der Vorläufer der Tragödie. Um zu überzeugen, welche Fülle eigenthümlicher Schöpfungen eben aus dem Wettstreit der Nachkommen mit ihren Vorfahren gerade auf diesem Felde in Griechenland aufgesprossen sei, bedurfte es eines genaueren Eingehens in die Geschichte der Poesie. Das Vermifste, eben so erschöpfend für diesen Zweck als gedrungen, findet sich in der ars poetica von V. 73—85, und zwar so, dafs die Erfindung der metrischen Formen als mit der Entstehung der entsprechenden poetischen Gattungen zusammenfallend behandelt wird: der epische Hexameter und Homer, das Distichon für Elegie und Epigramm, der Iambus bei Archilochus und im Drama, endlich das Melos in seinen mannigfaltigen Formen und Anwendungen (Hymnen, Epinikien, Liebe und Wein). Zu beachten ist, wie gleich zu Anfang auf den Erfinder

der Nachdruck gelegt wird (*monstravit Homerus* 74), und wie gerade durch diese Tendenz die gelehrte Anmerkung über die Controverse wegen des Schöpfers der Elegie (*quis tamen exiguos elegos emiserit auctor* 77) ihr richtiges Licht erhält. Auch dafs den Archilochus seine *rabies* mit einer **eigenen** Waffe, dem Iambus, versehen hat (*proprio .. armavit iambo* 79) gehört hierher. Ein einzelner Erfinder des Melos konnte nicht namhaft gemacht werden: an dessen Stelle tritt das ihm eigenthümliche Saiteninstrument. Denn unzweifelhaft, wenn man nicht etwa vor V. 83 eine Lücke annehmen will, ist *fidibus* als Dativ mit *dedit* zu verbinden. Das waren also lauter Novitäten, welche Griechenland eine nach der andren schuf und anerkannte, das sind jene *antiquissima scripta* (28 f.) der Griechen, die zugleich zwar *optima,* aber zu ihrer Zeit doch Neuerungen waren.

In den Handschriften freilich ist dieses Capitel verschlagen an eine Stelle, wo es gänzlich unstät und haltlos unter anderen Trümmern schwimmt. Nachdem dort Aufkommen und Verschwinden der Worte nach der Laune des *usus* durch die Vergänglichkeit aller irdischen Dinge, der Blätter des Waldes wie der menschlichen Werke erklärt ist (a. p. 60—72), sollen nun (doch nicht zur Veranschaulichung dieses Satzes?) die verschiedenen Gattungen der griechischen Poesie und ihre Versmaafse, noch dazu mit Berücksichtigung gelehrter Probleme über den muthmafslichen Erfinder, hergezählt werden? Und gleich darauf wird — nicht etwa die allerdings triviale und überflüssige, aber in diesem Zusammenhange doch noch am ehesten zu erwartende Regel gegeben, für jedes Gedicht die seiner Gattung entsprechende metrische Form zu wählen (bei welcher Auffassung sich auch Vahlen Zeitschr. für österr. Gymn. 1867 S. 13 beruhigt), sondern die stilistischen Farbentöne (*colores*) der verschiedenen Gattungen, namentlich der Tragödie und Komödie, auseinanderzuhalten (86 = 134 ff.). Wie wenig aber jener Abschnitt von V. 73—85 überhaupt in die Epistel an die Pisonen pafst, wird weiter unten klar werden, wo wir über deren Inhalt und Composition zu reden haben. Dafs ihn nicht nur Plotius p. 2634 P., sondern nach dem Citat bei Charisius p. 182 P. schon **Q. Terentius Scaurus**, immerhin über 100 Jahre nach des Dichters Tode, in der sogenannten Poetik gelesen hat, darf uns in unserem Urtheil über vernünftigen Gedankenzusammenhang nicht gefangen nehmen, denn die allermeisten Schäden, welche die höhere Kritik im Horaz zu heilen hat, rühren aus einer Zeit her, die vielleicht dem Dichter näher stand als den Grammatikern selbst des hadrianischen Zeitalters. Wie Probus geurtheilt hat, wissen wir nicht, und wer kann sagen, was Scaurus aufser dem Adverbium *inpariter* Alles zu der Stelle angemerkt haben mag? Bei Marius Victorinus p. 2494 P. wird V. 73 f. ohne Angabe des Buches (einfach mit dem Namen *Horatius*) citirt.

109 = 121 *puerique* hat Cruquius und eine Berliner Handschrift des 12. Jahrhunderts, die übrigen *pueri*, wodurch spondeische Messung von *patres* erforderlich werden würde, die ausgenommen I 4, 3 (im letzten Fufs des Hexameters) in den Satiren und Episteln neben der regelmäfsigen iambischen nirgends vorkommt (in den Oden nur im vierten Buch: 4, 55. 6, 32. 14, 1). Dafs bei Porphyrion im Lemma *iuvenesque* steht, wird eine Reminiscenz aus I 1, 55 sein. Da nun eine Erwägung aller Stellen, wo bei Horaz doppeltes *que* steht, ergiebt, dafs er dasselbe dem einfachen überall da vorzieht, wo es unbeschadet des Sinnes dem Verse bequem ist (vgl. neben carm. I 26, 12 III 4, 19 carm. saec. 47 sat. I 1, 76. 2, 56. 5, 98. 8, 50. 5, 104. 8, 17. epist. I 7, 37 II 3, 11 besonders epist. I 19, 34 II 2, 145. 3, 73. 211. 280 und sat. I 10, 27), so finde ich so wenig wie Bentley einen Grund, beiden zum Schaden das einfache nur um der Handschriften willen festzuhalten. Denn jene feine Bemerkung, dafs die Steigerung des Ausdruckes und der Ernst der gestrengen Väter so malerisch durch den Spondeus ausgedrückt werde, widerlegt das vollkommen ähnliche Beispiel sat. I 10, 27, wo Redner, die auf der Tribüne griechische Brocken einmischen, *obliti* genannt werden *patriaeque patrisque Latini*, ohne jenen gravitätischen Fufs, der doch dem patriotischen Ernst des Verfassers höchst angemessen erscheinen könnte. So lange man also nicht etwa

auch dort, aber diesmal gegen die Ueberlieferung, die Nothwendigkeit eines einfachen *que* beweist, wird es rationell sein, an unserer
Stelle das doppelte für richtig zu halten.

Daß V. 115 f. = 127 f. die zweimalige Berufung auf die
Aerzte vom Uebel ist, läßt sich gegen Bentley verständigerweise nicht läugnen. Seine Aenderung *melicorum* und *melici*
für *medicorum* und *medici* freilich, so ansprechend sie scheinbar
ist, kann doch nicht befriedigen, da man unter *melicus* nicht
etwa einen vortragenden Gesangvirtuosen, sondern einen Compo-
nisten und Dichter von Liedern verstand; selbst wenn jene Bedeutung möglich wäre, so hätte Horaz um ein so nahe liegendes
Mifsverständnifs zu vermeiden, ein andres Beispiel wählen müssen. Hätte er überhaupt Musiker nennen wollen, so würde er
sie wohl nach den *fabri* gebracht haben, um von ihnen unmittelbar auf die verwandten Verseschreiber überzugehen. So bleibt
schwerlich etwas Andres übrig als die Vermuthung, dafs die
sehr klaren Worte *quod medicorum est promittunt medici* entweder ein altes Glossem der vorhergehenden sind, welche das
Echte verdrängt haben, oder spätere Ausfüllung einer durch einen
anderweitigen Zufall entstandenen Lücke. Porphyrion erklärt
promittunt.

V. 122 = 134. Bei der durch die besten Handschriften be-
glaubigten Ueberlieferung *pueroue incogitat* kann man sich nicht
beruhigen: denn sowohl die Orelli'sche Erklärung des Verbums
($\ell\pi\iota\beta\text{ov}\lambda\varepsilon\acute{v}\varepsilon\iota$) als die Meineke'sche (*cogitat in puero*) widerspricht
den Forderungen des einfachen, gangbaren Ausdrucks, die man
an diese durch keinen besonderen Ton gehobene Stelle zu machen
berechtigt ist. Die sinnlich anschaulichen Ausdrücke, die man
zur Rechtfertigung dieses $\H\alpha\pi\alpha\xi$ $\lambda\varepsilon\gamma\acute{o}\mu\varepsilon\nu\text{ov}$ verglichen hat (Zangemeister de Horatii vocibus singularibus p. 35 f. und Rothmaler
de Hor. verborum inventore p. 36 f.), *inaestuet praecordiis* epod.
11, 5, *munus umeris — inarsit* epod. 3, 18, *ingemens labo-*
ribus 5, 31, *inemori spectaculo* 34, *umeris involitant — comae*
carm. IV 10, 3, *quis manus insudet* sat. I 4, 72, *inamarescunt*
epulae sat. II 7, 107, *tanto emetiris acervo* sat. 2, 105 erklären

eine so gezwungene und unerhörte Wendung durchaus nicht. Ich
halte mich daher an die Lesart eines Gudianus vom 13. Jahrhundert *puero non cogitat,* die sich auch noch durch den Bernensis stützen läfst, der von erster Hand nur *pueroue cogitat*
hat, *in* ist erst übergeschrieben. Vielleicht ist *in* nur aus *incendia*
an gleicher Stelle des vorigen Verses durch Versehen des Abschreibers eingedrungen.

Von den Vorzügen der *rates* und ihrem Nutzen für das
Gemeinwohl spricht Horaz von V. 118 = 130 an sehr bescheiden, obwohl nicht ohne einige ironische Selbstverkleinerung, wie sie eben durch die untergeordnete Lebensstellung
und die Entbehrungen vieler Collegen selbst zur Zeit eines
August und Mäcenas motivirt sein mochte. Er konnte aber unbeschadet der Demuth gebietenden Gegenwart die Würde und
die Verdienste der Poeten um die Cultur der Menschheit an
bedeutenden Beispielen aus der Vergangenheit darlegen, und eben
dieses Thema behandelt ein Abschnitt, der jetzt in der Poetik
steht (a. p. 391 — 407), so übereinstimmend mit Ton und Absicht
gerade unseres Briefes, dafs er ohne Weiteres nach V. 125 eingefügt werden kann. Dort nämlich ist er nicht zu brauchen.
Horaz hat dem Piso zuletzt (bis V. 390 = 376 m. A.) empfohlen,
seine Manuscripte einer strengen Kritik zu unterwerfen, ehe er
sie herausgebe, weil es nachher zu spät sei: *nescit vox missa
reverti.* Hiermit nun das Folgende etwa in den von Spengel
Philol. XVIII 107 angegebenen Zusammenhang zu bringen, „die
Macht und Bedeutung der Poesie werde gerade an dieser Stelle
geschildert, um zu zeigen, dafs sie nicht unwürdig und niedrig
behandelt werden solle, um sie jedoch würdig zu üben, müfsten
ars und *ingenium* zusammenwirken“, heifst höchstens den Beweis liefern, dafs man ohne Rücksicht auf Worte und Verbindungen
vermöge der Ideenassociation verschiedene Versgruppen nach ihrem
ungefähren Inhalt zusammenreimen könne. Freilich ist es lächerlich, unmittelbar nach Empfehlung jener neunjährigen Feile gerade
Orpheus und Amphion wegen ihrer Erfolge gerühmt zu finden,
von denen doch nicht zu erweisen sein dürfte, dafs sie ihre Werke

nonum in annum reifen liefsen. Dagegen erinnert ganz ähnlich in den Fröschen des Aristophanes 1030 ff. Aeschylus an Orpheus Musaeus Homer Hesiod, um den Beruf der Dichter als Lehrer der Menschheit zu erweisen:

σκέψαι γὰρ ἀπ᾽ ἀρχῆς,
ὡς ὠφέλιμοι τῶν ποιητῶν οἱ γενναῖοι γεγένηνται.
Ὀρφεὺς μὲν γὰρ τελετάς ϑ᾽ ἡμῖν κατέδειξε φόνων τ᾽
ἀπέχεσϑαι·
Μουσαῖος τ᾽ ἐξακέσεις τε νόσων καὶ χρησμούς. Ἡσίοδος δὲ
γῆς ἐργασίας, καρπῶν ὥρας, ἀρότους· ὁ δὲ ϑεῖος Ὅμηρος
ἀπὸ τοῦ τιμὴν καὶ κλέος ἔσχεν πλὴν τοῦδ᾽ ὅτι χρήστ᾽ ἐδίδαξε,
τάξεις, ἀρετάς, ὁπλίσεις ἀνδρῶν;

Und davon abgesehen, wie käme denn derselbe Piso, dem in dieser ganzen Epistel Lehren zur Ausübung der von ihm erwählten, wahrscheinlich mit mehr Liebhaberei als Beruf betriebenen Dichtkunst ertheilt werden, dazu, sich der Muse und gar des Sängers Apollo (407) zu schämen, so dafs es Horaz für zweckmäfsig halten konnte, ihn vor einem solchen, als möglich gedachten Vorurtheil zu behüten? Nur darin hat Spengel Recht, dafs er sich gegen die Döderleinsche Auffassung erklärt, und nur darin wiederum Döderlein, dafs er die Erklärungsversuche der Uebrigen als ungenügend bezeichnet. Nicht von der Lyrik ausschliefslich ist die Rede, wo die Wirkung des homerischen Epos und der Kriegslieder des Tyrtäus in einem Athem gepriesen wird, wo gleich darauf Orakelsprüche und Lehrgedichte wie das Hesiodische (*vitae monstrata via est* 404: vgl. Aristoph. a. a. O.) neben Pierischem Ohrenschmaus für Könige aufgezählt werden: als Spiel und Zeitvertreib und Erholungsmittel (*ludusque repertus et longorum operum finis*) dient die Poesie hiernach erst in letzter Linie, was ihrer Würde keinen Eintrag thut, da auch der ernste, thätige Mann nach angestrengter Arbeit sich ihr zuwenden darf. Wie schön pafst diese Empfehlung Augustus gegenüber, dem Horaz die Pflege und Ermunterung seiner Dichterzunft aus jeder Rücksicht ans Herz zu legen be-

flissen ist! Dem römischen Staatsmann und Herrscher und noch
mehr den neidischen Vorurtheilen oder Vorwänden der die litterarischen Neigungen desselben bekrittelnden Widersacher gegenüber stellt er die Erfolge und die Wirksamkeit griechischer
Dichter ins glänzendste Licht, um so auch für die Schätzung
der heimischen Kunst, die sich immerhin viel bescheidnere Aufgaben zu stellen hat, günstigen Boden zu gewinnen.

Uebrigens ist in V. 407 *lyrae* nicht von *sollers* abhängig
zu machen, sondern von *Musa*. Daſs jedenfalls hier nur die
lyrische Muse verstanden werden kann, ist Döderlein zuzugeben:
nur darf dieser Begriff nicht alles Vorhergehende beherrschen.
ludus (405) auf das Drama zu beziehen, wie Orelli will, kann
ich keinen genügenden Grund finden: diese Bezeichnung mit dem
einen Worte wäre selbst für einen Römer gar zu geringfügig.
Gab es doch noch andere *ludi* als *scaenici*. Vielmehr wird der
Vortrag lyrischer Gesänge in den Sälen von Königen als Zeitvertreib und Erholung für dieselben gerechtfertigt, und mit den
Worten *longorum operum finis* einer engherzigen Scham vor
solchem Spiele vorgebeugt. Der lyrischen Muse und dem Sänger
Apollo, die in gegebenem Falle auch einmal diesem Zwecke
zu dienen nicht verschmähen, kommt wegen ihrer vielseitigen
Thätigkeit das Prädicat *sollers* zu. Es bedarf also der Aenderung
in *lyra* nicht.

Daſs die platte und im Ausdruck mehrfach verunglückte
Tirade *fuit haec sapientia quondam* bis *carminibus venit* [a. p.
396—401] eine Rhetorübung sei, angefertigt nach sat. I 3, 103 ff.
und Cicero Tusc. V 2, 5, hat für mich überzeugend nachgewiesen
Mich. Zink in der Eos I 316 ff. Entscheidend ist der enge Anschluſs von *post hos* V. 401 an die obengenannten Orpheus und
Amphion, der durch das Einschiebsel verloren geht. Aber in
diesem selbst verräth jede Zeile den Stümper: *fuit haec sapientia
quondam,* wo nach dem Zusammenhange gesagt werden muſste:
„das war einst der Beruf der vates“; dann die sehr fragwürdige
Aufzählung ihrer Functionen (wie mag sich der Verfasser z. B.
die Thätigkeit der Sänger bei Auseinandersetzung zwischen Staats-

und Privatgut, Heiligem und Profanem gedacht haben?); das
zweideutige und unklare *dare iura maritis*, als ob damals wie
in Augusteischer Zeit Prämien auf legitime Ehe gesetzt seien,
woran Ritter wirklich glaubt, und zwar von Dichtern; das nach
der obigen Erwähnung Amphions überflüssige *oppida moliri*,
die lehrreiche Angabe des Materials, in welche dieselben ihre
Gesetze gruben (*leges incidere ligno* 399), die Tautologien *honor
et nomen, vatibus atque carminibus.*

V. 135 = 159. Ich folge der von Bentley in den 'curae no-
vissimae' angegebenen Interpunction nach *aquas*, wodurch die
Worte *docta prece blandus* mit dem Folgenden verbunden werden. Das vorige Glied enthält den Begriff der Bitte schon im
Verbum *implorat*, erst die folgenden *avertit* und *pellit* bedurften
der Angabe des Mittels, welches diesen Erfolg herbeiführte.

145 = 169 *inuenta*, wie in den Handschriften steht, würde
anzunehmen sein, wenn Horaz darauf ausginge, etwa die Vor-
geschichte des Drama's bei den Römern in ihren einzelnen Stadien
nachzuweisen, wo dann die *Fescennina licentia* als eine wesentliche
Vorstufe immerhin auch (nach dem in diesen Dingen beliebten,
obwohl unzutreffenden Ausdruck der Alten) als eine Erfindung
sei es eines Einzelnen sei es des Volksgenius gelten könnte.
Da aber dies keineswegs die Absicht ist, sondern vielmehr von
V. 139 an gezeigt werden soll, wie die Römer auf ihre eigene
Natur angewiesen es nicht weiter als bis zu der mehr und mehr
ausartenden Frechheit improvisirter Neck- und Schmähverse gebracht haben, bis sie von den Griechen Vorbilder wahrer Kunst
empfingen, so könnte *inventa* höchstens ironisch gefaſst noch
hingehen. Aber viel ansprechender, den übrigen Ausdrücken an
dieser Stelle entsprechender ist, was vor Bentley und A. schon
Politian vorzog und in einer Handschrift Fea's (*inuēcta*) von
erster Hand steht, *invecta*. Nur darf dies nicht so verstanden
werden, als ob Horaz meine, die Frechheit sei (etwa von Fas-
cenium her) „eingeführt“, sondern sie „brach ein“ bei diesem
Brauche und griff um’ sich.

167 = 191. Daſs *in scriptis* für *inscite* im ältesten Blan-

dinius von erster Hand (*inscitię* übergeschrieben), im Gothanus und andren Handschriften (wie in einer Bentley'schen *in libris*) steht, beweist nur, dafs auch jene alte Urkunde im Kleinen so wenig wie im Grofsen von Interpolationen und willkürlichen Aenderungen frei war, und durfte von Bentley nicht als Stütze seinér Vermuthung *inscitus* gemifsbraucht werden. Letzteres wäre ohnehin unhöflich, da hiermit die Römische Nation als solche neben den Prädicaten *sublimis* und *acer*, die ihren Character zeichnen, auch den Vorwurf der *inscitia* als einen allgemein und auch auf anderen Gebieten gültigen Characterzug sich gefallen lassen müfste, während nur ihre Scheu vor sorgsamer Feile getadelt werden soll.

Die Verse 177—181 = 201—205 sind im Sinne des Plautus geschrieben, nicht des Horaz, der weder den verdienten Ruhm eines vollendeten dramatischen Kunstwerks im Ernst als „windig", die Abhängigkeit des Bühnendichters vom Beifall des Publicums als thöricht hätte bezeichnen können (vgl. a. p. 324 = 304 m. A.), noch selbst in der Lage ist, auch nur dem Gedanken an diesen Beruf, den er nie gefafst hatte, der ihm auch von Seiten seiner Gönner nie zugemuthet war, zu entsagen. Die Anschauung eines für Geld lüderlich arbeitenden Comödienfabricanten, wie Plautus für Horaz ist, wird dagegen vollkommen zutreffend in jedem einzelnen Ausdruck, der absichtlich derb und roh gewählt ist, erkannt. Um das Verhältnifs des Schlufssatzes *valeat res ludicra* zu seinen Prämissen (177 f.) klar zu machen, mufste das Glied *sic leve* bis *reficit* als Parenthese bezeichnet werden.

216 = 240 *impende* für *redde* hat derselbe codex ex collegio Trinitatis, der oben 167 (= 191) die Interpolation *in libris* vertrat. Auch hier hätte Bentley ihm nicht folgen sollen, da *redde* gut andeutet, dafs die Poeten die von Augustus erbetene Aufmerksamkeit verdienen und beanspruchen dürfen: vgl. carm. II 7, 17. 17, 30.

V. [260—263] habe ich als Interpolation ausgeschieden. Der Dichter will sich zuletzt entschuldigen, dafs er sich die fürstliche Gunst nicht verdiene durch Gedichte, welche die Thaten der

Augusteischen Zeit verherrlichen: meine Kräfte, sagt er, sind dieser Aufgabe nicht gewachsen (257 = 281 ff.), und das ist nach meiner Auffassung kein willkommener Dienst (und kann es auch nach der deinigen nicht sein), der nur lästig fällt und in Verlegenheit setzen muſs, wie die Anfertigung miſsrathener Bilder oder schlechter Loblieder (264 ff.). Dazwischen steht ein wässriger Schwall gestammelter Worte, die mit diesen Gedanken Nichts zu thun haben. Erstens der Sinn: „Geschäftigkeit belästigt den, welchen sie in thörichter Weise auszeichnet, besonders wenn sie sich durch Rhythmen und Kunst empfiehlt. Denn man lernt schneller und behält lieber, worüber man lacht, als was man gut heiſst und verehrt". Diese alberne Weisheit, die der Unbefangene alsbald als eine stümperhafte Paraphrase der folgenden Worte *nil moror officium quod me gravat* (vgl. *sedulitas* und *urguet*) erkennen wird, sollte von Horaz stammen? Die schiefe Behauptung, daſs lächerlich schlechten Machwerken ein längeres Gedächtniſs gesichert sei als guten Erzeugnissen des künstlerischen Genius, in dieser trockenen Schwerfälligkeit noch dazu, sollte in einem Athem mit dem kurz darauf folgenden Schluſs der Epistel geschrieben sein, welcher schlechten Versen den Käsemarkt als sicheres Asyl zuweist? Im Ausdruck ist zwar Alles leidlich lateinisch, aber breit, salzlos und ungeschickt, z. B. *numeris et arte*, wo letzteres wohl auf gemalte oder geformte Porträts gehen soll, als ob Verse keine Kunst wären.

Werfen wir noch einen Blick auf den Brief als Ganzes. Ziel des Verfassers ist, die neue Dichterschule, welcher er selbst angehört, der Gunst und Pflege des Augustus zu empfehlen; der Zusammenhang in groſsen Zügen folgender. Da das groſse Publicum bei seiner freilich ungerechtfertigten Vorliebe für das Alte uns, die wir einer strengeren, aber durch die Zeit noch nicht sanctionirten Kunstrichtung in der Poesie angehören, keine Anerkennung gönnt, da vollends bei dem rohen auf Aeuſserlichkeiten gerichteten Geschmack der Theaterbesucher die Bühne der edleren Kunst (mit seltenen Ausnahmen) keine Stätte bietet, wir also darauf angewiesen sind, für einen auserlesenen Kreis

sinniger Leser zu dichten, so laſs du, Augustus, dir unsre
Bestrebungen doppelt empfohlen sein; ist doch auch die Zunft
der Dichter nicht nur eine harmlose, sondern sogar nützlich für
den Staat; und wie die von dir ausgezeichneten Vergil und Varius
deinem Urtheil keine Schande machen, so wirst du vielleicht,
wenn du dich herablässest, sie näher kennen zu lernen, auch
unter den übrigen geeignete Verkündiger deiner Verdienste finden,
geeignetere als ich, dessen unzulängliches Talent den Glanz deiner
Persönlichkeit ebenso entstellen würde, wie Chörilus die Thaten
des Alexander. Da Augustus ein Freund der alten Komödie, des
Plautus u. A. (Sueton Oct. 89), und wie die Munificenz beweist,
womit er den Thyestes des Varius im Jahre 725 belohnte, die
dramatische Poesie überhaupt aufzumuntern geneigt war, so hat
Horaz einen ansehnlichen Theil seines Gedichtes (139—207
= 163—231) der Frage gewidmet, was die alte Schule hierin
geleistet habe, wie weit sie hinter dem griechischen Vorbilde
zurückgeblieben und wie schwer es gerade für den feineren Kunst-
dichter dem heutigen Publicum gegenüber sei auf der Bühne
durchzudringen. Und während der erste Theil, die Widerlegung
der Verehrer der *veteres*, eben für diese, nicht für den vorur-
theilsfreien Kaiser geschrieben ist, geht der letzte nicht am wenigsten darauf aus, denselben zu warnen oder zu schützen vor
der Zudringlichkeit und Anmaſsung jener Ennianisten, die mit
ihren Reichschroniken und Heldenepopoeen gewiſs gern bei der
Hand gewesen wären. Oder vielmehr der Verfasser wuſste, daſs
er damit nur die Meinung seines hohen Gönners aussprach, von
dem Sueton a. O. erzählt: 'componi tamen aliquid de se nisi et
serio et a praestantissimis offendebatur' u. s. w. Diese höchsten
Ortes bestellte Epistel (vita) ist also nichts Anderes als eine
poetische Denkschrift der neuen Dichterschule über ihre Berechtigung, ihre Ziele und Wünsche.

Gedankengang.

Nur mit dir, Cäsar, macht das römische Publicum eine
Ausnahme, indem es deine Verdienste schon bei Lebzeiten an-

erkennt (1—17 m. A.); sonst aber und namentlich in der Litteratur läfst es nur die Alten gelten (18—27), als ob bei uns wie bei den Griechen das Aelteste das Beste wäre (28—31). Und was ist denn alt? Der Begriff ist logisch nicht festzustellen (32—47), factisch gilt er von den Dichtern der archaistischen Periode von Livius Andronicus bis Terenz, welche die Kritiker mit überschwänglichen Prädicaten feiern und das Publicum liebt (48—60). Für ihre Zeit mit gewissen Einschränkungen verdienen sie ja Anerkennung, die ich ihnen gönne. Nur mufs man sie nicht für vollendete Muster ausgeben wollen, und den Neueren, nur weil diese neu sind, unbedingt vorziehen (61—76). Diese blinde einseitige Verehrung der Alten ist entweder Eigensinn oder gar gehässiger Neid gegen uns, die Zeitgenossen (77—87). Wenn die Griechen allem Neuen so abhold gewesen wären, so wäre nie etwas geschaffen worden. Wie ihr beweglicher Sinn in der Mufse des Friedens eine Kunst nach der anderen versuchte (88—99), so wurde in der Poesie von ihnen eine Gattung nach der anderen geschaffen und gelernt (100—112). Die Römer, deren Sinn lange auf ernste, nüchterne Geschäfte gerichtet war, haben erst spät auf der Höhe des Glücks die Künste der Griechen sich angeeignet und sind nun auf einmal emsige Versschmiede geworden, als ob das ein Geschäft wäre, das Jeder treiben könne (113—129). Das ist nun zwar Thorheit, aber doch eine harmlose, ja der Dichter ist im Staate nicht nur sehr unschuldig, sondern sogar für die geistige Cultur höchst nützlich (130—162). Auswüchse des Muthwillens und der Bosheit, wie sie durch ländliche Lustbarkeiten gepflegt auch in der Stadt gewuchert hatten, sind längst durch die Strenge des Gesetzes beseitigt (163—179). Nur im Geschmack sind noch Spuren unserer bäurischen Vergangenheit zurückgeblieben, weil wir erst spät den griechischen Vorbildern uns zugewendet haben und bei leidlicher Anlage die Mühe des Feilens scheuen (180—191), so namentlich in der Komödie, die für leicht gilt, weil sie aus dem Leben gegriffen ist. Um Kunst und Ehre ist es Plautus nicht zu thun, nur um eine volle Casse (192—205). Aber auch das Publicum, selbst das vornehmere, hat für feinere Kunst keinen Sinn. Der Pöbel zieht Faustkampf und Thiergefecht vor, die Ritter wollen vor Allem sehen (206—217). Das Drama wird rein als Schauspiel betrachtet, an Zuhören denken die Wenigsten (218—231). So kommt es, daſs kein talentvoller Dichter sich mehr der Bühne zuwenden mag, so hoch die dramatische Kunst an sich zu schätzen ist (232—237). Wir aber, die wir für ein gebildeteres Lesepublicum schreiben, hoffen vor Allem auf deine Gunst und Ermunterung, Cäsar (238—242). Zwar begehen wir viele Ungeschicklichkeiten, die deine Geduld auf die Probe stellen (243 bis 252), jedoch verdienen diejenigen Dichter, welche darin ihren Beruf finden deinen Ruhm zu verewigen, immerhin einige Beachtung (253—255). Du bist nicht wie jener Alexander, der sein Porträt nur einem Apelles anvertraute, die Besingung seiner Thaten aber einem Chörilus überlieſs, dessen Gedicht seinem Namen Schande macht (256—268): du hast einen Vergil und Varius auserlesen, um das Bild deines Geistes zu verewigen, denen ich mich gern in Heldengedichten anschlieſsen würde, wenn ich das Talent dazu hätte und nicht eben fürchten müſste dein Chörilus zu werden (269—290).

II

Gegen die Neueren, welche V. 16 noch dem Sclavenhändler zuschreiben, wohl nur, um die Lesart des ältesten Blandinius *laedit* behalten zu können, stimme ich mit Th. Schmid überein, welcher dem Marcilius folgend die beiden Verse 16 f. als Glieder desselben Nachsatzes zu dem mit V. 2 (*siquis forte velit*) begonnenen Vordersatze faſst. Der Händler hat in der That zur Wahrung seiner Ehrlichkeit wie zur Ueberredung des Käufers genug gethan. Wären auch dies seine Worte, so würde er wohl *d a* (nicht *des*) *nummos* gesagt haben. Ohne Weiteres selbstverständlich war es doch auch nicht, daſs nach jener sehr bedingten Charakteristik des Sclaven der Käufer geneigt sein werde, ihn zu nehmen: nur als wahrscheinlich angenommen konnte es werden, wenn Einer sich über das schlimmste Bedenken, das bereits einmal constatirte Ausreifsen, hinwegsetzen wollte. Da nun der Gothanus mit anderen guten Büchern, darunter der Bernensis n. 21, *laedat* hat, so mag *laedit* immerhin die Ansicht irgend eines alten Interpreten oder Kritikers ausdrücken: dessen ungeachtet aber kann *laedat* die echte, nicht willkürlich geänderte Ueberlieferung sein.

V. 18 *dicta tibi lex* ohne *est* vor *lex* haben unter anderen (bei Lambin und Fea) beide Bernenses und der Gothanus, in Orelli's codex *d* steht *est* nach *lex*, Beweis, dafs es übergeschrieben war, also auch ursprünglich wohl nicht im Texte stand, wie schon Lambin für wahrscheinlich hielt. Horaz hat es ausgelassen an folgenden Stellen der Satiren und Episteln: sat. I 2, 89. 5, 96. 6, 29. 8, 28. 10, 32 II 3, 158. 160. 7, 83. 100 ep. I 7, 74 II 1, 153 (= 177) a. p. 361 (= 347).

V. 19 ist das schon von Anderen empfohlene Fragezeichen unentbehrlich, da die Verfolgung des Sclavenhändlers von Seiten des Käufers doch nicht als unter allen Umständen eintretend bezeichnet, sondern nur für diesen Fall angenommen werden sollte.

V. 32 *honestis* trotz des Blandinius antiquissimus und des Gothanus, die *opimis* haben. (Ritters Angabe über den letzteren ist falsch.) Irrthümlich mag ein alter Erklärer hier an *spolia opima* gedacht haben, die dem gemeinen Soldaten weder überhaupt, noch in Folge dieser That zukamen. Einem solchen Mifsverständnifs durfte aber der Dichter durch die Wahl seines Beiwortes nicht gleichsam in die Hände arbeiten. Auch wird ja erst im folgenden Verse hinzugefügt, was wirklich seinen Wohlstand begründete, so dafs schon deshalb vorher nur von militärischen Ehrenzeichen die Rede sein kann.

V. 36. Die Lesart der ältesten Blandinischen Handschrift *menteis* (wenn Cruquius richtig angiebt) für die Vulgata *mentem* sieht weder nach einem Irrthum des Schreibers noch wie eine willkürliche Aenderung aus. Nur möchte ich nicht mit Pauly den Accusativ Pluralis darin sehen und darum auch *timido* in *timidis* ändern (an *mentes* wie *animos* des Einzelnen ist keines-

falls zu denken), da die Mehrzahl hier weit weniger passend sein
würde als die Einzahl. Hingegen wäre denkbar, daſs Horaz zu
addere den sogenannten genetivus partitivus *mentis* gesetzt hätte,
wie er sat. II 6, 84 geschrieben hat *neque illi sepositi ciceris nec
longae invidit avenae*, um von dem freieren Gebrauch in den
Oden (*regnavit populorum, desine querellarum, decipitur laborum*) zu schweigen.

V. 44 *uellem* der Gothanus und andere Bücher bei Fea
und Orelli statt *possem*: feiner und der Bescheidenheit eines angehenden Jüngers der Philosophie geziemender, der nach der Erkenntnifs strebt, zunächst die Lust zur Forschung empfängt.
Das wäre, wie Döderlein bemerkt, nicht nur *paullo plus artis*
gewesen, wenn er in Athen bereits die volle Erkenntnifs von
Recht und Unrecht erlangt hätte, eine Aufgabe, die ihm selbst
zur Zeit dieses Briefes noch zu thun machte. Da Porphyrion
dinoscere mit '*discere*' erklärt, so muſs auch er *vellem* gelesen
haben.

V. 55—64 = 131—140. Seine Abneigung noch ferner
Verse zu machen hat Horaz im Vorhergehenden durch das Beispiel des Veteranen aus dem Lager des Lucullus erklärt: auch
für ihn ist die Zeit der Noth, welche nach Persius den Papagei
sein χαῖρε und den Dichter singen lehrt, vorbei und die Tage
behaglichen Ausruhens sind für ihn gekommen. Zu dieser frei-
willigen und gelassenen Absage stimmt unmittelbar nicht son-
derlich, daſs er zunächst sehr kurz den räuberischen Jahren das
Versiegen auch der poetischen Ader zuschreibt (55—57), und
hierauf die verschiedenen, unvereinbaren Richtungen und Wünsche
des Publicums vorschützt (58 ff.), dann aber auf die Störungen
der groſsen Stadt zu sprechen kommt, welche den Poeten zu
keiner Sammlung kommen lassen. Besonders auffallend ist, daſs
jener zweite Vorwand (58) mit *denique* eingeführt wird, als ob
hiermit die Darlegung der Gründe geschlossen werden sollte,
während doch bald darauf (65) die Rechtfertigung mit *praeter
cetera* von Neuem anhebt, und zwar viel ausführlicher als in
dem vorhergehenden Abschnitt geschehen war. Auch werden im

Weiteren noch andere Punkte geltend gemacht, der Widerwille des Verfassers gegen das Cliquenwesen der Poetenzunft, mit der es doch nicht verderben darf wer ihren Zorn nicht reizen will (87—105 = 79—95), und die unsägliche Mühe des sorgfältigen Dichters, der die glückliche Naivetät des selbstzufriedenen Schmierers längst verloren und dafür das quälende Ideal vollendeter Kunst vor Augen hat, ohne es je erreichen zu können (106 = 96 ff.). Ihm ist wie jenem Argiver, der einst im leeren Theater die herrlichsten Tragödien spielen sah und durch den Arzt zu seinem Bedauern um alle seine bunten Phantasieen gekommen ist (*cui sic extorta voluptas et demptus per vim mentis gratissimus error* 139 f.), die Freude an poetischem Spiel entrissen, seitdem ihm die Augen für echte Schönheit geöffnet sind. Wer hat das gethan? die Jahre, die ihn wie jene Aerzte um die Unbefangenheit und alle Thorheiten der Jugend gebracht haben. Also hier die Anwendung jenes Beispiels auf Horaz: *singula de nobis* (zu betonen) *anni praedantur euntes: eripuere iocos venerem convivia ludum, tendunt extorquere* (s. 139) *poemata.* Und wenn nun hier die Frage eintritt *quid faciam vis denique?* so leitet sie wirklich das Schlußcapitel dieses ersten Abschnittes ein, denn nach wenigen Zeilen, welche die Zumuthung abweisen, so verschiedene Gaumen zu befriedigen, folgt mit V. 141 die positive Erklärung, *nimirum sapere est abiectis utile nugis et tempestivum pueris concedere ludum*, jenes mit Anspielung auf den *scriptor delirus* in V. 126 = 116 (vgl. *sapere* 128) und sein Ebenbild, den Argiver, dieses mit Rücksicht auf V. 55 = 131 f. (vgl. *ludum* in 56).

Die Verbindung von *denique* mit der vorhergehenden Frage statt mit dem Folgenden wird Döderlein verdankt, der für die Nachstellung dieser Partikel außer dem Terenzischen und Plautinischen Gebrauch sich auch auf Horazische Beispiele berufen konnte: besonders sat. I 4, 80, dann 1, 107. 5, 68 epist. I 1, 107 II 3, 267.

Um Alles ins Reine zu bringen, scheint mir aber noch empfehlenswerth, daß V. 63 (137) f. und 61 (139) f. ihre Plätze wechseln.

Die Fragen *quid dem? quid non dem?* und das Folgende gehören näher zu V. 58—60: erst durch den bildlichen Ausdruck *acidum* wird der pikante metaphorische Schluſs *tres mihi convivae* u. s. w. vorbereitet. V. 63 ist *renuis tu quod* weit besser (d. h. durch alle guten Handschriften) bezeugt als *renuis quod tu*, und gerade der Abwechselung wegen in der Bildung beider Glieder vorzuziehen.

Durch die so gerechtfertigte, auch von Lütjohann gefundene Umstellung des Abschnittes von V. 55—64 (131—140) kommt nun auch erst der Ausdruck *praeter cetera* V. 65 (55) d. h. „vor Allem" (vgl. carm. I 6, 13 epod. 3, 9. 11, 3. Terenz Andria I 1, 31) zu seinem Recht: er steht jetzt, wie sichs gebührt, an der Spitze der ernsteren Ausführung aller Umstände, welche dem Verfasser das Dichten verleiden.

V. 70 (60). Die Ueberlieferung *humane* (oder *humanę*) *commoda* ist von Meineke verdientermaſsen mit einem Kreuz bezeichnet: denn unmöglich kann man sich bei der Erklärung Porphyrions ʽ*mediocriter magna*, nam antiqui pro *magno commoda* dicebant' oder bei der vorhergehenden Anmerkung desselben Scholiasten ʽ*εἰρωνεία*, per quam ostendit quam vehementer distet' beruhigen, womit auch der sogen. Acron übereinstimmt, der *humane* durch ʽprobe', und *commoda* durch ʽbrevia' erklärt mit dem Zusatz: ʽsed contrario ostendit, quod magna sint'. Für den Begriff, den man dem *humane* beilegen will und müſste, wenn die Lesart sicher wäre, *μετρίως ἐπιεικῶς καλῶς* und Aehnliches, haben die Römer eben *probe pulchre*, nicht aber jenen Ausdruck. Zu wahren ist jedenfalls die Ironie, also *commoda* unter keinen Umständen anzutasten. Daſs die angedeuteten Anforderungen nach den verschiedensten Seiten hin über die Kräfte eines Menschen und zwar eines Einzelnen gehen, wenn er sich nicht zerreiſsen wolle, war gewiſs die Meinung des Verfassers: so liegt dem Buchstaben und dem Sinne gleich nahe *homini uni commoda*. Die verunglückten Conjecturen Anderer sind bei Th. Schmid zusammengestellt.

Es ist eine schöne Vermuthung Lütjohanns, daſs V. 97 (66) f. nach 75 einzusetzen ist. Zu lange hat man sich bei der

Vorstellung beruhigt, dafs die gegenseitigen Complimente, welche sich zwei Collegen der Dichterzunft über ihr Genie machen, verglichen werden mit einem Gladiatorenzweikampf, der mit zäher Ausdauer bis zum Anbruch der Nacht ausgefochten werde, bis beide von Wunden erschöpft seien. Erstens warum der Plural *caedimur* und *consumimus*, da hier nur Einer dem Anderen gegenübersteht: 91 (83) *carmina compono, hic elegos*; 96 *uterque*; 99 *discedo Alcaeus puncto illius, ille meo quis*? Wo die erste Person des Plural gesetzt ist, V. 94 *spectemus*, sind beide Collegen, nicht eine von zwei Parteien, gemeint. Ferner das Unpassende und Ungeheuerliche des Bildes. Man mag wohl in derbem Ausdrucke tadeln, dafs Einer dem Andern Schmeicheleien faustdick ins Gesicht schmeifst (*onerare laudibus*), man kann den Eitlen auch mit Lobreden kitzeln (*mulcere*), aber mit spitzen, schneidenden Waffen auf den Andern einhauen und ihm Wunden versetzen, — damit könnte nur der grausamste Hohn, der dem Anderen wehe thun will, verglichen werden. Ein solches Hohnduell aber liegt hier nicht vor: verletzen will Keiner den Anderen, sondern durch die unbeschränkteste Anerkennung des Collegen, wenn sie auch nicht ehrlich gemeint ist, will Jeder für sich die gleiche Münze einziehen. Dafs dies aber mit solcher Beharrlichkeit den ganzen Tag gleichsam so lange sollte durchgeführt sein, bis Jedem der Athem ausging, ist eine zu absurde und doch zu wenig komische, weil zu unwahrscheinliche Vermuthung: ist doch Horaz mit seiner Probe V. 99—101 sehr bald zu Ende. Dazu kommt endlich die Verwirrung der Bilder: erst (96) Kränze, dann Wunden (97 f.), endlich die Stimmtafel (*puncto* 99: vgl. *suffragia* 103) in einer und derselben Schilderung für litterarische Elogen! Wie viel schlagender und natürlicher wirken diese beiden Verse in der Schilderung des Strafsengewühls, wo Keiner seines Lebens sicher ist, Jeder sich durchschlagen mufs und Jeder des Anderen Feind ist: die Verba *luctantur* V. 74 (64), *fugit* und *ruit* 75 bereiten den Vergleich mit der Arena vor. Die Nachahmung des Persius IV 42 *caedimus inque vicem praebemus crura sagittis* (von den scandalösen Reden, die Jeder über den Anderen hinter dessen Rücken führt und selbst leiden mufs) spricht eher für unsere Auffassung als für die herkömmliche.

V. 87 = 79. Ich fasse mit Schmid und Doederlein *frater* in prägnantem Sinne (vgl. I 6, 54 Juvenal V 140/135) eines brüderlich-freundschaftlichen Verhältnisses: *ita* fehlt auch sat. I 1, 95 und II 7, 10.

V. 89 = 81. *Crassus*, Bentley's Vermuthung statt des handschriftlich und in den Scholien überlieferten *Gracchus*. Zu den von ihm beigebrachten, für mich überzeugenden, von Niemand widerlegten Gründen kann man noch hinzufügen, dafs *erat* V. 87 auf die jüngste Vergangenheit zurückweist. Wer aber im Zeitalter des Horaz hätte einen Vergleich als Redner mit einem der Gracchus, die noch an der Wiege Römischer Beredsamkeit standen, für schmeichelhaft gehalten?

Auch in V. 90 = 82 steht Bentley's Bemerkung noch unerschüttert, dafs *versat* dem Sinne dieser Stelle angemessener ist als das überlieferte *vexat*: denn die Poeten leiden selbst nicht von jenem Wahnsinn, insofern sie von ihm befangen sind, wohl aber hat er sie ganz in seiner Gewalt, so dafs sie seinem Antriebe unterworfen sind, und das eben bedeutet *versat* sat. I 8, 19. II 7, 94 und besonders 3, 249. Zweifelhaft kann man ep. I 3, 33 sein, wo *vexat* überliefert ist, *versat* milder und freundschaftlicher scheinen kann. Vergleicht man aber sat. I 7, 15, so ist auch dort *vexat* gesichert, indem von Horaz theilnehmend eben vorausgesetzt wird, dafs beide Freunde unter dem Zerwürfnifs leiden.

V. 102 — 105 (92 — 95) schliefsen diesen Abschnitt, welcher die Widerwärtigkeiten der poetischen Kameraderie schildert, mit dem Satze: „lange genug, so lange ich noch selbst dichtete und der Gunst des Publicums bedurfte, habe ich die Narrheit meiner reizbaren Collegen geduldig getragen; jetzt wo ich diesen Bestrebungen entsagt habe und von jenem *furor* (90) zur Besinnung zurückgekommen bin (*mente recepta*), kann ich endlich ungestraft meine Ohren gegen recitirende Dichterlinge verstopfen, die ich früher oft genug durch Versäumnifs ihrer Recitationen (I 19, 39 f.) erzürnt habe. Und so freue ich mich (dies ist hinzuzudenken) schon aus diesem Grunde, aus den Reihen poetischer Schriftsteller ausgeschieden zu sein. Hierauf aber, mit V. 106, beginnt in leichter Ideenverbindung mit jener unter Collegen geübten heuchlerischen Kritik ein neuer Abschnitt, der gewichtigste, welcher die strenge Selbstkritik, die der einsichtige Dichter an seinen Compositionen übt, als das Aufreibendste und Unerfreulichste darstellt, viel unerquicklicher noch in ihrer selbstquälerischen Strenge als jene nur lächerliche und ekelhafte gegenseitige Beräucherung in der Zunft. Diesen einfachen Zusammenhang haben weder Döderlein noch Kolster Jahrbb. 1860 S. 136 ff. erfafst.

V. 171. Die guten Handschriften geben *refugit*, was auch Porphyrion anerkennt. Aber weder die Zeitform noch die Bedeutung pafst: wie soll die bei festen Grenzsteinen gepflanzte Pappel „fliehen" oder gar „geflohen sein" vor Streitigkeiten? Freilich hat mich weder Bentley's *refigit* noch Horkels Conjectur *refringit* überzeugt, jenes nicht, weil es dem Sprachgebrauch durchaus widerstrebt, dieses, weil es nicht entschieden genug ist: denn nicht nur die Spitze soll allen Grenzstreitigkeiten durch den Baum abgebrochen, sondern sie sollen zurückgewiesen werden. Das ist *refutat*.

Der Dichter ist von V. 146 an damit beschäftigt, in einem Selbstgespräch zu untersuchen *numeros modosque verae vitae*, die wahre Lebensharmonie. Er überzeugt sich, dafs äufserer Wohlstand das Glück nicht ausmachen könne, da man sich nicht dabei befriedigt fühle, und wirft sich die Frage auf, was überhaupt Besitz sei. Wie alles Eigenthum einmal erworben sein wolle (gleichviel ob im Grofsen auf einmal oder zum täglichen Gebrauch in kleinen Portionen), so habe es immer nur einen momentanen (zeitlichen) Herrn, gehe von Hand zu Hand, verdiene also nicht, dafs man den Werth des Lebens darein setze. Daher sei das Aufhäufen von Reichthümern und Kostbarkeiten zwecklos (—182), nur der freie Gebrauch sei vernünftig, der ebenso entfernt von nutzloser Verschwendung wie von schmutzigem Geiz des Lebens Bedürfnisse befriedige (190=183 ff.). Ganz fremd aber ist dieser Betrachtung die Frage nach angeborenen Naturanlagen, wie es komme, daſs von zwei Brüdern der eine zum üppigen Tagedieb, der andere trotz seines Reichthums zum arbeit- und übersparsamen Menschen geschaffen sei (184—190). Nicht dem Genius, der an der Wiege des neugeborenen Kindes steht, sondern der ernsten Selbstzucht durch die Philosophie weist Horaz in dieser Epistel die Aufgabe der Charakterbildung zu. Daher habe ich diesen Abschnitt aus ihr entfernt, und ihm in der zwölften Epistel nach V. 11 seinen Platz angewiesen. Was von V. 190 an folgt, knüpft in Allem an den Abschnitt von V. 175—182 an: *utar* ist dem *habere* (182), der *modicus acervus* den *horrea* (177) entgegengesetzt, *heres* erinnert an 175 f.

199 = 192. *modo* Verbesserung von Gesner für das handschriftliche *domus* (*domo* ein cod. bei Fea): indessen fehlt es in einigen der ältesten, dem Graevianus und Vossianus von Bentley, andere wie der cod. coll. Trinitatis ergänzen willkürlich *procul*, was in einem Pulmannschen cod. verdoppelt ist. Gesners einleuchtende Verbesserung hat Meineke praef. p. XL gerechtfertigt: durch Jeeps Vorschlag *m o d o u t* wird auch der Horazische Gebrauch pyrrhichischer Messung gewahrt.

V. 207 = 200. *d i r a e* eine gute Verbesserung von Spengel (Philol. XVIII 363 f.) für das überlieferte *et ira*, womit der Inhalt von V. 211 vorausgenommen würde. Hier handelt es sich um Freiheit von Wahngebilden eines unklaren Geistes. Daſs *et ira* öfters bei Horaz am Ende eines Hexameters steht, mag den alten Kritiker, der den unleserlichen Text herstellen wollte, zu seiner verunglückten Conjectur verführt haben.

Gedankengang.

Du hast kein Recht, mir meine Saumseligkeit im Briefschreiben vorzuwerfen, da ich sie dir vorausgesagt habe (1—25 m. A.).

Auf deine Klage, daſs ich dir die versprochenen Gedichte nicht schicke, diene dir Folgendes zur Antwort. Zum Dichten hat mich seiner Zeit nur die Noth gezwungen: jetzt, wo ich versorgt bin, wäre ich ein Narr, wenn ich das mühselige Geschäft fortsetzte (26—54). Glaubst du, dafs ich in dem zerstreuenden Leben Roms (55—60), in dem Lärm seiner Strafsen (—78) Verse machen kann? Auch bin ich froh, den Verbindlichkeiten und Rücksichten gegen meine Zunftgenossen enthoben zu sein, denen ich mich, so lange ich selbst dichtete, unterziehen mufste (79—95). Und wie mühselig ist das Dichten, wenn man es ernst damit nimmt (96—115)! Weit glücklicher noch schlechte Poeten im Wahn ihrer Vortrefflichkeit (116—130). Meine Poesie ist eben mit anderen Freuden und Thorheiten der Jugend dahin. Dazu die verschiedenen Wünsche des Publicums. Wen soll man befriedigen (131—140)? Das einzig Zweckmäfsige und Angemessene ist eben die Leier an den Nagel zu hängen und für das Heil der Seele zu sorgen durch philosophische Studien. So fordern z. B. die Begierden und Affecte, welche durch keinen Besitz gestillt werden, eine durchgreifende Cur (141—157), wie sie folgende Betrachtung bietet. Eigenthum ist doch nur was unmitttelbar momentan unserem Gebrauch dient, aller andere Besitz ist flüchtig und unsicher (158—174). Also wozu Schätze erwerben (175—182)? Man brauche was man hat mit Maafs, weder verschwenderisch noch geizig, die Mitte haltend wie in allen Dingen (183—197). Nun giebt es aber aufser der Habsucht noch viele andere Thorheiten und Laster, die in ähnlicher Weise zu heilen sind: Ehrgeiz, Todesfurcht, Aberglauben, Rachsucht, Zorn u. s. w. Für den blofsen Genufs habe ich lange genug gelebt, jetzt will ich lernen, der Vernunft zu leben (198—209).

VON DER DICHTKUNST.

————

V. 3 ff. *conlatis membris* müssen Dative, nicht, wie Orelli
wollte, Ablative sein, damit *inducere plumas* sich daran lehnen
kann. Denn würden Kopf oder Hals mit Federn überzogen, so
wäre es eben kein Menschenkopf und kein Pferdehals mehr.
Daſs die einzelnen Glieder des gesammten Leibes aus allen Gebieten hergeholt sind, geht aus der ganzen Schilderung hervor
und wird zur Verstärkung des Eindrucks noch ausdrücklich
hervorgehoben, ohne daſs deshalb zu verstehen wäre, daſs s ä m m t -
l i c h e, so zusammengeborgte Glieder mit Federn bekleidet werden:
vielmehr was zwischen Hals und Schwanz zu denken ist erhält
diese Hülle. Daher ist die von Spengel Philol. XVIII 95
empfohlene Interpunction *plumas, undique conlatis membris ut*
u. s. w. zurückzuweisen. Auch so kann der Folgesatz *ut ...
superne* nur eine Ausführung des unmittelbar vorhergehenden
undique conlatis sein, wenn nicht Absurdes herauskommen soll.
Peerlkamps Vorschlag, nach *membris* so fortzufahren: *ut nec
caput uni Nec pes reddatur formae* (8 f.), *sed turpiter* u. s. w.,
und die übrig gebliebenen Hemistichien 8 f. *fingentur species.
pictoribus atque poetis* zu einem Verse zu verbinden, geht aus
von dem richtigen Gefühl, daſs es vom Uebel war, nach einem
so ausgeführten Gleichniſs auch in der Anwendung (*credite,
Pisones, isti tabulae fore librum persimilem*) noch einmal in
ähnlichen Metaphern (wie *pes* und *caput*) auf dasselbe zurück-
zukommen. Indessen, abgesehen von der gewaltsamen Umstellung der Worte, die zu der Versetzung der Vershälften hinzu-

kommt, sind dieselben auch weiter oben weder nöthig noch angenehm: die Erwähnung des Hauptes konnte wegen V. 1 entbehrt werden, und von *pes* konnte wegen des Fischschwanzes überhaupt nicht wohl die Rede sein. Uebrigens ist auch der Ausdruck an sich' schief und unklar: nicht *nec — nec* durfte stehn, da getadelt werden sollte, dafs Haupt und Fufs nicht zu derselben Gestalt pafsten (*non ut pes et caput* war allenfalls zu schreiben). Ganz verschieden ist wenn wir sagen, „das Buch hat nicht Hand nicht Fufs". So mögen die Worte wohl einem Interpolator angehören, da sie die *vanae species* (leere, willkürlich aneinandergereihte Bilder ohne Zusammenhang) doch nur sehr mangelhaft veranschaulichen, und die Fugen der beiden übrigbleibenden Halbverse 8 f. so vortrefflich zusammenpassen.

Gronovs und Nic. Heinsius' Conjectur zu V. 3 f.: *atram .... pristim* statt *atrum — piscem* habe ich trotz Bentley's Warnung doch nicht widerstehen können, weil *atrum* auf eine besondere und zwar abschreckende Fischspecies hindeutet, und auch Pseudo-Acrons Erklärung 'hoc est, in marinam beluam, id est in *pistricem*' gar zu deutlich auf die Scylla hinweist: *pulchro pectore virgo pube tenus, postrema immani corpore pistrix* Verg. Aen. III 427, und dazu X 211 vom Triton: *in pistrim desinit alvos.* Jedenfalls ist Spengels Behauptung, dafs gerade nur das allgemeine *piscis* hier geeignet sei, noch willkürlicher als jene Verbesserung.

V. 17 = 16 Nicht *et,* sondern *aut* hat nach Orelli der Sangallensis (Ritter freilich schweigt). Da die lachenden Gefilde, durch welche das Gewässer in Windungen dahin eilt (*properantis aquae ambitus*), einem anderen Landschaftsgemälde angehören als Hain und Altar der Diana in verschlossener Waldesstille (16), so scheint *aut* viel passender.

V. 20 = 19. *exspes* ist zu verstehen von der Hoffnungslosigkeit im Augenblicke des Schiffbruchs, welcher eben von dem Maler zur Rührung mitleidiger Seelen fixirt werden soll: das berstende Schiff, aus dem der Unglückliche in die Wogen hinausschwimmt. Nur so ist dem Anstofs, den Peerlkamp hier genommen hat, zu begegnen. Auch der Aenderung *si ut fractis enatat .. quis pingitur* bedürfen wir nicht: „was soll die Cypresse beim Herausschwimmen des Schiffbrüchigen, der eben diesen Moment malen läfst?"

V. [31.] Nicht *culpae fuga*, sondern *recti studium* oder *species* verführt zu Fehlern, und das war schon V. 25 = 30 gesagt und bis 30 ausgeführt. Wozu nun nochmals dieser leere und trockene Satz? Es wird ein Extract des vorstehenden Capitels sein, wie ihn der Interpolator zur Orientirung an die Seite geschrieben haben mag, redigirt nach dem Muster von sat. I 2, 24 'dum vitant stulti vitia, in contraria currunt'. Auch ist es keineswegs der Mangel an Theorie (*ars*), wie Spengel Philol. IX 573 meint, .der die Dichter von der Einheit ab und auf Irrwege führt. Grade mifsverstandene Theorie ist daran schuld, ein einfacher gesunder Instinct würde sie davor bewahren.

Irrthümlich (wie bereits Vahlen Zeitschr. für österr. Gymn. 1867 S. 7 f. nachgewiesen hat) verbindet derselbe Philol. XVIII 96 V. 32—41 (23—28. 36—39 m. A.) zu einem Abschnitt: was von 32—37 bildlich gesagt sei, werde nachher in das Theorem (38—41) zusammengefafst. Nirgends aber ist gesagt, dafs jener *faber* Aufgaben wähle, die über seine Kräfte gehen. Nur der Forderung einer einheitlichen Abrundung des Ganzen, die auch an das bescheidenste Kunstwerk zu stellen ist (23), vermag er nach seiner individuellen Anlage nicht zu genügen. Mit dem unmittelbar Vorhergehenden (24—30 = 29—35) hat aber dieses Beispiel allerdings keine rechte Gemeinschaft: Zerstörung der Einheit durch unpassendes Beiwerk, und Unfähigkeit ein Ganzes zu schaffen bei beschränkter Virtuosität in der Ausführung einzelner, aber wesentlicher Theile ist zweierlei, und nicht abzusehen, warum grade dieses Beispiel der Vorschrift *sumite materiam* vorangeschickt sei. Viel passender folgt es nach V. 23 (22), auf den Cypressenmaler der Erzbildner, der sich auf Haare und Extremitäten (*unguis* nach dem Polykletischen Ausspruch, falls dessen durch v. d. Launitz vorgeschlagene, auch von meinem verehrten Freunde Ullrich in einem noch handschriftlichen Aufsatze scharfsinnig vertheidigte Deutung

gegen Forchhammers witzigen „schreben Breef“ Recht behalten
sollte, kein verächtlicher Theil der Bildhauerkunst) meisterlich,
aber nicht auf ein Ganzes versteht, und endlich (24—30) die
Poeten, welche durch ein an sich löbliches Streben wie zu anderen Fehlern, so auch zu jenen monströsen Schilderungen am
unrechten Ort verführt werden, die alle Einheit und Harmonie
zerstören. Hierauf das neue Capitel (38 = 36) *sumite materiam*
u. s. w., welches sich gleich ebenfalls an die Dichter wendet:
die Wahl eines ihrem Vermögen angemessenen Stoffes wird sie
am besten vor jenen Verirrungen schützen, die durch unzurei-
chende Kraft verschuldet werden.

V. 29 = 34. Aus logischen Gründen interpungirt Spengel
im Philologus IX 574 mit Aufnahme einer Conjectur von Schneidewin (*una*: Philol. III 129) folgendermaſsen: *qui variare cupit
rem, prodigialiter una.* Diese Cäsur nach dem dritten Spondeus und zwar nach einem einsylbigen Wort ist abscheulich und
durch kein zweites Beispiel aus den Episteln unseres Dichters
zu belegen. Denn nicht zu vergleichen ist 411 (73) *altera poscit
opem res et coniurat amice,* wo die beiden Vershälften durch
keine Interpunction so scharf auseinandergehalten werden, und
II 1 208 (232) *ac ne forte putes me quae facere ipse recusem,*
wo *me,* wenn überhaupt interpungirt werden soll, vielmehr zum
Folgenden gehört. So häufig sonst grade an dieser Stelle des
Verses einsylbige Wörter stehen, ebenso regelmäſsig sind sie mit
dem Folgenden zu verbinden. Nur nach pyrrhichischen Wörtern
im dritten Dactylus erlaubt sich Horaz zuweilen die Diäresis,
wie die von Meineke praef. XXXVI gesammelten Beispiele ergeben: in den Briefen I 5, 7. 6, 48. 53. 7, 45. 14, 43. 18, 75.
20, 4. II 1, 57. 68. 103. 2, 75. 89. a. p. 19. 305 (fehlt bei Meineke). 415; in den Satiren nur I 1, 93. 8, 30. II 7, 96. Es
ist aber auch an dem Gedanken, wie er überliefert und dem
Rhythmus gemäſs zu verstehen ist, Nichts auszusetzen: *rem
unam* braucht gar nicht, wie Schneidewin annimmt, zu bedeuten
„einen und denselben Gegenstand“, sondern es bezeichnet einen
einheitlichen, einfachen Stoff (vgl. 23 = 22), wie ich auch

von Vahlen in der Zeitschrift für österr. Gymn. 1867 S. 2 sehr richtig erinnert finde. Nun könnte doch ein solcher in wundervoller, phantastischer Weise (*prodigialiter*) ausgeschmückt werden auch ohne Geschmacklosigkeiten und Absurditäten wie die in V. 30 (35) angegebenen: die Wunder des Waldes wie des Meeres könnten märchenhaft ausgemalt werden, ohne daſs gradezu Fremdartiges herbeigezogen würde, wie es z. B. sich *prodigialiter* ereignet, wenn ein Weinstock 2000 Trauben trägt (Columella III 3, 3). Also kein identischer Satz: „wer *variare prodigialiter* will, macht *prodigia*", sondern: „wer in verkehrtem Streben nach Schönheit (*deceptus specie recti*, betrogen durch den eingebildeten Schein des Richtigen) in seinen Stoff, damit er nicht zu eintönig werde, recht phantastische Abwechselung bringen will, verfällt, wie die von V. 25 (30) an Bezeichneten, in den entgegengesetzten Fehler, ihm absurde Zugaben beizumischen. *prodigialiter* ist also streng genommen weder in lobendem noch in tadelndem Sinne zu fassen, wie auch *prodigium* an sich weder Gutes noch Schlimmes, sondern nur Uebernatürliches bedeutet. Die von G. T. A. Krüger in der Berliner Zeitschrift für Gymnasialwesen XXI 879 ff. gegen Vahlens im Wesentlichen sehr berechtigte Verwerfung der Schneidewin-Spengelschen Aenderung geltend gemachten Argumente einer Epikrisis zu unterziehen ist hiernach nicht weiter erforderlich.

V. 44 = 42. *pleraque*] *reliqua* Schneidewin Philol. X 362, nicht nöthig, wie mir scheint.

V. [45.] Nachdem Bentley diesem Verse durch Umstellung nach 46 (43) zu helfen gesucht hat, ist die Unechtheit desselben von Chr. Hammerstein ('quaestiones Horatianae criticae'. Coloniae 1846 S. 1—15) gründlich und überzeugend, wenn auch zum Theil etwas spitzfindig bewiesen. Die Worte *hoc amet, hoc spernat* passen weder auf die Anordnung (*ordo*) des Stoffes, da sie vielmehr von Wahl und Verwerfung handeln, noch auf den sprachlichen Ausdruck (*facundia*), es müſste denn eine vorzugsweise Begünstigung (*amare*), eine gewohnheitsmäſsige Anwendung gewisser Ausdrücke für eine stilistische Tugend gelten. Aber auch

dann wie in jedem Falle wäre die Vorschrift leer und nichtssagend, erst eine Specialisirung des *hoc — hoc* könnte ihr zu einem
Inhalt verhelfen. Ferner ist die Bezeichnung des Subjectes *promissi carminis auctor* eben so unklar als sprachlich anstöfsig.
Wozu diese Breite? Der Begriff des *promissum carmen* ist,
wie man ihn wenden mag, unbequem. Ob ein Gedicht versprochen
oder nicht versprochen, erwartet oder nicht erwartet ist, so werden
doch immer dieselben Ansprüche von Seiten der Kunst gemacht.
auctor heifst nach gutem lateinischen Sprachgebrauch kein Verfasser (wer zu dem *promissum carmen* angeregt oder die Gattung
erfunden hätte, wäre *auctor*), und unlogisch ist es, den noch in
der Arbeit des Schaffens begriffenen Dichter den Urheber eines
Gedichtes zu nennen.

Nur zur Empfehlung der Hammersteinschen Vermuthung
kann es dienen, dafs die von Spengel a. a. O. 96 f. betonte Concinnität des Ausdruckes zwischen V. 42 und 46 f. sowie die Uebereinstimmung mit [242] eine enge Verbindung von V. 46 und 47
fordert. Zudem scheint Ritters spanische Handschrift, wenn
ich ihn recht verstehe, V. [45] nach 46 im Text folgen zu lassen
(wie Bentley wollte): der Corrector stellte durch Zeichen die
Vulgata her, wie sie schon Servius und der sogenannte Acron
vorfanden. Diese schwankende Stellung ist ein Kriterium der
Interpolation mehr: sie ist in derselben Absicht und von demselben Verfasser fabricirt als V. [31]. Die seltsame Erklärung
des Verses bei Servius zu ge. II 475 Aen. IV 412. 415, der
Dichter müsse gelegentlich Antipathien und Sympathien äufsern,
beweist die Rathlosigkeit aller Commentatoren, während Ritters
Vindicien nur den Spott herausfordern. Aber auch Vahlen, der
a. a. O. S. 8 ff. die Bentley'sche Umstellung gegen Spengel vertritt,
geht zu weit, wenn er die Nothwendigkeit des Verses nach 46
behauptet und die unmittelbare Aufeinanderfolge von V. 46 u. 47
als unzulässig verwirft. Zunächst steht *etiam* ganz an seinem
Platze: wie bei der Composition des Stoffes (*lucidus ordo*), so
ist auch bei der σύνϑεσις der Worte (*in verbis serendis*)
Feinheit und Umsicht zu empfehlen. Sodann kann ich von einer

den schon Servius und Priscian (die Stellen bei Bentley) vorfanden und geduldig hinnahmen, und schwerlich wird Fleckeisen
auch jetzt noch geneigt sein, wie er ehemals (in seinen Jahrbb.
LXI S. 46) versuchte, ihn gegen Bentley zu entschuldigen mit
gewissen Verkürzungen viel gebrauchter iambischer Wörter — bei
den Komikern (vgl. auch L. Müller de re m. 342). Die von
M. Gesner zuerst vorgeschlagene, dann von Meineke a. a. O.
empfohlene Umstellung *palus diu* mit dem Hiatus nach *diu*
wird durch Lachmanns Beobachtungen zu Lucrez III 954 gerechtfertigt, obwohl sie unter den dort gesammelten Beispielen
nicht verzeichnet steht: gegen die Ueberlieferung hatte er sich
schon früher (Rhein. Mus. III 645) ausgesprochen. Andere, er-
wähnenswerthe Vermuthungen sind *palus prius* von Bentley,
p. olim von Peerlkamp, *p. pulsataque* von Markland.

Ueber V. 73—85 der gewöhnlichen Zählung ist S. 178 ff. zu
I 1,100 m. A. die Rede gewesen. Wer sie hier behalten will, muſs
sich gefallen lassen erstens, daſs ohne jede Brücke weder in Worten
noch in Gedanken plötzlich übergesprungen wird — auf was
denn? zu einer Aufzählung der für jede Gattung der Poesie passenden Versmaaſse? Aber wo bleibt denn die Beschreibung der
melischen Rhythmen? Nur daſs die Muse das Saitenspiel hierzu
bestimmt hat, erfahren wir. Und was geht uns für jenen Zweck
die Controverse über den Erfinder der Elegie (77 f.) an? Ferner
wieviele Gattungen der Poesie fehlen noch, für die eine Bestim-
mung des Metrums dem Anfänger wenigstens eben so wünschenswerth hätte sein müssen! das Lehrgedicht, das Idyll, die Satire,
die Fabel. Sollten überhaupt die Pisonen so unwissend gewesen
sein, daſs sie Homer als das Muster für den Epiker, das Distichon als Versmaaſs der Elegie und des Epigramms, den Iambus
als den Pfeil des Archilochus und den Rhythmus des Dialogs
nicht gekannt haben sollten? Geradezu die Elemente der Schule
hätte erst Horaz ihnen, den angehenden Dichtern, beibringen zu
müssen geglaubt? Und dann so unvollständig und für solchen
Zweck so unklar? Oder nehmen wir an, Horaz habe, allzuweit
ausholend und Ungehöriges (77 f.) beimischend, auf jene ver-

schiedenen Formen der Poesie nur hingewiesen, um darauf zu dringen, daſs man sie eben lernen müsse, und zwar nach den besten Mustern (wo dann freilich aufser Homer und Archilochus noch andere Namen wünschenswerth gewesen wären): war es je vorgekommen, daſs Jemand etwa eine Tragödie in Hexametern gedichtet hatte, und war den Pisonen Aehnliches zuzutrauen?

Jedoch die *discriptae vices operumque colores* V. 86 (134) deuten auf feinere Nuancen, wie z. B. den V. 89 erwähnten Unterschied zwischen tragischen und komischen Versen. Dann passen die voraufgeschickten Lehren wieder gar nicht: dann mufste eben gesagt werden, daſs der Hexameter des heroischen Epos, des Lehrgedichtes, des Idylls, daſs der Trimeter des Kothurn und des Soccus nicht derselbe sei, und dergleichen mehr. Spengel, der Philol. XVIII 98 Anm. gegen Döderlein behauptet, mit *versibus tragicis* (89) und *socco dignis carminibus* (91) seien nicht metrische, sondern allein stilistische Eigenthümlichkeiten gemeint, schneidet das Band, das allenfalls noch zwischen V. 86 ff. und dem Vorhergehenden wenn auch künstlich und unbefriedigend genug geknüpft werden könnte, vollends entzwei. Und in der That hat diese Partie von V. 86—127, die ausschliefslich von Durchführung des angemessenen Tones und entsprechender Charakteristik im Drama handelt, Nichts mit jenem Anlauf zu einer Geschichte der Metrik oder Poesie gemein. Für diese ist die passende Stelle in der ersten Epistel dieses Buches bereits gefunden; jene gehört unzweifelhaft in eine Theorie des Drama's. Hiergegen sich zu sträuben und mit Vahlen (Zeitschr. f. österr. Gymn. 1867 S. 14 ff.) nur eine vorläufige Exemplification der allgemeinen Stilregel über Angemessenheit der λέξις in den Versen 89—118 zu erkennen hilft doch Nichts bei Erklärung eines Gedichtes, das unbestreitbar in seinem Kern eben die Kunst des Drama's behandelt.

Wir werden aber sehen, daſs wir nicht nöthig haben zu glauben, daſs Horaz einzelne Brocken seiner Theorie so willkürlich hierhin und dahin verstreut und mit Fremdartigem durchsetzt habe, wie es nach der Ueberlieferung scheinen kann. Einstweilen sehen wir uns um, ob sich in dem Schutthaufen dieser ars poetica ein oder mehrere Fragmente finden, die durch allgemeineren Inhalt geeignet scheinen, die Einleitung, in der wir stehen, zu vervollständigen. Diesem Bedürfnifs entspricht zunächst die Entscheidung über die Frage, ob natürliche Begabung oder Kunst dem Gedicht Werth verleihe (408 — 418 = 70 — 80), ein Abschnitt, der, wie sich unten zeigen wird, an seiner gewohnten Stelle durchaus störend, als Vorfrage den Weg zur speciellen Theorie vortrefflich ebnet. Die erste Vorbedingung für den Dichter war bescheidene Selbstbeschränkung bei der Wahl des Stoffes. Ist derselbe den Kräften des Dichters angemessen, so hat er das Spiel schon halb gewonnen: zweckmäfsige, harmonische Anordnung, dafs ein abgerundetes Ganzes entsteht, und Sicherheit des Ausdrucks wird dem nicht fehlen, der die Sache beherrscht. Aber hiezu mufs freilich noch zweierlei kommen: Fleifs und Talent. Davon eben handelt V. 408 — 418. Was hierauf in den Handschriften folgt (419 = 377 ff.) ist unzweifelhaft der richtige Schlufs unseres Gedichtes. Aber jenes Thema, dafs Fleifs und Kunst zum Dichter gehöre, finden wir fortgesetzt V. 295 = 81 ff. in der Verspottung der Narren, welche in Vernachlässigung des Aeufseren die Bethätigung des Genie's suchen: *ingenium misera quia fortunatius arte credit . . . Democritus*, wörtlich anklingend an die in 408 ff. gebrauchten Ausdrücke (*natura . . . arte . . . studium . . . ingenium*). Und trefflich fügt es sich, dafs hier ungezwungen anknüpfend Horaz von 304 — 308 den Uebergang zur speciellen Theorie macht. Weil mir selbst Genie fehlt, und ich keine Lust habe, auf dem wohlfeilen Wege der Narren diesen Mangel zu ersetzen, (*nil tantist*, d. h. auch das Höchste, z. B. die schönsten Gedichte zu machen, ist mir nicht soviel werth, dafs ich deshalb versäumen sollte, *purgari bilem sub verni temporis horam*), so will ich der Wetzstein sein, der das Eisen schärft, *munus et officium, nil scribens ipse, docebo* (306) u. s. w. Und diese Ankündigung seines Vorhabens sollte erst erfolgen, wo er bereits mitten im Dociren begriffen ist und den gröfseren Theil seines Unterrichts absolvirt hat?

V. 300 = 86. Zu dem Satze *nanciscetur* u. s. w. *bona pars* aus V. 297 als Subject zu ergänzen finde ich hart: *pretium nomenque poetae* läfst einen Einzelnen als solches erwarten. Viel leichter wird Alles, wenn statt *si* (wie in den Handschriften steht) *qui* gesetzt wird. Auch Peerlkamps Gefühl verlangte dies: er hat ihm nur nicht nachgegeben, sondern vorgezogen V. 299 *poeta* zu schreiben, was in keiner Weise angeht, da Horaz einem *caput insanabile* diesen Namen nicht beigelegt haben wird.

Dafs und warum der nun folgende specielle Unterricht ausschliefslich das Drama hetrifft, war dem jungen Piso, dem angehenden Bühnendichter, zu erklären nicht nöthig. Das Erforderliche wird klar und bündig gesagt, wenn wir an V. 308 unmittelbar anschliefsen 153 (95) ff.

V. 154 = 96. *spectatoris* hat Meineke praef. XLII gefunden, nachdem Bentley gezeigt hatte, dafs die Vulgata *si plausoris* nicht zu halten sei. Im Reginensis ist die erste Hand ausradirt, sonst stimmen Handschriften und Scholien in jener Lesart überein, denn die Varianten *plusoris, plus oris, plasoris, plosoris, plausoris,* sind unerheblich.

160 = 102. *concipit* die Ausgabe des Zarotto von 1470, als richtig erwiesen von Peerlkamp. *colligit* die Handschriften.

172 = 114. *lentus* und *pavidus* von Bentley: *longus* und *avidus* die Handschriften, im Reginensis ist ein Buchstabe vor *avidus,* wahrscheinlich *p,* ausradirt. Bentley's Verbesserungen hat Ad. Michaelis p. 32 seiner Schrift 'de auctoribus quos Horatius in libro de arte poetica secutus esse videatur' mit Recht vertheidigt.

V. [178] wieder ein capitulum, welches dem Interpolator zurückzugeben ist. Ob er *morabitur* oder *morabimur* (worin die Handschriften variiren) geschrieben hat, läfst sich hiernach nicht wohl entscheiden. Bei *morabitur* würde ihm *promissi carminis auctor* von V. [45] als Subject vorgeschwebt haben. Selbst Peerlkamp hat über dieses elende Machwerk arglos hinweggelesen. Und doch trägt fast jedes Wort den Stempel der Unechtheit. Nirgends bei Horaz bedeutet *aevum* Altersstufe, Lebensalter, sondern Lebenszeit oder Zeit überhaupt. Auch epist. I 20, 26 ist *meum aevum* die Lebenszeit, die ich bis jetzt durchlaufen habe. *morari in aliqua re* „verweilen bei einer Sache" soll heifsen *aliquam rem constanter servare* „etwas fest im Auge behalten", wofür ich ebenfalls die Belege vermisse. So unglücklich wie möglich ist *adiunctis* gewählt: Züge, welche dem Jüngling, dem Greise von Natur einwohnen, der Erfahrung nach unzertrennlich von seinem Wesen sind, wird man doch nicht „angefügte" nennen, wie man Pferde oder Mäuse (sat. II 3, 247) an den Wagen spannt. Das könnten höchstens solche Eigenschaften sein, die unter besonderen Umständen noch aus anderen Gründen hinzukommen. Und dieses unpassendste aller Wörter noch dazu vorangestellt! Endlich alles Einzelne als untadelig zugegeben, was enthält denn der ganze Vers mehr als was bereits in V. 156 = 98 weit präciser gesagt und dann weiter ausgeführt war?

Aufser den verschiedenen Lebensaltern mufs der Dramatiker für die Charakterzeichnung seiner Personen sich in die verschiedenen Lagen des Lebens hineinzufühlen vermögen: er mufs mit dem Vater, dem Bruder, dem Freund empfinden können, mufs wissen, wie der vaterlandsliebende Bürger, der Richter, der Feldherr denkt, um Jeden in seinem Ton sprechen zu lassen (Lehre von der $\delta\iota\acute{\alpha}\nu o\iota\alpha$, die auch Aristoteles a. p. 1450 *b* mit der von den $\overset{\centerdot}{\eta}\vartheta\eta$ verbindet). Als Quelle für dieses Studium giebt Horaz V. 309—322 (120—133) die Sokratische Philosophie an, wegen ihrer praktischen Richtung auf die Ethik den Spiegel des Lebens und der Sitten (*exemplar vitae morumque* 317: s. Döderlein). Bücher wie Xenophons Memorabilien (Ad. Michaelis a. a. O. p. 10 f.) schwebten ihm vor. Hat er doch selbst die Schilderung des Jünglings, des Mannes, des Greises aus Aristoteles geschöpft. Wer diese Stelle auf 308 (94) folgen liefs, mag gemeint haben, dafs nach der Ankündigung in V. 306 ff. (*docebo ... quid deceat, quid non* u. s. w.) die Worte *scribendi recte sapere est et principium et fons* an der Spitze der nun folgenden Erörterung stehen müfsten. Dieser Zusammenhang wird dadurch nicht beeinträchtigt, dafs wir mit V. 153—177 (95—119) eine erste Forderung dazwischen geschoben haben, zu deren Lösung V. 309 ff. Mittel und Wege angiebt, zugleich auch die Aufgabe erweiternd.

Zur getreuen Nachahmung des Lebens und treffenden Charakterzeichnung auf Grund eindringender Kenntnifs des menschlichen Herzens gehört besonders die Darstellung der Affecte, von der V. 99—113 (173—187) die Rede ist. Die Lehre hierüber ist aber in Verbindung gebracht mit der allgemeineren von Ton und Färbung. Dieselbe beginnt mit den stilistischen Gattungsunterschieden zwischen Tragödie und Komödie (86—98 = 134—145), die zwar im Grundton als die beiden äufsersten Pole dramatischer Stimmung von einander abstehen, aber in einzelnen Situationen und Rollen durch die entscheidende Gewalt nicht nur des momentanen Affectes (Chremes 94), sondern auch der individuellen Lage (Telephus 96) in einander übergreifen. Und eben dieser Einklang zwischen Stimmung und Farbe, $\pi\acute{\alpha}\vartheta o\varsigma$ und $\lambda\acute{\epsilon}\xi\iota\varsigma$, zwischen dem Ausdruck und den durch Empfindung, Charakter, gesammter Lebensstellung (*fortunae* 109=183. 112=186) gegebenen Voraussetzungen wird gefordert nicht nur für Darstellung von Gemüthsbewegungen oder Gemüthsverfassungen (107), sondern auch für die Charakteristik verschiedener Rollen nach Stand, Alter, Nationalität (114 ff.). Das Alles heifst *discriptas servare vices operumque colores* (86 = 134).

Eben hierher gehört aber auch was V. 220—250 (146—172) vom Stil des Satyrdrama's gesagt wird, von der zarten Mitte, welche dasselbe zwischen Komödie und Tragödie einhalten soll (236 *tragico .. colori*). Kein anderes Beispiel war geeigneter, das feine Stilgefühl der Griechen und die Lehre von den *colores* zu veranschaulichen. An ihrer überlieferten Stelle folgt diese Erörterung auf das Capitel vom Chor (193—219 = 254—278) und trennt die zusammengehörigen Partieen über Musik und Rhythmen (202 = 263 ff.) und über den iambischen Senar (251=279 ff.), womit die Theorie vom Drama schliefst. Schwerlich wird man übrigens umhin können zuzugestehen, dafs damit den Pisonen, die V. 235 = 161 ausdrücklich angeredet werden, directe Vorschriften auch über diese Gattung des neuclassischen Römischen Drama's ertheilt werden, wie ja auch die Figuren des Davus und der Pythias (237 f.) gegenüber dem Silen der Römischen Bühne entlehnt sind, und V. 248 ff. Römisches Publicum im Auge haben. Zwar beweist die Art, wie lateinische Grammatiker von der 'fabula satyrica' sprechen (Diomedes p. 491 K. Marius Victorinus p. 2527 P.), dafs wenigstens ihr Gewährsmann Sueton (s. Reifferscheid Sueton. rell. p. 12 ff.) keine Römischen Satyrdramen kannte: sonst würden sie sich nicht ausdrücken 'satyrica est *apud Graecos* fabula' (Diom.) oder 'satyricum, quod inter tragicum et comicum stilum medium est. haec *apud Graecos* metri species' u. s. w. (Mar. Vict.), und 'Atellanae, argumentis dictisque iocularibus similes *satyricis fabulis Graecis*' (Diom.). Aber selbst wenn wirklich ein Römisches Satyrdrama nie wirklich versucht worden ist, so konnten doch entweder die Pisonen die Absicht haben sich auch daran zu wagen, oder Horaz und seine Schule konnten nach ihrem Princip, die classischen Muster der griechischen Poesie auf den Boden von Latium zu verpflanzen, das satyrische Element als wesentlichen, untrennbaren Bestandtheil der Aeschyleischen und Sophokleischen Kunst auffassen und voraussetzen, dafs der geläuterte classische Geschmack der Zeitgenossen auch als Nachspiel der Tragödie statt der rohen Atellane, welche bisher diesem Zweck gedient hatte, die weit graziösere, reinere Form der Griechen vorziehen werde. Hier aber lag gerade für den Römischen Dichter die Gefahr nahe, dafs er, durch die Gemeinheit des Atellanenstils verführt, jene feine Mitte zwischen tragischem Kothurn und der niedrigen Redeweise der *fabula planipedaria* verfehlen, dafs er den vornehmen Conversationston von Göttern und Heroen mit der kleinbürgerlichen possenhaften Manier Römischer Handwerker, Philister und Sclaven verwechseln möchte. Diese Hoheit des Satyrspiels als einer heiteren Schwester der Tragödie betont Horaz: es ist fast derselbe Ton und Schritt, in dem beide sich bewegen sollen, nur durch

die muthwillige Gesellschaft der Satyrn fast wider Willen hinge-
rissen zu einer gewissen Leichtfertigkeit, die doch der gewohnten
und angeborenen Würde nie vergifst. Aber weder der pöbelhafte
Jargon der Gasse noch die gezierte Feinheit des auf dem Forum
der Weltstadt heimischen Elegants (245) würde Naturkindern
wie den Faunen zusagen, in deren Haltung und Redeweise der
Duft des Waldes, der ihre Heimath ist (244), nicht verwischt
werden darf, wenn gebildete Zuhörer (248) Wohlgefallen daran
finden sollen. Der Uebergang zu jenem oben besprochenen Capitel
von den Gemüthsstimmungen konnte vom Satyrspiel aus mit den
Worten *non satis est pulchra esse poemata, dulcia sunto*, die
zu V. 98 = 145 zurücklenken, recht wohl gemacht werden.

Wir kehren zum Einzelnen zurück. Als capitulum ist wieder
auszuscheiden V. [92], der den Inhalt des Abschnittes so unklar und
ungeschickt als möglich zusammenfafst, und sich in seiner grauen
theoretischen Abstractheit höchst störend zwischen die lebendigen
Beispiele hineindrängt. Dafs die Zeile von Horaz bestimmt sei
die Lehre von der Wahl des Metrums mit einer Warnung vor
unbefugten Neuerungen zu beschliefsen, wie Döderlein meint, wird
Niemand glauben, der den oben angedeuteten Zusammenhang
festhält. Peerlkamp hat gefühlt, wie überflüssig *decentem* (nach
dem Blandinius antiquissimus) oder *decenter* (nach dem Bernensis
u. a.) steht, aber ganz unstatthaft freilich ist sein Vorschlag, es
zum Folgenden zu ziehen.

Ganz unhaltbar in dem entwickelten Zusammenhange sind
V. [240—243], die, obwohl unklar an sich, doch nur auf geschickte stilistische Behandlung des Ausdruckes bezogen werden
können. Denn was mit *series iuncturaque* gemeint ist, wissen
wir aus V. 42 = 40, wo *ordinis virtus* erklärt wird (d. h. *series*)
und aus V. 47 = 44 f.: *dixeris egregie, notum si callida verbum reddiderit iunctura novum* (s. auch Acron), woraus zugleich hervorgeht, dafs *de medio sumpta* V. [243] eben solche
bekannte, gebräuchliche Ausdrücke sind, die durch geistvolle
Verbindung einen neuen Reiz erhalten. Das nennt der Verf.

dieser Zeilen *ex noto fictum carmen*, soll wohl heifsen „ein aus bekanntem (Sprachstoff) neu erfundenes Gedicht“, *sequar*: „werde mir zum Vorbilde nehmen“, oder „werde erstreben“ (vgl. II 2, 143), denn im Folgesatz *ut sibi* u. s. w. wird ja das Ziel bereits als erreicht angenommen. Aus Allem ist klar, dafs dieser Rath, der sich in die Form eines Vorsatzes kleidet, nicht in die zusammenhängende Lehre von der feinen Farbennuance (236 = 162) zwischen Tragödie und Satyrspiel gehört, sondern, wenn irgend wohin, in jene allgemeine Vorbemerkung über die Wahl des poetischen Wortschatzes (45 = 43 ff.). Aber auch dort läfst er sich dem Texte nicht einfügen, weil dasselbe, nur knapper und bündiger, bereits in 45 = 43 ff. enthalten ist. Und in der That sind doch die Worte *ut sibi quivis speret idem, sudet multum frustraque laboret ausus idem* unausstehlich geschwätzig, salzlos und hohl. Die vier Verse sind also dem Interpolator zurückzugeben, der sich gefiel mit ihnen den echten Text zu paraphrasiren. Sein Machwerk aber ist durch einen nicht mehr näher zu erklärenden Zufall hierher versetzt worden.

Auch Spengel Philol. XVIII 99 hat gefühlt, dafs in der überlieferten Ordnung der Zusammenhang gestört ist. Aber mit seiner Umstellung von V. 234—243 nach 250 werden [240—243] nicht passender, und 234—239 werden aus ihrer natürlichen Verbindung herausgerissen, denn sie sind ja Nichts als eine Declaration der in 231—233 bildlich angedeuteten Lehre. Gruppe im Minos 231 f. will dieselben 10 Verse ganz streichen, wobei ihn wenigstens zum Theil ein richtiges Gefühl geleitet hat. Die Gründe freilich, womit er die ersten sechs verdächtigt, sind ganz nichtig.

Verkehrt ist Pseudo-Acrons Erklärung, *ex noto* bedeute aus bekanntem Sagenkreise: ‘argumenta saturica ex tragoediis notis confingam’, obwohl derselbe im Folgenden wieder immer von der Komödie spricht. Das gehörte zu V. 128 = 201 ff., aus deren Vergleichung schon erhellt, dafs der hier gegebene Ausdruck damit Nichts gemein hat.

Der Abschnitt von den Gemüthsstimmungen schliefst mit

dem Satze *si dicentis erunt fortunis absona dicta, Romani tollent equites peditesque cachinnum* (112 = 186 f.). Nicht nur wie Jedem nach seinen momentanen Empfindungen ums Herz ist, soll Jeder sprechen, sondern die Färbung seines Ausdrucks wird auch nach seinen Schicksalen und allen übrigen Bedingungen seiner Existenz einen scharf ausgeprägten (114—118), ja nach dem Charakter jedes Einzelnen auch einen ganz individuellen Typus (120—124) annehmen müssen. Dafs man nur nicht schon Dagewesenes zu lesen glaube, wenn es V. 115 f. heifst, *intererit multum .. maturusne senex an adhuc florente iuventa fervidus (loquatur).* Oben (156 = 98 ff.) war von *mores* und *studia* der Jugend und des Alters die Rede, und nachher (309 = 120 ff.) von den Gedanken und Aussprüchen (*verba* 311, *voces* 318), welche der geschickte Dichter jeder Person angemessen in den Mund zu legen verstehe, von dem gnomischen Element, wie deutlich aus der Bezeichnung *speciosa locis morataque recte fabula* V. 319 hervorgeht. Hier dagegen ist wie schon seit 86 = 134 die Ausdrucksweise gemeint, Wahl der Wörter, der Gleichnisse, alle Figuren der Rede. Greis und Jüngling denken und fühlen nicht nur anders, sondern ihr Sprachschatz, Färbung und Temperament ihres Ausdrucks ist ein grundverschiedener. Derselbe Unterschied gilt zwischen Herrin und Dienerin, dem vielgereisten Kaufmann und dem an der Scholle haftenden Landmann, und ganz besonders zwischen Angehörigen verschiedener Nationen. Wie sehr Horaz diese Nuancen bis in das Feinste hinein gewahrt wissen will, geht besonders aus dem ersten der gewählten Beispiele hervor, *divosne loquatur an heros* (114), denn so (oder *diuus*) haben alle guten Handschriften, darunter 3 Blandinische (zwei davon *diuos*). Das schlechter beglaubigte (aus V. 237 = 163 eingeschleppte, obwohl schon von Porphyrion angenommene) *Davusne* würde uns zu dem bereits V. 89—91 = 137—139 abgemachten Unterschied zwischen tragischem und komischem Stil zurückführen, während hier ausschliefslich von den Personen der Tragödie gehandelt wird, die nur *servi*, keinen *Davus* kennt. Dafs aber z. B. Athene anders als Orest oder Ajax redet, wird jeder feinfühlige Leser des Aeschylus oder Sophokles auch heute wahrnehmen.

In der Darstellung individueller Charaktere konnte der Dichter entweder bei bekannten, vom Mythus bereits durchgearbeiteten Persönlichkeiten wie Achilles, Medea u. a. der Tradition und den besten Vorbildern folgen (120—124 = 193—197) oder es wagen, neue · Rollen auf die Bühne zu bringen. In diesem Falle, wo er ganz auf eigenen Füfsen stand, war Consequenz in der Durchführung vor Allem zu empfehlen (125—127 = 198—200). Beides ist nothdürftig zusammengefafst in V. [119]: worin dem Rufe zu folgen oder miteinander Uebereinstimmendes zu dichten, dafs hiermit nicht Composition oder Erfindung der dramatischen Fabel (wie schon die Scholiasten mifsverstanden haben), sondern nur die Gestaltung der auftretenden Figuren gemeint sei, mufs man erst aus dem Folgenden errathen. Zur Deutlichkeit trägt es nicht bei, dafs dem kurzen, übersichtlichen Abschnitt dieser Satz in trockenem Schulton vorangeschickt wird, als ob Horaz paragraphenweise seine Lehren wie in einem Katechismus formulirte, um sie dann in einem „das ist“ zu commentiren.

120 = 193 *Homereum* sichere Verbesserung von Bentley trotz Döderleins schwacher Vertheidigung des überlieferten *honoratum*. Peerlkamps Einwendungen sind von Zangemeister de Horatii vocibus singularibus p. 25 f. widerlegt.

Mit V. 127 = 200 ist der Abschnitt über die Charakteristik im Drama beschlossen. Das Folgende handelt zunächst von der Behandlung des Stoffes. Der zuletzt (125—127) angenommene Fall einer neu erfundenen Rolle vermittelt den Uebergang zu der Frage, ob der dramatische Dichter, zumal der Anfänger, überhaupt bei der Wahl seiner Stoffe sich an Bekanntes anschliefsen oder Neues, noch nie Behandeltes auf die Bühne bringen soll. Empfohlen wird Ersteres, wo der Stoff von bedeutenden Vorgängern bereits Gestalt und bis in die einzelnen Figuren und Motive hinein feste Prägung erhalten hat. Dies mufs der Hauptinhalt von V. 128—130 sein. Schwierigkeit machen nur die Worte *difficile est proprie communia dicere*. Ich kann mich

nicht entschliefsen die gewöhnliche, schon von Lambin aufge-
brachte Erklärung anzunehmen: „es ist schwer, allgemeine gleichsam herrenlose Stoffe zu individualisiren“, und zwar aus folgenden Gründen. Erstens: *communia* können in gewissem Sinne
alle Stoffe genannt werden, insofern Jedem freisteht, jeden be-
liebigen aus ihrer Menge poetisch zu gestalten, gleichviel ob dies
schon vor ihm von Einem, von Vielen oder von Keinem geschehen ist, ebenso wie Luft und Wasser tägliclf und ewig *communia* sind, obwohl sie seit Anbeginn von Unzähligen genossen
werden. Demnach kann der Ausdruck auf Stoffe überhaupt nicht
gehn, namentlich auch nicht auf selbsterfundene, durch keinen
Mythus überlieferte, wie Agathon in seinem Ἄνϑος einen solchen
behandelt haben soll. Dergleichen Fabeln, die V. 130 = 204 durch
den coniunctivus imperfecti als ungebräuchlich auf der Römischen
Bühne bezeichnet werden (vgl. dagegen Aristot. 1451 *b*, 21),
sind vielmehr recht eigentlich Eigenthum des Erfinders zu nennen,
nicht allgemeines Gut. Wollte man ferner unter *communia* Charaktere verstehen, etwa Gattungscharaktere, so würde das Verbum
dicere dem Begriff „schildern“, „prägen“ nicht genügen: *formare* oder *fingere* war dann erforderlich. *Dicere* kann nur den
sprachlichen Ausdruck einer Sache oder eines Gedankens bezeichnen, nicht die Erfindung und gesammte künstlerische Ausführung. Wenn der Epiker seinen Gesang *dicere* nennt, so fingirt
er eben den fertigen Stoff nach Eingebung der Muse einfach her-
zusagen, wodurch die volle Glaubwürdigkeit seiner Fabel be-
kräftigt wird.

Hiernach wird also auch der Begriff von *communia* zu
bestimmen, und zwar kann gar kein Zweifel sein, dafs derselbe dem technischen Sprachgebrauch der Rhetorik entlehnt ist.
'Consequentur etiam illi loci', sagt Cicero de or. III 27, 106,
'qui quamquam *proprii* causarum et inhaerentes in earum nervis
esse debent, tamen quia de universa re tractari solent, *communes*
a veteribus nominati sunt' u. s. w., vgl. de inv. II 15, 48 ff. or.
36, 125 Brut. 12, 146. Die *communia* werden fehlerhaft (*vitiosa*),
wenn ihnen die specielle Beziehung auf den vorliegenden Fall

abgeht, dann sind sie farblos, trivial und verfehlen die Wirkung:
vgl. de or. II 77, 315 ff. So führt auch Quintilian V 13, 34 unter
'illa quae magis vitiose *dicuntur* quam acute reprehenduntur' auf
'*commune* pluribus pro *proprio*'. (Vgl. ferner denselben VII 1,
28.) Diese Begriffe sind den griechischen Technikern entlehnt.
Hermogenes περὶ μεϑόδου δεινότητος hat ein eigenes Capitel
(29 p. 435 W. 449 Sp.) πῶς κοινὰ διανοήματα ἰδιώσομεν,
d. h. ἴδια ποιήσομεν. Ueber die τόποι κοινοὶ s. anon. τέχνη ῥητ.
I p. 448. S. Hermogenes progymn. c. 6 (II p. 9 S.) Aphthonios
progymn. 7 (II p. 32 S.) Nicolaus sophist. progymn. 7 (III p. 470 S.).
Demnach wird kein Römer die Worte des Horaz anders verstanden haben als in diesem Sinne: es ist schwer Gemeinplätze
so auszudrücken, zu wenden, dafs sie eine persönliche, individuelle
Bedeutung erhalten. Wie aber gehört diese sehr richtige rhetorische
Bemerkung in diesen Zusammenhang, wo eben von der Durchführung der dramatischen Charaktere, sei es gegebener, sei es neu
erfundener, und unmittelbar darauf (129) von der Wahl des
dramatischen Stoffes die Rede ist? Mir will es nicht gelingen,
das Band zu finden, welches durch jenen Satz geknüpft sein
könnte, da ich zwischen *communia* und *ignota indictaque* (130)
keine Analogie, sondern vielmehr den schärfsten Gegensatz erkenne. Hätte der Dichter aber etwa Folgendes sagen wollen:
„zwar ist es schwer, Gemeinplätze individuell auszudrücken, und
so könnte man meinen, dafs ähnlich auch vielfach behandelte
Stoffe dem Dramatiker gröfsere Schwierigkeiten bieten als ganz
neue: dennoch aber billige ich es, dafs du lieber aus der am
meisten ausgenutzten Quelle schöpfst, statt dich an eine ganz
frische Fabel zu wagen", — so würde Alles klar sein. Der Ausdruck *deducis* (129) ist gewifs so zu fassen, wie ich eben angedeutet
habe. Piso ist wirklich mit einem Drama aus dem Kreise der
Ilias beschäftigt, und die Gründe, warum Horaz diese Wahl zumal bei einem Anfänger billigt, liegen auf der Hand: die Hauptsache ist eben gethan, der Mythus in seiner Entwickelung und
Motiviruug durchgearbeitet, die Figuren plastisch gerundet, nur
die Disposition und die λόγοι hat der junge Poet hinzuzufügen.

Hier ist das Feld, auf dem er noch Eigenthümliches leisten kann, wenn er sich nicht sclavisch einem griechischen Vorbilde gefangen giebt: *publica materies privati iuris erit, si* u. s. w. (131). Also der Troische Mythus, wie er in der Ilias vorliegt, ist *publica materies*, nur sie könnte mit den Gemeinplätzen (*communia*) der Rhetorik verglichen werden: hier wie dort kommt es darauf an, einer abgegriffenen Münze den individuellen Stempel aufzuprägen (vgl. *proprie dicere* und *privati iuris*), aber was für den Redner schwer ist, wird für den Dramatiker als das Leichtere bezeichnet[1]).

Ist dies aber die Meinung des Horaz, so ist sehr auffallend die einfache Copula *tuque* (128), wo vielmehr ein Gegensatz erwartet wurde: *tamen*. Da derselbe durch Emendation der Buchstaben sich nicht gewinnen läfst, so bleibt Nichts übrig als die Annahme einer Lücke zwischen *dicere* und *tuque*, dem Sinne nach ungefähr so: *verum quae placeant raro contingit fingere*. Diese Hülfe ist auch diplomatisch annehmlicher als wenn man an Versetzung des einzelnen Verses 128 denken wollte. An sich nämlich fände er einen leidlich guten Platz nach $334 = 228$, kurz vor der stilistischen Vorschrift über die Behandlung des gnomischen Elementes. Hier konnte recht wohl verbunden werden:

> *difficile est proprie communia dicere, tuque*
> *quidquid praecipies, esto brevis, ut cito dicta*
> *percipiant animo dociles teneantque fideles.*

Indessen möchte ich nicht gern V. 129 unmittelbar an 127 anknüpfen: man bedarf eines Ueberganges. Noch entscheidender ist die oben nachgewiesene Beziehung zwischen V. 128 und 131.

---

[1]) Ganz verkehrt ist die in der Noth ersonnene Ausflucht des sogen. Acron: 'communia autem dixit, quia quamdiu a nullo sint acta vel dicta, singulis aeque patent ad dicendum' u. s. w., als ob die Dichter des Alterthums für die von ihnen bearbeiteten Stoffe ein Patent gelöst hätten! Viel besser war Porphyrion auf der Spur mit seiner Erklärung 'quasi interrogans: at enim, inquiunt, difficile est communis res propriis explicare verbis'. Er scheint wenigstens einen Gegensatz geahnt zu haben.

Döderlein bemerkt richtig, dafs auch die von der Analogie des Epos entlehnten Vorschriften 136 — 152 = 211 — 227 das Drama betreffen: den bescheidenen, zurückhaltenden Anfang (136 — 145), die Raschheit der Exposition und das Versetzen in medias res (146 — 150), endlich die Uebereinstimmung der Dichtung mit sich selber in den Einzelheiten wie im gesammten Verlauf der Handlung (151 f.). Aristoteles 1450 b, 32: *δεῖ ἄρα τοὺς συνεστῶτας εὖ μύϑους μήϑ᾽ ὁπόϑεν ἔτυχεν ἄρχεσϑαι μήϑ᾽ ὅπου ἔτυχε τελευτᾶν, ἀλλὰ κεχρῆσϑαι ταῖς εἰρημέναις ἰδέαις.* Nur dafs die Anwendung dem Leser überlassen bleibt. Vgl. auch Ad. Michaelis a. a. O. p. 6, der auf die Einmischung von Beispielen aus Ilias und Odyssee auch bei Aristoteles in der Dramatik hinweist.

V. 141 = 215. *moenia* Bentley nach dem Vigorniensis und anderen Handschriften, darunter einer alten des Achilles Statius. Auch bei Ritter steht *moenia* im Text, und der Vulgata *tempora* ist nicht einmal Erwähnung geschehen, aus Nachlässigkeit, da Orelli und Pauly aus ihren Handschriften *tempora* bezeugen, welches nach der Holderschen Collation auch im Bernensis (*B*) steht. Bei Ausonius, der seiner Periocha zum ersten Buch der Odyssee diese Horazischen Verse 141 f. vorgesetzt hat, geben die Handschriften *moenia*. Indessen gerade was Bentley an *moenia* gefiel, 'quod figuratius et *ποιητικώτερον*', ist Peerlkamp mit Grund bedenklich erschienen, da Horaz eben hier ein Beispiel von schlichtem, anspruchslosem Tone geben wollte. Demselben entspricht das überlieferte *tempora* ebenso gut als Peerlkamps übrigens eleganter Vorschlag *Troiae post moenia capta*. Vielleicht lag hier im Archetypus eine Dittographie vor.

145 = 219. *Circam* Bentley, die Handschriften *scyllam* oder *scillam*. Unmittelbar von Antiphates dem Lästrygonier kommt Odysseus *ϰ* 133 ff. zur Circe.

Was in der Ueberlieferung auf V. 152 = 226 zunächst folgt, 153 — 178 (95 — 119) haben wir bereits oben S. 211 an anderer Stelle untergebracht. Wir haben gesehen, in welchem Zusammenhange und Umfange Horaz von der dramatischen Charakteristik gehandelt hat. Was hier von 153 an über die verschiedenen Lebensalter gesagt und mit Worten eingeführt wird, die unverkennbar an der Spitze der Theorie standen: *tu quid ego et populus mecum desideret audi* u. s. w. hat mit der stofflichen Behandlung der Fabel, welche im Vorhergehenden berührt war, Nichts zu thun. Sicherlich hing doch von der Erfüllung der Forderungen, welche von V. 86—98. 220—250. 99—127 = 134—200 bezüglich der Charaktere gestellt waren, der Beifall des Publicums nicht weniger ab, auf den sogar V. 98. 100 f. 105. 113. 248 ausdrücklich Bezug genommen wird.

Ganz angemessen dagegen dem weiteren Verlauf lesen wir von V. 179 = 240 an Regeln über die Technik der dramatischen Composition, zunächst eine Erörterung der wichtigen Frage, was auf der Bühne den Augen der Zuschauer darzustellen, was hinter die Bühne zu verlegen und dem Bericht eines Boten oder Augenzeugen zu überlassen ist. Indessen findet sich in einem versprengten Abschnitt ein Punkt behandelt, der sich noch enger anschliefst als der eben bezeichnete. Es wird nämlich V. 338 = 231 ff. empfohlen, bei poetischen Erfindungen die Wahrscheinlichkeit im Auge zu behalten: *ficta voluptatis causa sint proxima veris.* Hierauf sind wir vorbereitet durch V. 151 = 225 f. *ita mentitur, sic veris falsa remiscet, primo ne medium, medio ne discrepet imum.* Nur wird in dem neuen Capitel zweierlei zusammengefafst, was der gute Dichter verbinden soll, indem er sowohl für die Unterhaltung des Publicums (durch geschickte Erfindung) als auch für seine Belehrung (durch präcis gefafste, gehaltvolle Sentenzen) sorgt (333—346 = 227—239). Auch dies sind Gesetze, welche wie V. 136—152 = 210—226 die Dichter anderer Gattungen, namentlich der erzählenden, eben so angehen als den Dramatiker, und werden daher ohne directe Beziehung auf diesen vorgetragen. Es empfiehlt sich hiernach von allen Seiten, V. 333—346 zwischen 152 und 179 einzusetzen, denn dafs sie an ihrem überlieferten Platze nicht stehen bleiben können, wird sich unten zeigen.

Wenn Jemand daran Anstofs nehmen sollte, dafs wir bereits

oben 319 = 130 eine Empfehlung des gnomischen Elementes gefunden haben, so ist zu erwidern, dafs es dort als Mittel und Würze der Charakteristik, hier von der formalen und bildenden Seite aufgefafst ist. Der Schwerpunkt liegt hier auf dem *delectare*, dessen Methode gelehrt und dessen richtiges Maafs durch die Hinweisung auf das *prodesse* angedeutet werden soll.

V. [337] ist von Bentley gestrichen, dessen Argumente von Hammerstein a. a. O. S. 23 ff. wesentlich verschärft und ergänzt sind. Namentlich hat er richtig hervorgehoben, dafs *manare* nur von dem Ausströmen eines von innen herausquellenden, originalen Inhaltes gesagt werden kann, nicht von dem trägen Abflufs einer von aufsen in ein leeres Gefäfs aufgefüllten oder eingetrichterten Masse. Auch dringen überflüssige Worte nur bis zu den Ohren, nicht in die Brust, aus der wiederum nur fliefsen kann was eigenthümlich, echt und tief ist. — Vor Gruppe's Willkürlichkeiten (Minos 235 f.) wird man kaum zu warnen brauchen.

V. 190 = 251. *reponi*, wie in den Handschriften steht, lasen zwar schon unsere Scholiasten und erklärten es wie ihre Nachfolger: 'iterum proferri'. Dennoch ist der Ausdruck von Peerlkamp mit vollem Recht beanstandet. Sehr wohl kann zwar Asinius Pollio in einem Brief an Cicero (ad fam. X 32, 3) entrüstet geschrieben haben, dafs Balbus in Gades unerhörterweise ('ne Caesaris quidem exemplo') 'ludis praetextam de suo itinere ad L. Lentulum procos. sollicitandum *posuit*', wie *ponere* von Speisen, Preisen, Geschenken, die auf- und vorgesetzt werden, gebraucht wird, oder wie Maler und Bildhauer ihre Werke (einzelne Figuren wie Gruppen) *ponunt.* Wie von der wiederholten dichterischen Behandlung einer Figur für die Bühne *reponere* von Horaz gebraucht ist (120 *si forte reponis Achillem*), so gut konnte auch von einem Drama immerhin der Ausdruck *poni* und (obwohl nicht bezeugt) *reponi* gebraucht werden. Vom Festgeber wie vom dominus gregis oder dem Dichter kann es heifsen: sie stellen ein Stück dar und stellen es wieder dar, setzen es wieder vor. Darin aber liegt kein Ruhm für das Stück oder dessen Verfasser. Auch von einem durchgefallenen Stück wie von der Hecyra konnte bei wiederholter Aufführung *referre* gesagt werden (prol. 1, 7. 2, 21. 30). Ehre und Gewähr des Erfolges liegt vielmehr darin, wenn die Initiative zu einer solchen Wiederholung vom Publicum ausgeht, wenn sie immer von Neuem gefordert wird. Das hat Wyttenbach mit seiner Verbesserung *reposci* getroffen. Denn Peerlkamps Bedenken gegen *posci* (erst müsse ein Stück gesehen und aufgeführt sein, um gefordert zu werden) erledigt sich, wenn man sich der Horazischen Wortstellung erinnert, der gemäfs zu verstehen ist: *quae volt spectata posci et reposci*. Vielleicht ist es nicht überflüssig die einschlagenden Beispiele wenigstens aus den Episteln hier zusammenzustellen (in den Satiren sind sie noch häufiger):

a) das Subject im zweiten oder einem späteren Gliede findet sich I 7, 46 *strenuus et fortis causisque Philippus agendis clarus*; 15, 43 *vos sapere et solos aio bene vivere*; II 2, 63 *torquet nunc lapidem, nunc ingens machina tignum*; 88 *quid ferat et qua re sibi nectat uterque coronam*; a. p. 316 *personae pallaeque repertor honestae*.

b) das Verbum: I 2, 61 *hunc frenis, hunc tu compesce catena*; 6, 33 *partem vel tolleret omnes*; 14, 6 *rure ego viventem, tu dicis in urbe beatum*; 17, 7 *si te pulvis strepitusque rotarum, si laedit caupona*; II 1, 237 *modo me Thebis, modo ponit Athenis*; a. p. 17 *aut flumen Rhenum aut fluvius describitur arcus*; 72 *nec studium sine divite vena nec rude quid possit video ingenium*; 99 *mobilibusque decor maturis dandus et annis*; 124 *quo sit amore parens, quo frater amandus et hospes*; 151 *ita risores, ita commendare dicacis conveniet Satyros*; 153 *quicumque deus, quicumque adhibebitur heros*; 298 f. *et numeros et laudavere sales*; 400 *nullum ultra verbum aut operam insumebat inanem*.

c) Adjectivum oder Participium: I 1, 24 *virtutis verae custos rigidusque satelles*; 14, 43 *optat ephippia bos*,

15

piger optat arare caballus; a. p. 327 *nec virtute foret
clarisve potentius armis;* I 1, 45 *et maribus Curiis et
decantata Camillis.*

d) Object: a. p. 384 *tu seu donaris seu quid donare
voles quoi.*

e) Adverbiale Begriffe: I 17, 113 *fallimur et quondam
non dignum tradimus;* a. p. 55 *licuit semperque licebit;*
250 *neve minor neu sit quinto productior actu.*

f) Präpositionen: II 1, 25 *vel Gabiis vel cum rigidis
aequata Sabinis;* 31 *nil intra est olea, nil extra est in
nuce duri.*

Nachdem einige Hauptpunkte der Lehre über dramatische
Composition, die fünf Akte (189), der deus ex machina (191), die
vierte Person (192) kurz berührt sind, so kurz offenbar, weil
sie der Verfasser für trivial halten durfte, behandelt er eingehender
Stellung und Aufgabe des Chors (193—201), und im Zusammenhange damit die musikalische Begleitung seiner Lieder
(202—219). Dieselbe ist für den Dichter von Bedeutung, wird
durch ihn beherrscht, insofern die ·Rhythmen des Textes der
cantica zu den Melodieen der Musik in enger Beziehung stehen,
Strenge oder Ueppigkeit jener denselben Character dieser hervor-
ruft: *accessit numerisque modisque licentia maior* 211.

Wie sehr dies durch die Geschichte der griechischen Tragödie
bestätigt wird, ist bekannt, und daſs die römische Bühne Aehnliches erfuhr, beweist Cicero's Klage de legg. II 15, 39: 'quae
solebant quondam compleri severitate iucunda Livianis et Nae-
vianis modis, nunc ut eadem exultant et cervices oculosque
pariter cum modorum flexionibus torquent!' vgl. Quintil. I 10, 31
und Friedländer in Marquardt's Röm. Alterth. IV 543. Daſs
also diese „Notiz über die Musik" eigentlich nicht hierher gehöre, nur zur Vergleichung da sei, wie Spengel Philol. XVIII
105 A. behauptet, ist ebenso irrthümlich, als daſs der Hauptinhalt dieses Abschnittes die Sprache der Chorgesänge und
zwar ihre Dunkelheit betreffe. Hiervon könnte überhaupt erst
in den Versen 216—219 die Rede zu sein scheinen. Unmöglich

aber ist anzunehmen, daſs Horaz etwa die Chorlieder des Aeschylus als Producte eines üppigen, ausgearteten Geschmacks habe bezeichnen wollen, und das wegen ihrer Dunkelheit, welcher die künstliche Musik entspreche. Was kannte er denn von voräschyleischen Chorliedern? Wie durfte er es wagen anzudeuten, daſs zu Aeschylus' Zeit das Volk nicht mehr *frugi castusque verecundusque* (207), daſs der Character seiner Kunst *luxuries* (214) war! Was hat überhaupt der *vagus tibicen* in seinem Schleppkleide auf den *pulpita* (215) der Athenischen Bühne zu thun? Es ist ja klar, daſs hier überall nur an die römische gedacht ist: dem römischen Drama ist die *tibia* (202) eigen, deren ehemalige Einfachheit vor der jetzt in Rom üblichen Gestalt gerühmt wird, weil sie für eine bescheidene Begleitung des Textes genügte, ihn nicht durch lautes tubaähnliches Geschmetter übertönte; der *populus victor* (208) kann kein anderer als der römische, die Stadt (*urbem* 208), welche er mit weiterer Mauer umgab, kann keine andere als Rom sein. Zwar scheinen alle Handschriften auſser einer von Pottier *urbes* zu haben, wie auch Pseudo-Acron las, indessen zwingt der Zusammenhang, namentlich die Einzahl des *populus victor*, auch hier den Singular *urbem* anzuerkennen, wie er stillschweigend (vielleicht in Uebereinstimmung mit ihren handschriftlichen Quellen) von Cruquius und Bentley in den Text aufgenommen ist.

V. [212 f.] sind als unecht erkannt von Paldamus Jahrbb. f. Philol. VIII (22) S. 443 f. und erwiesen von Hammerstein a. a. O. 17 ff. Zu derselben Ueberzeugung bin auch ich, schon ehe ich diese Vorgänger kannte, gekommen. Es ist ein unklarer Wortschwall. Wenn die gröſsere *licentia* der Rhythmen und Melodieen so eben als eine Folge der Vergröſserung des Staates und der Stadt dargestellt war, so kann nicht die Rohheit und Unbildung des Bauern (*rusticus*) an dem in Ueppigkeit ausgearteten Geschmack Schuld gewesen sein, sondern die verwöhnten Städter sind dafür verantwortlich zu machen. Je bedeutender ferner und glänzender die Stadt, desto weniger kam überhaupt das bäuerische Element unter den Zuhörern in Betracht. Oder

sollte etwa eben diese Machtlosigkeit der ländlichen Anhänger
alter Zeit gegen die Strömung der neuen hervorgehoben werden?
Auch dann wäre *saperet* unglücklich gewählt statt *faceret*. Aber
dem widerspricht wieder das Beiwort *indoctus*. Denn ohne Einsicht und Urtheil war der Bauer auf alle Fälle eine Null, gleichviel ob er allein in der cavea safs oder mit Städtern vermischt.
Oder wäre er früher weniger *indoctus* gewesen? Ganz schief ist
der Zusatz *liberque laborum*, als ob er hinter dem Pflugstier
am Werkeltage einen besseren Geschmack in musikalischen Dingen
bewährt hätte. Und wer ist endlich unter dem *turpis*, wer unter
dem *honestus* zu verstehen? Der häfsliche Bauer neben dem
feinen Städter? Was haben Kleidung und Aussehen mit musika-
lischem Geschmack zu thun? Oder der gemeine neben dem vornehmen? Der Stand des Bauern ist ebensowenig als *turpis*
(verächtlich) zu bezeichnen wie der des Städters ohne Weiteres
als *honestus*. Oder gar der lasterhafte Städter neben dem ehr-
baren Bauer? Das verbietet schon die Construction, und auch
die Sache wird dann nur verworrener. Kurz es ist eine unge-
salzene Randglosse, die eben so unklar gedacht als ausgedrückt
ist, und ein sehr mangelhaftes Verständnifs des Textes verräth.
Der Verfasser wollte sagen: Geschmack und Urtheil war von
einem so gemischten Publicum überhaupt nicht zu erwarten: die
vom Lande waren ungebildet und suchten Nichts als Zeitvertreib
für den Festtag, und der Städter war eben verwöhnt und üppig.
Peerlkamp berichtet S. 198, dafs V. [212] in einer Leydener
Handschrift fehlt.

Zur Verdächtigung von V. 206 = 267 f. dagegen genügen mir
Hammersteins Gründe S. 20 f. nicht. Ein Volk, leicht zu zählen,
weil es in seiner Gesammtmasse noch klein war, einfach in
seiner Lebensweise, unschuldig in seinen Sitten, bescheiden in
seinen Ansprüchen, fand sich damals im Theater ein. Dem entsprechend die Einfachheit der Darstellung, der geringe Aufwand
musikalischer Mittel. Auch die Gegensätze im Folgenden nehmen
auf diese Stelle Bezug.

217 = 276. Was *facundia praeceps* ist, machen Quin-

tilian XII 10, 73 ('vitiosum et corruptum dicendi genus, quod —
praecipitia pro sublimibus habet') und Plinius ep. IX 26, 2
('debet enim orator erigi, attolli, interdum etiam effervescere,
efferri, ac saepe accedere ad *praeceps*. nam plerumque altis et
excelsis adiacent abrupta') deutlich. Also die Sprache wagte
sich auf eine schwindelnde, abschüssige Höhe und erzeugte (*tulit*)
so einen ungewohnten, d. h. dem römischen Genius, welchem
Innehaltung der *norma* und *consuetudo* gemäſs ist, widerstre-
benden Stil. In welcher Gattung der Poesie aber war das? Von
den cantica der Tragödie kann man schon V. 216 nicht mehr
verstehen. Dem Drama war Flötenbegleitung eigen, Saiteninstru-
mente gehören der Lyrik. Die Meinung des Horaz ist also:
die rhythmische und musikalische *licentia*, die leidenschaftlichere
Bewegung und die Ueppigkeit (214), welche in der Tragödie,
namentlich in den cantica, an Stelle der alterthümlichen Einfachheit trat, griff auch auf das verwandte Gebiet der reinen Lyrik
über. Auch hier wurde die ernste gebundene Strenge alten Stiles
durch rauschendere Weisen verdrängt. Und so ist also auch was
wir in unmittelbarem Anschluſs hieran lesen, V. 217, vom Stil
des lyrischen Dichters zu verstehen. Wir werden vor Allem an
die polymetrischen Versuche des Laevius zu denken haben,
von dessen stilistischen Wagnissen uns Proben genug erhalten
sind. Wie oft Varro in seinen Satiren dieselbe im Auge gehabt
und parodirt haben mag, läſst sich nicht mehr bestimmen. Daſs
aber Horaz in dem Bewuſstsein, den Römern die reinsten Muster
der Lyrik geschaffen zu haben, im Vorübergehen einen kurzen
Seitenblick auf diesen erst wieder von den Alterthümlern der
Hadrianischen Zeit hervorgesuchten Vorgänger wirft, wird man
als eine Abschweifung von seinem Hauptthema kaum empfinden.
Das wäre also die einzige Stelle, wo Horaz auf diesen Laevius,
den man durch Emendation oft genug unglücklich in den Text
zu bringen versucht hat, eine leise Anspielung zu machen
scheint.

Die letzten Worte dieses Abschnittes 218 f. können nur
den Sinn haben, jene *facundia praeceps* der neueren Lyrik als

eine Entartung der alten einfachen Ausdrucksweise der *vates* zu bezeichnen, deren Beruf und Wirkungskreis ep. II 1, 138 ff. m. A. (vulgo a. p. 391 ff.) geschildert wird. Man braucht hier nicht an Saturnische Sprüche und Gebete zu denken, sondern etwa an Hymnen, wie sie Catull und noch Horaz selbst im carmen saeculare gedichtet haben. Der gewundene, gesuchte Stil jener Lieder würde dann mit dem dunkelen Ton der delphischen Orakel verglichen sein, — nicht sehr treffend noch deutlich. Denn die Worte jener Weissagungen sind stets einfach und verständlich gewesen, nur ihr Sinn war ein verborgener, ganz wie die sortes der Römer. Etwas Fremdes legt der sogen. Acron hinein: ʽutilium rerum sagax *philosophia*, [quae] provisione futurorum utilis erat, coepit *furibunda* Delphis similis esse.ʼ Von Pythischer Begeisterung, welche den neueren Lyrikern spottend zugesprochen würde, kann ich Nichts finden. Aber auch wir haben den Contrast zwischen ehemals und jetzt nur hineingelegt: in V. 218 steht kein. *olim*. Bis es daher gelungen sein wird, die Zeilen genügend zu erklären, mögen sie wenigstens durch Klammern als verdächtig bezeichnet werden.

Schließlich die kunstgerechte Behandlung des vorzugsweise dramatischen Verses, des iambischen Trimeters von V. 251=279 an. In dem ersten Satz dieses Capitels hat man die Worte *trimetris accrescere iussit nomen iambeis* u. s. w. erklärt: der Iambus als ein schneller Takt hat den iambischen Trimetern, obwohl sie eigentlich sechs Hebungen haben, ihren Namen als Trimeter (mit drei Hebungen in ebensoviel Dipodien) gegeben. Den Sprachgebrauch, wonach Horaz für den einfachen Begriff „benennen" die seltsame Umschreibung *nomen accrescere iussit* sollte gewagt haben, finde ich durch kein Beispiel belegt. Nur von einem charakteristischen Beinamen, welcher zu einem oder mehreren anderen bereits vorhandenen Namen als ein wirklicher Zuwachs hinzukäme, könnte ich die Bezeichnung *accrescere* gerechtfertigt finden. Trimeter hingegen ist eine Kategorie des $\mu\acute{\varepsilon}\tau\varrho o\nu$, an welcher auch andere Rhythmen als der iambische Theil haben, wie dieser nicht auf sie beschränkt ist, denn es giebt ja auch Dimeter und Tetrameter im iambischen Takt. Ferner: der Iambus als Einzeltakt (*pes*) soll iambischen Reihen den Namen von Trimetern verliehen haben? Nicht er, sondern der Gebrauch und das Belieben des Taktirers bei der Verbindung iambischer Füfse zu Reihen. Man würde versucht sein zu übersetzen: „der Iambus hat den Trimetern den Namen iambischer (Trimeter) gegeben“, wenn diese Belehrung nicht gar zu kindisch und schief wäre; oder hätte Horaz nur iambische Trimeter gekannt? Auch beweist das Folgende *cum senos redderet ictus*, dafs *trimetris* der Hauptbegriff ist. Endlich ist auch sachlich jene Notiz keineswegs in der Ordnung. Um der Schnelligkeit willen wäre das μέτρον von sechs Iamben nur dreimal, nicht sechsmal percutirt worden? Das Tempo des iambischen τρίμετρον wäre schneller als das des ἑξάμετρον? Umgekehrt: je mehr Percussionen, desto schneller das Tempo. Um die Schnelligkeit zu mindern, hat man zwei Füfse zu einer Dipodie verbunden. Denn falsch und dem Begriff des τρίμετρον als eines πούς διπλάσιος (von drei σημεῖα) widersprechend ist Cäsars Auffassung (Philol. XIV 216), Horaz sage mit einer gewissen Ironie (weil es sich eigentlich von selbst verstehe), vom Iambus hätten die Trimeter den Namen iambische erhalten, „indem sie aus sechs einander gleichen iambischen Füfsen bestanden, während man die durch häufige Spondeen erschwerten Trimeter gar nicht iambische nennen“ könne. Dafs *ictus* nicht sogenannte Versfüfse, sondern nur die Schläge der sei es aus einem oder mehreren Einzelfüfsen bestehenden Takte (σημεῖα) seien, wufste Horaz sehr wohl, wie u. A. Weil aus sat. I 10, 42 bewiesen hat (Jahrbb. 1862 S. 342), und aus eben dieser Stelle geht hervor, dafs ihm der iambische Trimeter ein *pes ter* (nicht *sexies*) *percussus* war. Also eine Erklärung des Namens kann in dem Nebensatze mit *cum* nicht gegeben sein. Ueberhaupt aber kommt es unserem Dichter nicht auf den Namen, sondern auf die Sache an. Er will, wie schon Döderlein richtig bemerkt hat, drei Perioden, oder, wenn man lieber will, drei Methoden im Bau des iambischen Senars unterscheiden: die erste (der Iambographen), in welcher derselbe zwar keineswegs regelmäfsig, aber doch häufig aus reinen Iamben gebaut wurde (*primus ad extremum similis sibi* 254: das 'iambicum genus, quod ex omnibus iambis nullo' sc. pede, sive spondeo sive anapaesto sive tribracho sive dactylo 'admixto subsistit, *quo iambographi maxime gaudent*' Marius Vict. 2527; 'haec pura iambica trimetra quae Archilochica nuncupantur, *quod solos iambos recipit*' — lies *recipiunt* — '*et raros spondeos*' Plotius 4 p. 268 G.); die zweite (der griechischen Dramatiker) mit gemäfsigtem Tempo und Spondeen in sedibus inparibus (*tardior ut paullo graviorque veniret ad aures* 255: vgl. Marius Victorinus p. 2526 'improbatur .. apud tragicos versus ex omnibus iambis compositus: nam *quo sit amplior et par tragicae dignitati*, interponunt frequentius in locis dumtaxat imparibus pedum dactylicorum moras et spondeum'; Terentianus Maurus 2228 f. und Andere); die dritte endlich (der römischen Dramatiker) mit vorwiegenden regellosen Spondeen, *magno cum pondere* (260). Also war das Tempo der rein iambischen Verse am beschleunigtsten: solche Trimeter waren eigentlich Hexameter mit sechs gleichen πόδες ἐλάχιστοι. Wenn auch die erhaltenen Iamben des Archilochus wie des Simonides, des Hipponax und der Späteren genug Spondeen aufweisen, so wird man den Metrikern doch soviel Glauben schenken, dafs rein iambische Verse (ὄρθιοι bei Atilius Fortunatianus II 10 p. 342 G.) bei diesen Dichtern häufiger als bei den dramatischen waren, ja man kann auch die Möglichkeit nicht in Abrede stellen, dafs jene noch ganze Gedichte in dieser Form vorfanden. Rigoroser, sei es nach griechischem Muster sei es nach eigenem doctrinären Princip (auf die Auctorität eines Theoretikers wie des Valerius Cato) haben diese Technik in einzelnen noch erhaltenen Versuchen Catull und seine Schule durchgeführt. Und unverkennbar in der That ist die ethische Wirkung jenes 'iambicum genus', sei es dafs die fliegende Schnelligkeit der Bewegung (wie im Phaselus Catulls) oder die rücksichtslos und unaufhaltsam ihr Ziel durchbohrende Schwungkraft satirischer Pfeile (wie in der indignirten Klage über Mamurra's Emporkommen: Catull 29) damit ausgedrückt werden sollte. Diesen Mustern schliefsen sich an einige Tändeleien des jungen Vergil (catal. III. IV. VIII.), der von der Schule des Catull und Cinna ausging (vgl. append. Verg. proll. 7. 11 und de vita et scriptis Verg. p. XIIII) und das empörte Priapeum, welches am Schlufs der Tibullischen Sammlung (IV 16) steht. Indessen hat selbst Catull Spondeen (vorzugsweise im ersten Fufse) zugelassen in dem kurzen Epigramm 52 und in den Septenaren 25, wodurch das Urtheil über 29, 20 und die Basis seiner Herstellung schwankend wird. Auch das Priapeum catal. II hat im ersten Fufse einigemal Anapäst (5. 9) und Dactylus (14). Auf die freiere Praxis der griechischen Vorbilder, die auch in den übrigen iambischen Gedichten der catalecta (II. V. VII.) zu Tage tritt, und von Varro in der — Menippeischen Satire häufig (neben der älteren römischen Technik) befolgt ist (Riese in Varr. satt. prolegg. p. 80 f.: vgl. Bücheler Rh. Mus. XX 416), war Horaz in seinen Epoden zurückgegangen: dafs er jenen schlankeren Bau, die gesteigerte Beschleunigung des Tempo's für eine Uebertreibung hält, hat er, wie ich glaube, an unserer Stelle ausgedrückt durch die Worte *unde etiam trimetris accrescere iussit momen iambeis.* „Selbst den als Trimeter zu messenden *ἰαμβεῖα* der Iambographen" (Ritter hat Recht, dafs *iambeis* nicht adjectivisch gleich *iambicis* ist) „hat der Iambus so zu sagen Gewalt angethan, indem er ihnen durch sechsmalige Wiederholung des gleichen Taktes im Uebermaafs seiner natürlichen Schnellkraft ein beschleunigtes Tempo aufdrang". Das Lucrezische Wort *momen* wird dem Abschreiber unbekannt gewesen und daher mit dem geläufigen *nomen* vertauscht sein, was ihm mehrfach begegnet ist: 'in aliis quoque auctoribus pariter depravatum reperies' bemerkt Scaliger zu Manilius I 34.

momen, zusammengezogen aus *movimen* ist was bewegt, Bewegung erzeugt oder leidet, endlich die Bewegung selbst, wie alle diese Verbalsubstantiva oder Participia (vgl. Ritschl opusc. II 441. 710) auf *men* (*mentum*), deren eine reichliche Anzahl Leo Meyer Vergleich. Gramm. II 266 f. zusammenstellt, die active (mediale) oder passive Energie des Verbalbegriffs ausdrücken. Die selbsverständliche Identität von *momen* und *momentum* wird

durch die Vaticanischen Glossen bei A. Mai class. auct. VI 534
VII 569 „*monin*“, d. h. nach Useners unzweifelhafter Verbesserung
„*momen, momentum*“, die richtige Etymologie (von *movere*) in
dem von Hildebrand herausgegebenen Pariser Glossarium p. 211
anerkannt, wo zu lesen ist: *momentum quasi motamentum*
(besser wäre *movimentum*) *a motione* (Anderes bei Hildebrand
in der Anmerkung.) Der Gebrauch steht fest. Bei Lucrez II 220
wird die 'ponderibus propriis' verursachte seitliche Abweichung
der Körper beim Niederfallen *momen mutatum* genannt. III 188
wird die Schnelligkeit des Geistes aus der Annahme erklärt, daſs
er aus runden Atomen bestehe, '*momine* uti parvo possint in-
pulsa *moveri*', „damit dieselben, von einer kleinen Bewegungs-
ursache angestoſsen, sich alsbald bewegen können“. Und ebenso
wird (189) das Wasser bewegt und flieſst bei der kleinsten
Anregung, '*movetur* aqua et tantillo *momine* flutat'. Aus der
salzigen Bewegung des Meeres, 'e salso *momine* ponti' VI
474 steigen Dünste in den Aether auf, aus denen sich Wolken
bilden. Im Gegensatz zum Hemmenden (*freni*) braucht auch
Manilius III 682 *momenta* von den Antrieben zur Bewegung:
'nec defuit auctor qui primae *momenta* daret frenosque dierum'.
Schön hat Scaliger I 34 '*momina*que et cursus signorum', die
Bewegungen der Gestirne, für das überlieferte *nomina* hergestellt,
während mir dieselbe Conjectur zu IV 207 zweifelhaft ist. Evident
dagegen und mit Recht von Munro in den Text aufgenommen
ist die Verbesserung desselben Kritikers im Aetna 213: 'spiritus
inflabit *momen* languentibus acre' (*nomen* die Handschriften).
Auch hier unzweideutig „Bewegung“. Ebenso ist 'res parvi
momenti' oder 'exigui *mominis*' (bei Arnobius II 29 und ähnlich II 49 statt *nominis* von Heraldus hergestellt) ein Umstand,
der eine geringe Bewegung, d. h. Aenderung in der Sachlage
oder im Urtheil bewirkt, wohl auch ein Ding von geringer Trieb-
kraft. Nur undeutlich drückt sich derselbe Arnobius VI 20 aus,
wenn er von dem Augenblick (Moment) der That sagt: 'sub
ipso furti atque operis *momine*'. Erst der Zusatz *temporis*
zu *momentum* kann vollends klar machen, daſs ein kleinster

Zeittheil gemeint ist, der wegen seiner absoluten Flüchtigkeit eben lediglich als Bewegung aufgefaſst wird. In diesem Sinne sind bei Horaz I 6, 4 in den Worten 'decedentia certis tempora *momentis*' die Fortschritte der Zeit, I 10, 16 unter '*momenta* leonis' die Bahn des Löwengestirns zu verstehen. Und ganz unzweideutig ist an unserer Stelle durch die Ausdrücke '*pes citus*' (252), '*tardior* ut paullo *gravior*que rediret ad aures' (255), endlich 'spondeos *stabilis*' für das richtige Verständniſs gesorgt.

Zu besonderer Freude hat es mir gereicht von meinem Freunde Usener zu vernehmen, daſs er auf dieselbe Verbesserung gefallen ist, freilich in einer von der meinigen sehr verschiedenen Auffassung des Wortes. Indessen ist es mir gelungen, ihn von der Richtigkeit der meinigen zu überzeugen. Um aber auch anderweitigen Miſsdeutungen vorzubeugen habe ich diese ausführlichere Auseinandersetzung zweckmäſsig gefunden, für die mir meines Freundes gefällige Mittheilungen auch einiges Material beigesteuert haben. Lucrezische Reminiscenzen bei Horaz weisen nach L. Passow zu Hor. Epist. S. LXIX, M. Hertz Philol. VI 34, R. Bouterwek Lucr. quaestt. 8 A., Munro zu Lucrez S. 513 f. 617.

Schwierigkeiten macht nur V. 254 *non ita pridem*. Dies schien mir nur dann einen Sinn zu haben, der dem Zusammenhange gemäſs und dem Horaz nach seinen Kenntnissen zuzutrauen sei, wenn es bedeuten könne *mox*, so daſs es nicht wie in dem gewöhnlichen Sprachgebrauch als Ausgangspunkt für den Rückblick in die Vergangenheit die Gegenwart nehmen, sondern von einem früheren Moment nach einem folgenden vorausschauen würde. Wie auch wir etwa sagen könnten: „das war noch nicht lange her" (nämlich die Archilochische Periode), da nahm der Iambus regelmäſsig auch Spondeen auf (nämlich vorzugsweise im Drama).

Hiergegen kann man indessen mit unleugbarem Recht Bedenken erheben. Der einfache lexicalische Sinn weist uns an, die Worte *non ita pridem* von einer Vergangenheit zu verstehen, die nicht allzuweit vor der Zeit des Horaz zurückliegt (vgl. sat II 2, 46). Dies ist Useners Auffassung, welcher in dem Vorhergehenden *unde etiam ... similis sibi* nicht die Technik der griechischen Iambographen bezeichnet findet, als welche nie mit Bewufstsein und Absicht reine Iamben gebaut hätten, sondern vielmehr eine polemische Hindeutung auf die Schule Cato's, welcher unser Dichter auch sonst mehr oder weniger offene Opposition mache (sat. I 10, 27: s. das epimetrum zu O. Franke de artificiosa carm. Catull. compositione p. 65 f.). Dies angenommen, eröffnen sich zwei Wege: entweder kann man *non ita pridem* mit dem Vorigen verbinden und erst am Schlufs des Verses 254 stark interpungiren, oder man kann bei der alten Interpunktion bleiben, die auch Plotius c. 4 p. 268 G. oder sein Gewährsmann vorfand. Im ersteren Falle schleppt aber jene Zeitbestimmung unbequem nach, während ein Uebergang zum Folgenden vermifst wird. Von jedem formalen Anstofs frei dagegen ist die Erklärung: „vor noch nicht langer Zeit hat der Iambus (eben durch Beispiel und Auctorität des Horaz und seiner Genossen) sich von jenem übertriebenen Purismus losgesagt und Spondeen aufgenommen." Bedenklich ist jedoch, und zwar in beiden Fällen, dafs es hiernach den Anschein gewinnt, als wolle Horaz den Gebrauch irrationaler Längen in den gleichen Versstellen der römischen Poesie vindiciren, während er doch stets und gleich wieder V. 268 ausdrücklich auf die griechischen Muster zurückweist, im Gegensatz zu denen er auch hier 258 ff. die regellose Manier seiner Landsleute, des Accius und Ennius, tadelt.

Freilich glaubt Usener die Anerkennung der Griechen als Vorgänger gewahrt durch die Worte *in iura paterna recepit* (256), die er in ihrer handschriftlichen Ueberlieferung vertheidigt. In seine angestammten Rechte (wie schon Döderlein erklärt) habe der Iambus die Spondeen aufgenommen. Aber nicht „aufgenommen" *recepit*, sondern „wieder eingesetzt" *restituit* würde dann zu sagen gewesen sein. Auch war der Iambus dann nicht *commodus et patiens* zu nennen, der nachgiebig Platz mache (*cederet socialiter*), sondern er erkannte eben nur an was den Spondeen längst zukam. Ferner weifs ich mir jene „väterlichen" Rechte nicht ganz klar zu machen. Väter der in den Trimetern der horazischen Zeit vorkommenden Spondeen wären die Spondeen der griechischen Trimeter? Ein mühseliges Bild! Ich kann C. Fr. Hermann nur Recht geben, der im Philol. X 233 die Verbesserung eines Holländers (acta societatis Ultraiect. III 101) *alterna* für *paterna* als höchst ansprechend und nach allen Seiten befriedigend empfiehlt. Man wende nicht ein, dafs dieser Begriff der „Abwechselung" zu früh komme und durch die Erklärung 'non ut de sede secunda cederet aut quarta socialiter' überflüssig gemacht werde. Hiermit wird nur das Gesetz der *sedes pares* angegeben, von denen jene *iura alterna* des Spondeus eben ausgeschlossen sind.

Gegen die Usener'sche Ansicht, dafs in V. 254 ff. von *non ita pridem* an die Technik des Horaz und seiner Freunde gemeint sei, ist ferner zu erwägen, dafs es sich wie in der ganzen Epistel um das Drama, so hier um den dramatischen Vers handelt. Um das für diesen geltende griechische Gesetz zu entwickeln konnte der Dichter von der früheren Periode der Iambographen ausgehen. Dagegen hatte der Bühnenvers des Varius und seiner Genossen mit den Catullischen Senaren Nichts zu schaffen: nicht diese hatte die Reform jener Schule im Auge, sondern die schwerwuchtigen Verse der älteren Dramatiker, die vielmehr zu entlasten waren. Es konnte also das Motiv *tardior ... aures* nicht ihr, sondern nur einer Zeit zugeschrieben werden, welche z u e r s t statt reiner Iamben Spondeen einführte.

Was ist also zu thun? Ich sehe keine andere Hülfe, als nach V. 254 eine Lücke (von zwei Versen etwa) anzunehmen, in welcher man sich den durch *non ita pridem* angeknüpften Faden etwa folgendermafsen fortgesponnen denken mag: „es ist noch nicht lange her, dafs der Iambus auch bei uns hier und da in diesem Tempo auftrat; dagegen bei den Griechen hat er längst" u. s. w.

Die Interpunktion V. 266 = 294, wodurch *tutus ... cautus* mit dem Folgenden verbunden wird, nach Döderlein. Der Dichter empfiehlt natürlich die gewissenhafteste Sorgfalt, die sich nicht auf die Blindheit des grofsen Haufens und seine unwürdige Nachsicht (264) verläfst, sondern (ob wahr oder nicht) voraussetzt, dafs jeder Fehler von Allen bemerkt werde. Nur so kann echtes Lob verdient werden: wer sich dagegen begnügt, innerhalb der Grenzen, die dem Urtheil der Menge gesteckt sind, innerhalb deren er auf jene Nachsicht glaubt rechnen zu dürfen, nur die gröbsten Verstöfse zu vermeiden, der wird im besten Falle schliefslich (*denique*) doch nur dem Tadel entgehen (insofern eben *non quivis videt inmodulata poemata iudex*). Feldbausch in Mützells Zeitschrift XIII 261 ff. verkennt den einfachen Zusammenhang ganz und gar; auch Rührmund ebenda XIV 170 ff. XV 206 ff. und Süpfle XIV 587 ff. verlieren viel vergebliche Worte.

Die Empfehlung der *exemplaria Graeca* (268 = 296) und ihres unablässigen Studiums wird abgebrochen mit einem Ausfall auf die Stumpfheit der Vorfahren, die an Plautinischen Versen und Witzen einst Gefallen gefunden haben (bis 274). Nicht an Strebsamkeit und natürlicher Anlage auch für das Drama fehle es den Römern, nur an Ausdauer und Fleifs bei der Ausarbeitung (275—294 = 314—333). Woher aber diese Gleichgültigkeit gegen saubere künstlerische Form? Horaz hat es erklärt: von der banausischen Erziehung, die nur für Kaufleute und gute Rechner sorge, nicht für Ausbildung und Verfeinerung des Geschmackes, während die Griechen keinen anderen Geiz als Ehrgeiz (324 = 304) kennen, und dadurch die Lieblingssöhne der Muse geworden sind. Der emphatische Satz, womit dieser Abschnitt (323—332) beginnt: *Grais ingenium, Grais dedit ore rotundo Musa loqui* eignete sich vorzüglich, um jene Erinnerung an die griechischen Vorbilder wieder aufzunehmen. Nun aber stehen jene 10 Verse zwischen Gruppen, die untereinander nicht zusammenhängend bereits ihren angemessenen Platz gefunden haben: 295—308 = 81—94 am Schlufs der Einleitung; die Empfehlung der Philosophie 309—322 = 120—133 in dem Capitel über Ethopöie, die Behandlung des gnomischen Elementes und die Wahrscheinlichkeit poetischer Erfindung 333—346 = 227—239 in engem Anschlufs an V. 152 = 226, wo die Uebereinstimmung der Fabel in ihren Theilen gefordert wird.

Wie unpassend hier erst, mitten in der Theorie, Horaz sein Vorhaben declariren würde, dieselbe vorzutragen (301—308 = 90—94), ist schon oben (S. 210 f.) hervorgehoben. Ebenso verkehrt ist es, dafs hier erst als *scribendi recte et principium et fons* ein abgerissenes Capitel über die Charakteristik der Rollen vorgetragen wird (309—322 = 120—133), wovon doch selbst nach der vulgären Anordnung bereits von V. 86 = 134 an gehandelt war, und zwar, als ob zurückgenommen werden sollte, was eben erst den Pisonen so warm ans Herz gelegt war, der dringende Rath, Fleifs auf den Versbau zu verwenden (263 = 292 ff.). Denn die Verse 319—322 = 130—133 scheinen ja gradezu den Vorfahren Recht zu geben, die *Plautinos et numeros et laudavere sales* (270 = 298 f.). Der Widerspruch verschwindet, wenn die Verskunst als die Krone des Ganzen zuletzt an die Reihe kommt, nachdem die Behandlung der Sachen und des Stils genügend erörtert ist. Vollends aber was nun gleich wieder folgt (323—332 = 303—312) ohne jeden Uebergang, der Vergleich zwischen griechischen und römischen Naturen, betrifft doch abermals vor Allem den Sinn für schöne Form (*ore rotundo loqui*), worauf unser Verfasser wieder ohne jede Vermittelung in einen beliebig herausgerissenen Paragraphen der poetischen Technik (333—346 = 228—240) hineintaumelt.

Wir werden uns erlauben dürfen, aus diesem Gewirr diejenige in sich abgeschlossene Gruppe (323—332 = 303—312) herauszuheben, welche vortrefflich geeignet ist, die Lobrede auf den griechischen Kunstsinn und den Vergleich mit der römischen Art in einem Gufs zu vollenden. Um nun aber durch diesen grellen Gegensatz das aufstrebende Talent nicht zu entmuthigen und zur Dramatik zurückzulenken, wird gleich darauf (275 = 313 ff.) anerkannt, dafs auch die Römer, obwohl nicht eigentlich Erfinder, doch ihre Kraft auch auf dem Gebiete der scenischen Poesie hinreichend bewiesen haben, um bei erhöhtem Fleifse, der aber unerläfslich ist, zu der Hoffnung auf wahre Kunstleistungen zu berechtigen. Und wenigstens die Pisonen sollen sich das höchste Ziel stecken.

Nachdem es gelungen ist den von V. 295 (81) bis 346 (239) in den Handschriften aneinandergehängten vier Abschnitten, bestehend aus 14 + 14 + 10 + 14 Versen, ein besseres Unterkommen jedem an seinem Platz ausfindig zu machen, finden wir den Faden wieder von V. 347 (333) an. Denn nachdem unser Verfasser so eifrig auf die sorgfältigste Feile und die bedächtigste Ausdauer in der Tilgung etwaiger Flecken und Unebenheiten gedrungen hat (291 = 329 ff.), ist es an der Zeit, durch Concessionen dafür zu sorgen, daſs das junge Talent nicht abgeschreckt werde, der unvermeidlichen Unvollkommenheit jedes menschlichen Machwerks billige Nachsicht zu verheiſsen (347 = 333 ff.).

V. 359 = 345. Das Fragezeichen wird Döderlein verdankt, der es nur leider im Commentar S. 135 zurücknimmt. Horaz bezeichne die Entrüstung über den zeitweiligen Schlaf des guten Homer als üble Gewohnheit seiner Zunftgenossen, die er sich, obwohl er sich davon frei fühle, aus collegialischer Zartheit selbst Schuld gebe! Indessen er bleibt noch urban genug, wenn er mit der mifsbilligenden Frage sich selbst ins Gewissen redet.

Auch den Conjunctiv *indigner*, an den Döderlein einen Augenblick denkt, um sogleich auch diese „Neuerung" zu verwerfen, kann ich nur billigen. Denn er entspricht ganz der Versicherung 351 = 337 f. *non ego paucis offendar maculis*. Es fiel auch in der That einem Leser wie Horaz gewiſs nicht ein, über Homerische Versehen „empört" zu sein, nicht einmal dem Aristarch. Also unmöglich kann er, wie überliefert ist, mit *indignor* dieses Gefühl als ein factisches darstellen.

Endlich ist die Anknüpfung dieses Satzes durch *et* fehlerhaft. Damit würde eine Inconsequenz angedeutet werden, welche zwischen dem verächtlichen Urtheil über Chörilus und der Reizbarkeit gegen Homerische Schwächen bestehe: vgl. sat. II 3, 309. 7, 23. Davon kann aber keine Rede sein. Nur daſs das eine vollkommen berechtigt, das andere hingegen höchst ungerecht sein würde, will Horaz sagen. Dazu aber bedurfte er einer Adversativpartikel, *at*: vgl. sat. I 10, 3 und ep. II 2, 192 = 185.

V, [360] ist entbehrlich, ja er stumpft die Spitze des vorhergehenden ab durch ungeschickte Wiederholung desselben Bildes. Denn keineswegs hat Bentley bewiesen, dafs ein langes Werk schlafen kann. Rinnende Thränen nehmen natürlich Theil an dem Schlaf, der über die Augen kommt (Statius Theb. VIII 218 bei Bentley: *facilis lacrimis irrepere somnus*). Schreibt man mit anderen Handschriften (z. B. Bernensis *B*) *opere in longo*, so fällt 'fas *est*' auf, denn man erwartete *fuit*. Ich bin daher geneigt dem Verdammungsurtheil Hammersteins S. 27 ff. beizustimmen, obwohl ich seine Auffassung des Vorhergehenden nicht theilen kann.

Von V. 366 (352) an hat Horaz seinem jungen Freunde mit allem Nachdruck vorgestellt, welch unützes Geschöpf ein mittelmäfsiger Dichter sei, um 386—390 = 372—376 die besonnenste Vorsicht, die schärfste Kritik vor der Herausgabe eines poetischen Werkes zu empfehlen, ein Abschnitt, der nach Erledigung einzelner theoretischer Sätze sowie der Hinweisung auf die unvergänglichen Vorbilder alles poetischen Schaffens vortrefflich an seiner Stelle ist. Dagegen tritt nun ganz unvermittelt hier ein jener Bericht über die culturhistorischen Verdienste der ältesten griechischen Dichter (391—407 = II 1, 138 — 149), der weder in sich abgerundet ist noch einen vernünftigen Zusammenhang mit seiner Umgebung hat. Wir haben bisher gesehen, dafs Horaz seinen Unterricht auf das Drama concentrirt hat, von dem er nur entweder in einem ganz flüchtigen Seitenblick auf Lyrik (216 = 275 ff.) abgewichen oder, wo es die Natur der Sache mit sich brachte, auf die Poesie als Kunst im Allgemeinen, wie zuletzt, übergegangen ist. Den Nutzen derselben aber durch die Beispiele eines Orpheus, Amphion u. s. w., und gerade einem angehenden Dramatiker zu demonstriren hatte keinen Sinn, und noch weniger die Befürchtung, dafs dieser junge Poet sich der *Musa lyrae sollers* und des *cantor Apollo* (407) schämen möchte. Was konnte derselbe überhaupt für seine Kunst aus dieser Betrachtung lernen? Höchstens mochte er die eitle Einbildung daraus schöpfen, dafs auch er als vates ein sehr ehrwürdiges und nothwendiges Glied der menschlichen Gesellschaft sei, während ihm doch eben erst vorgehalten war, daſs mittelmäſsige Poeten zu gar Nichts nütze seien. Wir haben diesen Versen bereits (S. 182 ff.) in der ersten Epistel des zweiten Buches (138—149) ihren Platz angewiesen.

Auch V. 408—418 = 70—80 haben ihre Stelle im Anfang unserer Epistel gefunden (S. 210). Daſs eine Erörterung über die Frage, ob Natur oder Kunst ein Gedicht lobenswerth mache, mit den Verdiensten jener griechischen Dichter um Veredlung, Erweckung und Aufklärung der Menschheit Nichts zu thun habe, sieht jeder Unbefangene. Hoffentlich wird Keiner sich einbilden, daſs etwa folgender Zusammenhang stattfinde: „ehemals in rohen Culturzuständen haben Naturdichter das gröſste Ansehen genossen und mit Recht, jetzt aber kann bloſse Begeisterung und Anlage nicht mehr genügen, Kunst und Studium muſs hinzukommen". Dagegen wäre zu erinnern erstens, daſs Homer und Tyrtäus doch so recht eigentlich nicht zu den Naturdichtern zu zählen waren, ja nicht einmal Orpheus und Amphion nach den strengen Begriffen von schulmäſsig erlernter Technik, die auch den ältesten Dichtern zugetraut wurde, und noch weniger die Lyriker, welche *Pieriis modis* um die Gunst der Könige warben (405 = II 1, 147), um von den mit *ludus* nur kurz berührten Dramatikern zu schweigen. Ferner wird jener Gegensatz zwischen ehemals und jetzt nirgends ausgesprochen, sondern die Frage, ob Natur oder Kunst den Dichter mache, ganz allgemein aufgeworfen und ebenso ohne Unterscheidung der Zeiten beantwortet. Es war aber überhaupt lächerlich sie jetzt aufzuwerfen, nachdem die ganze Epistel und ausdrücklich der letzte Abschnitt sich damit beschäftigt hat, die Unentbehrlichkeit der Kunst und des mühsamen Fleiſses im Ganzen wie in jeder einzelnen Beziehung auseinanderzusetzen. Nach alle dem sollte dem Leser nochmals in der behaglichsten Trockenheit, als ob man zu einer gründlichen Untersuchung erst recht ausholen wolle, mitgetheilt werden *natura fieret laudabile carmen an arte quaesitum sit?* Und wenn dann noch wenigstens zur Abwechselung die Medaille einmal umgekehrt und gezeigt würde, was das poetische Talent für sich leisten könne und müsse. Nun lesen wir zwar den sehr richtigen Satz *ego nec studium sine divite vena nec rude quid possit video ingenium* (409 f.), aber der Hauptnachdruck liegt doch wieder auf dem zweiten Gliede, denn alles Folgende bis V. 418 zielt eben darauf hinaus klar zu machen, dafs die Poesie eine Kunst sei und gelernt sein wolle. Damit aber waren wir bereits im Reinen, was sich am schlagendsten heraustellt, wenn man 408 etwa an 390 (376) anzufügen den Versuch macht. Die natürliche Fortsetzung jenes Rathes *siquid tamen olim scripseris, in Maeci descendat iudicis auris et patris et nostras* (386 f.) findet sich in der Warnung vor Schmeichlern, die V. 419 = 377 ff. ausgeführt wird. Und hiermit haben wir den Schlufs erreicht: nachdem der falsche Freund, der Beifall heuchelt, mit dem scharfen, unbestechlichen Kritiker verglichen ist, wird der Leser entlassen mit dem zugleich warnenden und erheiternden Bilde des durch Mangel an Kritik in eitler Selbstgewifsheit befangenen Poetasters, der den Menschen ein Gegenstand des Schreckens und des Spottes wie ein Wahnsinniger geflohen wird.

V. 436 = 394. Es kann dem jungen Dichter nicht viel helfen, wenn ihm nur im Allgemeinen gerathen wird, sich nicht von Heuchlern täuschen zu lassen. Bestimmte Fälle, in denen er dem Urtheil seiner Freunde nicht trauen soll, sind bereits oben (419—433) durchgenommen. Jetzt handelt sichs um ein Mittel, dem Beurtheiler eines Gedichtes die Wahrheit zu entlocken oder seine Zuverlässigkeit zu prüfen. „Wie Könige, wen sie als Vertrauten in ihre Nähe ziehen wollen, erst mit Wein berauschen, damit er seine geheimsten Gedanken verrathe (434—436), so,“ sollte man erwarten, „prüfe auch du, wenn du Gedichte machst, ob der, welchem du sie zur Beurtheilung vorlegen willst, dieses Vertrauens würdig sei“. Das zu erwartende Resultat einer solchen Vorsicht, nicht das Verfahren ist aber in V. 437 enthalten, woraus zu schliefsen, dafs zwischen 436 und 437 ein oder mehrere Verse ausgefallen sind. Offenbar hat Horaz dem Poeten als Mittel, die Wahrheit über sein Product zu erfahren, gerade die entgegen-

gesetzte Methode als die von den Königen befolgte empfohlen,
entsprechend den Warnungen im Vorhergehenden (419 ff.). Also:
si carmina condes, „lege sie Nüchternen vor, die dir Nichts
zu danken und Nichts von dir zu erwarten haben.“

V. 437 = 395 ist in den Handschriften so überliefert: *numquam te fallant* (*fallent A B m.* 1 *E*: s. ferner Fea) *animi sub
uulpe latentes*. Peerlkamp hat mit Recht bemerkt, dafs wer be-
trügen will die Gestalt des Unschuldigen annimmt, welche unmöglich
die des Fuchses sein kann; dafs vielmehr nach sprüchwörtlicher
Redeweise der Fuchs es sein mufs, der unter irgend einer Hülle
verborgen seinen Trug übt. Hören wir Döderleins Rettung: *animi
latentes* seien hier prägnant die wahren Gesinnungen, *fallant*
sei hier synonym mit *lateant* (also *latentes — lateant!*), und
der Vers enthalte sonach eine Ermahnung, die ernstgemeinten
Beifallsbezeigungen des schlauen Zuhörers von seinen blofsen
Höflichkeiten zu unterscheiden, da ja der Fuchs nicht immer
ein Lügner sei. Also statt Empfehlung des Mifstrauens gegen
Füchse vielmehr eine Warnung vor unbedingtem Mifstrauen! Das
würde sich auch lohnen und den jungen unerfahrenen Poeten vor
übereilten Publicationen seiner Arbeiten schützen, wenn er es
lernte, den Füchsen abzulauschen, wann ihnen einmal dies oder
jenes Wort von Herzen ginge! Um über die unmögliche Ausdrucksweise und den Widerspruch, in den sich diese Erklärung
mit dem Zusammenhange setzt, kein Wort weiter zu verlieren.
Nein, es hilft Nichts. Der Vers, wie er dasteht, bedeutet: *numquam te decipiant astuti animi sub astuti forma latentes*
(ungefähr wie bei Pseudo-Acron zu lesen ist), d. h. Unsinn, der
zu verbessern ist. Aber Peerlkamps Vorschlag *sub amica pelle*
bringt uns um den charakteristischen Fuchs, obwohl er nach
meiner Meinung mit *p e l l e* das Richtige trifft. Ich gebe lieber
animi auf (vielleicht ist es erst aus einem Glossem *agni* oder
agnina zu *pelle* entstanden) und schreibe *volpes sub pelle
latentes*. Im Archetypus mag gestanden haben:

<pre>
        AGNI   LE
  VOLPE SUB PE LATENTES
</pre>

V. 441 = 406. Dafs *tornatos* falsch ist, hat Bentley un-
umstöfslich bewiesen (gedrechselte Verse können auf dem
Ambos nicht besser werden), aber gezwungen und frostig ist
seine Verbesserung *ter natos*, während der andere Vorschlag
formatos ebenso leicht, vollkommen untadelig und sogar durch
die von Bentley selbst erwähnte Anspielung des Sidonius Apollinaris IX 13 (vgl. IV 1) wie durch die Paraphrase unserer Scholien
nahe gelegt ist. Nur kann der Vers nicht hier stehn bleiben.
Wenn man dem Quintilius erklärte, dies oder jenes, was er zu
verbessern hiefs, könne man nicht besser machen, man habe
es zwei-, dreimal vergeblich versucht, so pflegte er einfach zu
sagen: so vernichte es. Dazu brauchte man aber in der That
weder irgend eine Metapher noch den Ambos zu incommodiren:
incudi reddere kann nur den Versuch des Umschmiedens, nicht
das einfache Zerschlagen bezeichnen, es widerspricht also dem
delere von V. 440. Dafs mit *aut* statt *et*, wie Gustav Krüger
in Mützell's Zeitschrift XVI 508 f. vorschlägt, Nichts geholfen
ist, geht aus Obigem hervor. Dagegen hat der Vers seine richtige Stelle nach 448 (405), wo er die Aufzählung der kritischen
Mafsregeln unsres Aristarchus mit einem vollen Klange beschliefst.

Dafür befreien wir den Text von der Interpolation [449],
die sich eben hier in die Lücke geschoben hat. Denn ganz elend
und nichtssagend nach so vielen speciellen Rathschlägen nimmt
sich das letzte *mutanda notabit* in seiner Unbestimmtheit aus:
Alles, was von V. 445 an genannt ist, die *versus inertes, duri,
incompti, ambitiosa ornamenta, parum clara* gehören ja in
dieselbe Kategorie der *mutanda*. Und mit dem *parum clara*
fällt auch das *ambigue dictum* zusammen. Der Vers gehört
also unserm bekannten Glossator.

Entbehrlich, trocken und durch seine lehrhafte Allgemein-
heit aus dem Tone fallend erscheint mir auch V. [467]. Auch
metrisch gehört er zu den schlechtesten durch den viersylbigen
Schlufs *occidenti*, den einzigen seiner Art in Episteln und Satiren (vgl. Anton Viertel de versibus poetarum Latinorum spon-
diacis in Fleckeisen's Jahrbb. 1862 S. 801 ff.).

Um die Uebersicht über die vorausgehende Untersuchung zu erleichtern, fassen wir den Gang derselben nach ihren Hauptergebnissen nochmals zusammen. Die beigefügten Zahlen entsprechen der Ueberlieferung.

Sicher sind zunächst der Anfang (Empfehlung der künstlerischen Einheit in der Composition, weiser Selbstbeschränkung in der Wahl eines den Kräften angemessenen Stoffs, womit auch Klarheit der Anordnung und geschickte stilistische Darstellung sich von selbst ergeben: 1—72) und der Schlufs 419 ff.: Hinweisung des jungen Dichters auf die heilsame Zucht der Kritik, und humoristisches Gegenbild eines zuchtlosen tollen Poeten, der ein Gegenstand des Spottes und Abscheu's für alle Menschen ist. Da mit specieller Anrede des älteren der Pisonen dieser auch in den Versen 387—390 angewiesen wird, seine Productionen vor der Veröffentlichung einer strengen Kritik zu unterwerfen, so überrascht es um so mehr, hier zwei Abschnitte eingefügt zu finden, von denen der eine (391—407), ganz fremdartig, das Verdienst griechischer Dichter und Sänger um die Cultur behandelt, der zweite (408—418) die Streitfrage, ob Genie oder Kunst ein Gedicht lobenswerth mache, in einer Weise erörtert, als ob der Verfasser sich nicht schon längst vorher an wiederholten Stellen darüber entschieden hätte. Lösen wir dagegen 391—418 hier vorläufig aus, so läuft von V. 366 an mit der Anrede *o maior iuvenum* die nachdrückliche Ermahnung des älteren der Pisonen, sich nicht bei mittelmäfsigen Leistungen in der Poesie zu begnügen, in ungestörtem Flusse fort. Ebenso auffallend als die Stellung jenes Abschnittes über *ingenium* und *ars* (408—418) ist etwas weiter oben, aber doch wesentlich gegen Ende der ganzen Epistel die Erklärung des Verfassers, er wolle, da er selbst zum Dichter nicht eigentlich geschaffen sei, als Wetzstein dienen und Regeln geben über das, was zum Dichter gehöre u. s. w. (304—308), während doch diese Regeln der gröfsten Mehrzahl nach im Obigen bereits erschöpft sind. Und da auch diese Verse zusammenhängen mit einer ausdrücklichen Verspottung der Genialen, die *ingenium misera fortu-*

natius arte halten (295 ff.), so wird die Vermuthung gerecht-fertigt sein, dafs beide Abschnitte ursprünglich sowohl verbunden waren als in der ersten Hälfte der Epistel als eine Art Ein-leitung der Haupterörterung ihre Stelle hatten. Dagegen geht diesen Versen (295—308) unmittelbar vorher eine Aufforderung an beide Brüder, *carmen reprehendite quod non multa dies et multa litura coërcuit* (292 f.), ganz ähnlich der vorhin erwähnten Ermahnung an den älteren derselben (366). Und vortrefflich schliefst sich ihr an, was dem Abschnitt 366 ff. unmittelbar vorhergeht, nämlich 347 (*sunt delicta tamen quibus ignovisse velimus*) die Modification jener strengsten Anforderung an Voll-kommenheit poetischer Kunstwerke durch das Zugeständnifs kleiner Schwächen (—360), ferner die Unterscheidung zwischen Wer-ken, die auf eine überwältigende Totalwirkung berechnet sind und solchen, deren Werth auf der Feinheit der Ausführung be-ruht (—365).

Gehen wir wiederum weiter zurück, so ist 291 ff. nicht zu trennen von 275 ff.: die Incunabeln und Fortschritte des Dra-ma's zunächst bei den Griechen, dann die Versuche der Römer, denen eben Mangel an Fleifs vorgeworfen wird. Man würde sich gefallen lassen, dafs hiermit der Tractat über dramatische Poesie, der eigentliche Kern des Briefes, abgeschlossen und der Ueber-gang zu jener Apostrophe an die Pisonen gemacht würde, da schon das vorhergehende Capitel über die Behandlung des iam-bischen Trimeters (251 ff.) auf eine warme Empfehlung der griechischen Muster und einen Ausfall auf die geringen An-sprüche der Vorfahren (268—274) hinausläuft. Aber eben hier schliefst sich V. 323—332 (*Grais ingenium, Grais dedit ore rotundo Musa loqui* u. s. w. und dem gegenüber die banausische Richtung des römischen Sinnes auf den Erwerb, die alles ästhe-tische Gefühl abstumpft) so innig an, während es an seiner bis-herigen Stelle (zwischen Empfehlung der realen Lebenswahrheit, die sogar einem Stück *nullius veneris, sine pondere et arte* den Beifall besser sichere als *versus inopes rerum nugaeque canorae* 309—322, und dem Rath *utile dulci* zu mischen 333

—346) sich so ausnimmt, als sollte den römischen Dichtern Resignation auf Schönheit und nackter Realismus gepredigt werden. Dem ist aber nach dem ganzen Inhalte des Briefes nicht so. Vielmehr haben wir jene specielleren Kunstregeln hier zunächst auszuscheiden und der eigentlichen Theorie vorzubehalten, auf welche jene allgemeinen Betrachtungen in folgender Ordnung, soweit wir bis jetzt urtheilen können, folgten:

251—274. 323—332. 275—294. 347—360. 361—365. 366—390. 419—476.

Jetzt das Mittelstück. In gutem Zusammenhange wird von V. 179—274 gesprochen über die Handlung (was auf der Bühne geschehen oder nur berichtet werden soll), den deus ex machina, die vierte Person, den Chor und seine musicalische Begleitung (—219), den iambischen Trimeter als den Hauptvers des Drama's (251—274). Nur das Satyrspiel (220—250) gehört nicht hierher. Begonnen hat diese Partie aber, wie aus den einleitenden Worten hervorgeht, jedenfalls mit 153: *tu quid ego et populus mecum desideret audi. spectatoris eges* u. s. w. Aber der nun folgenden Charakteristik der Lebensalter (—178) werden noch andere Regeln verwandten Inhaltes beizufügen sein. So war gerade hier der Platz das Studium des Lebens und der Philosophie (309—322) einzuschärfen, welches eben lehrt *reddere personae convenientia cuique* (316). Ueber scharfe, consequente Charakteristik der dramatischen Personen, das Festhalten der ihren Verhältnissen entsprechenden Ausdrucksweise wird dann von V. 86—127 ausführlich gehandelt. Das alles aber gehörte doch gewifs zu den Bedingungen des Beifalls, welche Horaz erst V. 153 entwickeln zu wollen verspricht, und da hierauf V. 128 von der Wahl des dramatischen Stoffes, der Anlehnung an das Homerische Vorbild im Allgemeinen, Eingang, Einführung der Handlung (das *medias in res*), und ihren Zusammenhang gesprochen wird, (128—152), so ist dieser Abschnitt (86—152) ohne Zweifel jenem gröfseren (179 ff.) vorauszuschicken, dazwischen aber ist zunächst noch V. 333—346 zu schieben, denn den letzten Worten *sic veris falsa remiscet, primo ne medium, medio ne discrepet imum* (151 f.) entspricht die Regel *ficta voluptatis causa sint proxima veris: ne quodcumque volet poscat sibi fabula credi* (339 f.). Endlich ist der Abschnitt über den verschiedenen Stil der Tragödie und Komödie (86—98) zu vervollständigen durch den über das Satyrspiel (220—250).

So ordenet sich also der eigentlich dramaturgische Theil folgendermafsen:

153—178. 309—322. 86—98. 220—250. 99—152. 333—346. 179—219. 251—274.

Da nun der Anfang bis V. 72 ohne specielle Beziehung auf das Drama gleichsam als Präludium allgemein gültige Stilgesetze aufstellt, so wird die einleitende Auseinandersetzung über Genie und Kunst (408—418. 295—308) erst hiernach eingeschoben sein, und dafs sie der Dramaturgie unmittelbar vorherging, wird auch durch den engen Anschlufs der Worte *tu quid ego et populus mecum desideret audi* (153) an die Verheifsung *munus et officium nil scribens ipse docebo* u. s. w. (306—308) höchst wahrscheinlich gemacht.

Nur zwei Partieen sind noch unterzubringen: jene oben berührte über die culturhistorische Bedeutung der Poesie (391—407) und die Belehrung über die Erfinder der verschiedenen Metra mit ihren entsprechenden Dichtungsarten (73—85). Die letztere kann in unserem Briefe, der es wesentlich mit der Theorie des Drama's zu thun hat, um so weniger eine Stelle haben, als weiter unten (251 ff.) vom Iambus in einer Weise gehandelt wird, der seine vorherige Erwähnung ausschliefst. Dafs die Tendenz dieser Verse vornehmlich darauf geht, die Urheber der einzelnen Dichtungsformen namhaft zu machen, beweist besonders die Bemerkung über den dunklen Ursprung der Elegie (77 f.). Der ganze historisirende Ton aber erinnert uns an die erste Epistel des zweiten Buches. Wenn es nun dort (90) heifst: *quod si tam Graecis novitas invisa fuisset quam nobis, quid nunc esset vetus?* u. s. w., so konnte recht wohl in diesem Zusammenhange darauf hingewiesen werden, dafs auch ein Homer, ein Archilochus und A. Neuerer gewesen seien. Fügen wir 73—85 nach II 1, 102 ein, so tritt die naive Leichtigkeit des griechischen Genius auch in der Erfindung neuer Litteraturformen dem schwerfälligen und gemachten, aber dilettantischen Kunsteifer der Römer schlagend gegenüber.

Und gleich darauf in derselben Epistel (von V. 118 an) setzt Horaz weitläufig auseinander, wie harmlos nicht nur, sondern wie nützlich, ja unentbehrlich im Staate der *vates* sei. Nirgends passender als hier konnte von der civilisatorischen Wirksamkeit des Orpheus und des Amphion, von den begeisternden Schlachtgesängen des Tyrtäus u. s. w. die Rede sein. Dem Augustus, nicht einem der Pisonen gegenüber war die Wendung *ne forte pudori sit tibi Musa lyrae sollers et cantor Apollo* angebracht.

Der Einzige, welcher sich Mühe gegeben hat, den Zusammenhang dieser „Geschichte der griechischen Poesie" mit ihrer Umgebung zu ermitteln, ist Döderlein, für dessen Rettungsversuch sich aber Horaz nicht zu bedanken hat. Er wolle damit „seine scheinbar anmafsende Zumuthung, dafs Piso seine Gedichte auch ihm zur Kritik vorlegen solle," rechtfertigen. Zwar sei er nur ein lyrischer Dichter, also nach der gewöhnlichen Meinung dem Dramatiker nicht ebenbürtig, es stehe ihm also eigentlich kein Urtheil über Dramen zu: aber die ältesten Dichter seien ja Lyriker und als solche die gröfsten Wohlthäter der Menschheit gewesen, das Drama sei jünger als die Lyrik, also solle sich Piso nicht schämen, der Lyrik in der Person des Horaz jene Ehre zu erweisen. Abgeschmackt!

Anerkennung dagegen verdient es, dafs derselbe Gelehrte am Schlufs seines Commentars ehrlich gesteht, dafs es ihm nicht gelungen sei, „den bis ins einzelne streng gegliederten Organismus des ganzen Gedichtes mit Evidenz darzulegen". Dasselbe Urtheil wird zu fällen sein über alle vorliegenden Versuche Aelterer wie Neuerer die überlieferte Ordnung zu rechtfertigen. Namentlich ist mit einer Aufzählung und äufserlichen Aneinanderreihung der Theile, wie sie z. B. Spengel Philol. XVIII 103 ff. giebt, Nichts geholfen. Ihre Verbindung untereinander, die Fugen und der stetige Fortschritt der Gedanken, der künstlerische Zweck der

Anordnung im Einzelnen wie im Ganzen ist nachzuweisen. Was Horaz selbst im Eingange von jedem Gedichte fordert, Einheit und Einfachheit (23), und kurz darauf als eine Haupttugend desjenigen Verfassers bezeichnet, der seinen Stoff beherrscht, lichtvolle Ordnung (41), das sind wir gewifs berechtigt von ihm gerade hier zu erwarten. Er ist kein „Seiltänzer" (selbst dazu hat ihn die Verzweiflung der Conservativen gemacht: Beck in dem schwachen Giessener Programm 1863 S. 7), dem es genügt durch Springen und Gaukeln das Publicum zu unterhalten. Sprünge, Wiederholungen, Abschweifungen, Widersprüche dürfen nicht verschwiegen, künstliche Brücken dürfen nicht hineingetragen, Abschnitte und Gliederungen nicht willkürlich angesetzt werden. An dieser Willkür leidet z. B. Kolsters Analyse in den Jahrbb. 1857 S. 585, die selbst äufserlich betrachtet ein höchst künstliches und unklares Schema liefert; sieht man aber näher zu, so läuft eben Alles im Text nach wie vor bunt durcheinander. Mit ihm theilt Ad. Michaelis a. a. O. 7 f. den Irrthum, dafs in den Versen 307 und 308 die Disposition des Folgenden angegeben sei. Aber nur zu dem ersten dieser angeblichen Theile, *unde parentur opes*, pafst V. 309—322; schon der zweite, *quid alat formetque poetam*, wenn er die Erziehung des künftigen Poeten darstellen soll, ist sehr ungenügend in 323—332 behandelt, denn wir lernen aus diesen Versen nur *quid non alat formetque poetam*. Dafs ferner *quid deceat quid non* gerade in 333—365 auseinandergesetzt sei, ist nicht wahr: *delicta quibus ignovisse velimus* gehören weder zu dem Einen noch zu dem Anderen. Ueberhaupt ist von V. 347 an nicht vom Dichten, sondern vom Urtheilen die Rede. Dagegen gehört so ziemlich Alles unter jenen Titel, was Horaz dem angehenden Dichter räth. Endlich konnte nur durch das allersummarischste Verfahren in 366—476 eine Ausführung des *quo virtus, quo ferat error* gefunden werden. Nur die Schilderung des *error* von 453 an ist zuzugeben, von Erfolgen (*quo virtus ferat*) finde ich Nichts, denn sorgfältige Arbeit, Kritik, vielleicht Unterdrückung des Manuscripts ist doch kein Ziel. Vielmehr müfste gerade der Abschnitt hiervon im zweiten Theil (*quid alat formetque poetam*) stehen. Die ganze Eintheilung aber in dieser Unbestimmtheit hilft uns zu Nichts. Horaz hat auch eine solche gar nicht geben, sondern nur im Eingange seiner eingehenderen Lehren nicht sowohl das Thema derselben als vielmehr seine eigentliche Lebensaufgabe bezeichnen wollen. Dagegen ersehe ich aus einer nachträglichen Vergleichung der Tabelle bei Peerlkamp S. 228 ff., dafs mit einigen meiner ganz selbständig gefundenen Vermuthungen folgende ältere Gelehrte übereinstimmen: V. 295—308 stellte nach 418 und zwar an den Anfang der Epistel, die er mit V. 391 beginnen liefs, Antonio Riccoboni. Derselbe erkannte daher auch, dafs nach V. 390 der Schlufs mit V. 419—476 folge; 323—332 fügte an 274 und 179—201 an 346 Louis Desprez, 275—294 an 332 Antonio Petrini.

Mit Anwendung der neuen Verszahlen ist die Anordnung der restaurirten Abhandlung über das Drama folgende, kein logisches Schema mit A B a b u. s. w. (das hiefse den bequemen Flufs einer poetischen Epistel in spanische Stiefeln einschnüren), aber doch, wie ich hoffe, eine wohldurchdachte, abgerundete Reihe zusammenhängender Sätze und Gedanken mit feinen, sicheren Uebergängen.

Einleitung. Erste Bedingung jedes Kunstwerkes ist Einheit und Einfachheit: virtuose Behandlung des Einzelnen kann sie nicht ersetzen. Aber in falschem Streben nach reicher Ausführung setzen die meisten Dichter dieses Hauptgesetz aus den Augen (1—35 m. A.). Am sichersten schützt den Dichter vor einem solchen Fehler die Wahl eines seinen Kräften angemessenen Stoffes: dann finden sich klare Anordnung und beredter Vortrag von selbst (36—39). Kunst der Anordnung (40—42), des Vortrags, besonders Wahl des Ausdrucks (43—69). Macht überhaupt Natur oder Kunst, eines von beiden für sich allein, ein Gedicht schön? Beides mufs verbunden, die Kunst aber will gelernt sein (70—80). Viele freilich glauben, es sei mit einem genialen oder närrischen Aeufseren gethan (81—87). Meine Meinung ist das nicht: da ich selbst gute Gedichte zu schaffen nicht im

Stande bin, will ich wenigstens zeigen, was dazu gehört (87—94), und zwar speciell zu einem guten Drama (95—97).

I. Die Lehre von den Charakteren, $\ddot{\eta}\vartheta\eta$ (98—172): Charakter der verschiedenen Lebensalter (98—119); charakteristische Darstellung des Lebens überhaupt, jedes Standes und Berufes, persönlicher Beziehungen, zu schöpfen aus der Philosophie und aus dem Leben selbst (120—133). Eigenthümlicher Gattungs-Charakter der Tragödie und der Komödie, in der Regel scharf von einander getrennt, bisweilen in einander übergehend, wie es die einzelne Rolle und der Affect erfordert (134—145). Ebenso hat das Satyrspiel seinen besonderen Ton, der es in feiner Grenzlinie von der Tragödie wie von der Komödie scheidet (146—172). Der Dramatiker soll das Gemüth seiner Zuhörer beherrschen, das erreicht er aber nur durch wahrheitsgetreuen Ausdruck der Affecte (173—179). Und immer müssen die Reden jeder Person zu ihrem Schicksal, ihren Erlebnissen und Stimmungen passen (179—187) wie zu ihrer gesammten Lebensstellung (188—192), das $\dot{\alpha}\varrho\mu\dot{o}\tau\tau o\nu$ des Aristoteles 1454 a, 22. Fest ausgeprägte Charaktere des Mythos sowohl als neu erfundene müssen von Anfang bis zu Ende consequent durchgeführt werden, $\dot{o}\mu\alpha\lambda\dot{\alpha}$ sein (193—200): Aristoteles 1454 a, 26.

II. Wahl und Behandlung des dramatischen Stoffes, $\mu\tilde{v}\vartheta o\varsigma$ (201—239). Original oder Nachahmung? (201—209). Leiser Eingang (210—219); Einführung in medias res (220—223); Hervorhebung des Interessanten und geschickte Mischung von Wahrheit und Dichtung (—226). Verbindung des stofflichen mit dem tieferen moralischen Interesse (227—239).

III. Specielle Regeln der Bühnentechnik, $\pi\varrho\alpha\gamma\mu\dot{\alpha}\tau\omega\nu$ $\sigma\dot{v}\sigma\tau\alpha\sigma\iota\varsigma$. Handlung auf der Bühne oder Erzählung (240—249): vgl. Aristot. 1455 a, 22; Zahl der Akte, $\mu\tilde{\eta}\varkappa o\varsigma$ (250 f.): Aristot. 1451 a, 4; deus ex machina (252); vierte Person (253).

IV. Chor (254—262): vgl. Aristot. 1456 a, 25, und musicalische Begleitung, $\mu\epsilon\lambda o\pi o\iota\dot{\iota}\alpha$ (263—278). Behandlung des Senars, $\lambda\dot{\epsilon}\xi\iota\varsigma$. Die griechischen Muster hierfür wie für Alles empfohlen (279—302).

Schluſs. Griechen und Römer! Jene sind Lieblinge der Muse, den letzteren fehlt Idealität (303—312) und Hingabe an künstlerische Arbeit, durch die allein es ihnen gelingen könnte, die Griechen, in deren Fuſsstapfen sie getreten sind, zu erreichen (313—332). Indessen verdienen kleinere Fehler, wo das Meiste gelungen ist, Nachsicht, ebenso wie ein überwiegend schlechtes Werk durch ein paar gute Stellen nicht gerechtfertigt wird (333 —346). Ferner fordern auch poetische Arbeiten ihren richtigen Standpunkt bei der Beurtheilung (347—351). Unter keinen Umständen aber ist dem Poeten Mittelmäſsigkeit gestattet (352 —359), weil die Poesie ein Luxus ist, den man entbehren kann (360—364). Freilich freveln die Leute in dieser Kunst, als ob sie allein jedem Freigeborenen aus der besseren Gesellschaft von selbst gegeben sei (365—370).

Du wirst es so leichtsinnig nicht nehmen. Ehe du aber etwas herausgiebst, unterwirf es dem unbefangenen Urtheil eines strengen Kritikers (371—376), hüte dich dagegen vor Schmeichlern (377—395). Das Bild eines aufrichtigen, echten Kritikers (396—408). Die Folgen nachsichtiger Schwäche oder der Schmeichelei sind für den Auctor selbst ernst genug. Er wird ein Gegenstand des Spottes oder des Schreckens (408—432).

So liegt also der Kern des Gedichtes, die Theorie vom Drama, im Centrum, nachdem eine allgemeine Einleitung, welche Grundfragen der Poetik für jede Gattung betreffen, vorausgeschickt ist. In der speciellen Theorie sind die wesentlichen Momente, welche der Dramatiker sich anzueigenen hat, hervorgehoben, und zwar nicht in systematischer, aber doch in einer natürlichen und übersichtlichen Ordnung behandelt. Vor Allem die Gestaltung lebenswahrer Charaktere, worauf auch in der Ausführung der gröſste Nachdruck gelegt wird. Ein zweites ist die Fabel, ihre Erfindung oder Gestaltung, womit die Bühnengesetze, die hier nur in kurzem Auszuge und sparsamer Auswahl gegeben sind, eng zusammen-hängen. Endlich das metrisch-musicalische Element. Mit einer begeisterten Empfehlung der griechischen Muster, die unserem Verfasser nirgends unentbehrlicher scheinen und nirgends un-

mittelbarer befolgt werden können, beschließt derselbe die Theorie
des Drama, um nach einigen Concessionen und Winken, welche
wiederum die Beurtheilung poetischer Kunstwerke im Allgemeinen
angehen, seine Jünger mit der Forderung einer unparteiischen
strengen Kritik, der sie sich gewissenhaft und bescheiden zu
unterwerfen haben, zu entlassen.

Von erschöpfender Vollständigkeit nach dem Maaße der
Aristotelischen Abhandlung kann nicht die Rede sein. Eine
Reihe der am tiefsten greifenden Begriffe, wie $\pi\varepsilon\varrho\iota\pi\acute{\varepsilon}\tau\varepsilon\iota\alpha$ und
$\dot{\alpha}\nu\alpha\gamma\nu\acute{\omega}\varrho\iota\sigma\iota\varsigma$, $\delta\acute{\varepsilon}\sigma\iota\varsigma$ und $\lambda\acute{\upsilon}\sigma\iota\varsigma$, $\ddot{\varepsilon}\lambda\varepsilon o\varsigma$ und $\varphi\acute{o}\beta o\varsigma$, $\mu\tilde{\upsilon}\vartheta o\iota$ $\dot{\alpha}\pi\lambda o\tilde{\iota}$
und $\pi\varepsilon\pi\lambda\varepsilon\gamma\mu\acute{\varepsilon}\nu o\iota$, sind theils völlig übergangen theils ganz oben-
hin berührt. Daß übrigens dem Neoptolemos von Paros,
dessen Schrift Horaz freilich nur in den Hauptpunkten ('non
quidem omnia, sed eminentissima') gefolgt sein soll, die Ari-
stotelische Theorie geläufig gewesen ist, ergeben die obigen
kurzen Andeutungen (vgl. G. Teichmüller Beiträge zur Erklärung der Poetik des Aristoteles S. 128 f.) trotz des sorgfältigen,
aber in der Hauptsache nicht zutreffenden Nachweises von Ad.
Michaelis, daß ein enger Anschluß des Horaz an Aristoteles
nicht stattgefunden hat. Letzteres kann freilich kein Verständiger
behaupten. Daß jener die Charaktere dem $\mu\tilde{\upsilon}\vartheta o\varsigma$ voranstellt,
während Aristoteles 1449, 38 gerade umgekehrt den letzteren
als das höchste und wichtigste Element des Drama's bezeichnet,
verräth den Unterschied zwischen der römischen mehr praktischen
Auffassung, welcher die Nachahmung des realen Lebens als Haupt-
aufgabe gilt, und dem idealen Sinne des Griechen, der den Poeten
vom Erfinden und Schaffen benennt. Daher denn auch gerade
das Capitel vom $\mu\tilde{\upsilon}\vartheta o\varsigma$ in unserem Briefe verhältnißmäßig so
dürftig abgefunden ist. Originale Gedanken fehlen ihm ganz.

Vergleichende Tabelle der Verszahlen.

R = Ribbeck.   V = Vulgata.

R	V	Summa	Paginae
ep. I 1, 1— 12 =	ep. I 1, 1— 12 =	12 =	2
13— 19 =	20— 26 =	7 =	1
20— 26 =	13— 19 =	7 =	1
27— 34 =	41— 48 =	8 =	1
35— 50 =	52— 69 =	16 =	2
51— 53 =	49— 51 =	3	
54— 66 =	28— 40 =	13 =	2
67—106 =	27. 70-108 =	40 =	6?
2, 1— 45 =	2, 1— 45 =	45 =	6/7
46— 54 =	47— 55 =	9 =	1?
55— 69 =	56— 71 =	15 =	2
3, 1— 36 =	3, 1— 36 =	36 =	5/6
4, 1— 16 =	4, 1— 16 =	16 =	2
5, 1— 5 =	5, 1— 5 =	5 ⎫	
6— 10 =	7— 11 =	5 ⎬ =	2?
11 =	6 =	1 ⎭	
12— 22 =	21— 31 =	11 =	2?
6, 1— 16 =	6, 1— 16 =	16 =	2
17— 55 =	28— 66 =	39 =	5/6
56— 71 =	10, 26— 41 =	16 =	2
72— 82 =	6, 17— 27 =	11 ⎫ =	2
83 f. =	67 f. =	2 ⎭	
7, 1— 98 =	7, 1— 98 =	98 =	14
8, 1— 17 =	8, 1— 17 =	17 =	2?
9, 1— 3 =	9, 1— 3 =	3	
4— 11 =	6— 13 =	8 =	1
10, 1— 25 =	10, 1— 25 =	25 =	3/4
26— 34 =	42— 50 =	9 =	1?
11, 1— 30 =	11, 1— 30 =	30 =	4/5
12, 1— 11 =	12, 1— 11 =	11 =	2?
12— 18 =	ep. II 2, 184—190 =	7 =	1
19— 36 =	I 12, 12— 29 =	18 =	3

R	*V*	Summa	Paginae
ep. I 13, 1— 19 =	ep. I 13, 1— 19 =	19 =	3?
14, 1— 5 =	14, 1— 5 =	5 =	1?
6— 9 =	10— 13 =	4	
10 =	31 =	1	
11— 27 =	14— 30 =	17 =	2/3
28— 31 =	6— 9 =	4	
32— 34 =	37— 39 =	3 ⎫	
35— 37 =	32— 34 =	3 ⎪	
38 =	36 =	1 ⎬ 13 =	2
39 =	35 =	1 ⎪	
40— 44 =	40— 44 =	5 ⎭	
15, 1— 30 =	15, 1— 30 =	30 =	4/5
31— 44 =	33— 46 =	14 =	2
16, 1— 44 =	16, 1— 45 =	44/5 =	6/7
45— 50 =	57— 62 =	6 =	1
51— 54 =	46— 49 =	4 ⎫ 7 =	1
55— 57 =	52— 54 =	3 ⎭	
58 f. =	50 f. =	2	
60— 76 =	63— 79 =	7 =	1
77— 85 =	18, 104—112 =	9 =	1?
17, 1— 37 =	17, 1— 37 =	37 =	5?
38— 48 =	52— 62 =	11 =	2?
49— 57 =	43— 51 =	9 =	1?
58 f. =	18, 21 f. =	2 ⎫ =	2
60— 71 =	23— 36 =	12/4 ⎭	
72—100 =	39— 67 =	29 =	4?
101—104 =	72— 75 =	4	
105 f. =	37 f. =	2	
107—110 =	68— 71 =	4	
111—123 =	76— 88 =	13 =	2
18, 1— 20 =	1— 20 =	20 =	3?
21— 28 =	89— 97 =	8/9 =	1?
29— 32 =	100—103 =	4	
19, 1— 49 =	19, 1— 49 =	49 =	7
20, 1— 8 =	20, 1— 8 =	8 =	1
9— 11 =	14— 16 =	3 ⎫ =	1
12— 16 =	9— 13 =	5 ⎭	
17— 28 =	17— 28 =	12 =	2
ep. II 1, 1— 31 =	ep. II 1, 1— 31 =	31 =	5?
32— 99 =	34—102 =	68/9 =	10?
100—112 =	a. p. 73— 85 =	13 =	2

R	*V*	Summa		Paginae
ep. II 1, 113—117 =	ep. II 1, 103—107 =	5	=	1?
118 f. =	32 f. =	2		
120—137 =	108—125 =	18	=	3
138—149 =	a. p. 391—407 =	12/17	=	2
150—283 =	ep. II 1, 126—259 =	134	=	19/20
284—290 =	264—270 =	7	=	1
2, 1— 54 =	2, 1— 54 =	55	=	8/9
55— 65 =	65— 75 =	11	=	2?
66 f. =	97 f. =	2		
68— 88 =	76— 96 =	21	=	3
89—130 =	99—140 =	42	=	6 oder 7
131—136 =	55— 60 =	6	=	1
137 f. =	63 f. =	2		
139 f. =	61 f. =	2		
141—182 =	141—182 =	42	=	6 oder 7
183—209 =	190—216 =	27 ⸍	=	4
a. p. 1— 22 *A* =	a. p. 1— 22 *A* =	23	=	3/4
23— 28 *B* =	32— 37 *C* =	6	=	1
29— 35 *C* =	24— 30 *B* =	7	=	1
36— 69 *D* =	38— 72 *D* =	34/5	=	5
70— 80 *E* =	408—418 *R* =	11	=	2?
81— 94 *F* =	295—308 *M* =	14	=	2
95—119 *G* =	153—177 *G* =	25	=	4
120—133 *H* =	309—322 *N* =	14	=	2
134—145 *I* =	86— 98 *E* =	12/3	=	2
146—172 *K* =	220—250 *I* =	27/31	=	4?
173—226 *L* =	99—152 *F* =	54	=	9
227—239 *M* =	333—346 *P* =	13/4	=	2
240—278 *N* =	179—219 *H* =	39/41	=	6/7
279—302 *O* =	251—274 *K* =	24	=	4
303—312 *P* =	323—332 *O* =	10	=	2?
313—332 *Q* =	275—294 *L* =	20	=	3?
333—376 *R* =	347—390 *Q* =	44	=	6/7
377—431 *S* =	419—476 *S* =	56/8	=	8

Im Archetypus, sei es aus dem Nachlaſs des Verfassers sei es in einer alten Sammlung seiner Werke, mögen theils einzelne abgerissene oder von jeher unverbundene Blätter von meist 6—8 Versen auf der Seite, theils Doppelblätter und Binionen in Unordnung gerathen und unverständig, obwohl mit einer gewissen Absicht die echte Reihenfolge herzustellen, zusammengelegt worden sein.

ANHANG.

————

Nachträge und Verbesserungen zur Ritterschen Collation des Gothanus.

epist. I 1, 15 deferor   31 ciragra   39 adeo ın feruſ
56 ocłoſ   57 moreſ lingua   79 ſh uinaria mutant   90 ͵ptaea
2, 15 ſolis (d *m. 1 suprascr.*)   28 Spoſi   31 ſomnũ, *suprascr. m. 2* curã   32 homīneϛ (*i. e.* hominem)   40 factiſ qui
46 ĕ ſ cui   48 febres   65 mōſtrat   71 opior   3, 7 ſcan
ſc'bere   32 nequicquam   33 Seu — heu   4, 3 cṛaſſi
5, 15 Inpocipiam   28 ad ſũmã   6, 7 cenſes *del. et m. 2
suprascr.* plauſus   17 ira   20 et   24 ͵pfert   29 morbọ
34 rotũderet̃ *m. 1,* rotũdĕṛẹt͛ *e corr.*   porro et   36 cuxorem
42 qd   44 clamidum   omnis   49 praestịt   50 seruum
nomina ſaeuum   57 docet *m. 1,* dŏcit *m. 2*   uenerem͛ (*item
fol.* 89)   62 caerite ceͬxa   65 mimenermus   7, 7 matͨcula
8 ſedulṫátas   oppella   22 ait *m. 2 suprascr.*   46 Strēnuus
59 diſciſa (i *m. 2 corr. in* e)   60 Sectari   62 q̄d (*h. e.* quod)
63 Reſpondit   67 mercennaria   94 penates   95 ſit   dẹmiſſa
97 repetq̈ϛ   8, 1 albinoũado *m. 1,* albinouaḋo *m. 2*   14 choorti
″te ″nos *corr. m. 2*   10, 18 depellat   28 propiusqϛ (*e corr.
m. 2*)   30 ſecunda   49 dictabãt (i *del.*)   11, 1 bullatiqϛ (qϛ
del.)   8 uiciis *m. 1,* uicŭs *e corr.*   10 ſperare   17 milty-
lene *m. 1*   18 ͪiualibus (ni *m. 2 suprascr.*)   23 dulͦcia
27 mittant *m. 1,* mutant *m. 2*   28 Strēnua   12, 5 laterẹ

13, 1 ter   2 uinñi (*suprascr. m. eadem*)   16 uolgo (?)
17 mirari   14, 14 rura   19 ʰhofpita (*suprascr. m. 2*)   44 ca-
ballũ   15, 11 equus *m. 2 suprascr.*   16 Dulcis, *m. 2 suprascr.*
jugis   22 ut duc'et   26 aenius *m. 1*, maenius *m. 2*   36 Si-
licet   37 correptꝋ (p *m. ant. e corr.*)   38 Quidquid   40 ꝗd
(d *erasa*)   16, 5 fi diffocientur   20 sapienᵘ (*m. 2 suprascr.*)
40 medicandum] mēdacem (acem *m. 2 e corr., pro e fuit* d)
57 fpectaᵗ (t *m. rec. suprascr.*)   17, 45 capis (t *m. ant. su-*
prascr.)   56 mos   58 trnñis (*suprascr. m. 1*)   18, 2 Scu-
rantis   8 uolt   libertas fdici   12 uocēs   13 credas *m. ant.*
suprascr.   14 partis   19 q̄d   docīĭ   23 tenet] tꝫ   28 noli
contendere, *m. ant. suprascr.* b a   34 pꝋponet   honŏstum
36 erit] it   39 r'pẹ̄des   44 Motibus   50 et *m. ant. suprascr.*
51 fufperare   105 bit (*m. 2 suprascr.*)   19, 34 manibusᵍᵘᵒ
(*m. 2 suprascr.*)   47 ille   20, 4 gn̄ꝋ   22 gn'e *m. 1*.

II 1, 31 oleā   51 critici   78 et] ac   87 Q̄d   90 g̃cis
an g̃iis *sit non liquet*   101 muta.ˡᵉ   118 tam   lenis
120 tremere   131 inope   137 locuplentem (n *m. 2 del.*)
147 currentes   161 c'athis   175 post] pꝋ   185 distordet
204 atcor   215 ferri   216 appolline   229 Et   244 Boe-
tum   248 enea   267 rubea   2,7 Literulis   21—29 *bis*
extant, in fol. 86ᵇ (*g*) *et* 133 (*G*)   22 epistola *Gg*   rediret
Gg   27 nocte *Gg*   29 ieiunus *g*   32 opimis   71 Plu-
resꝗ   89 ut ꝗ hic   90 ipē   97 confūmimus   110 fūmet
cenforis   135 Poffit   168 Emptọ̈r   178 lucā. (*sic*)
182 habꝰre   199 domꝋ   afit   205 quidia cetera fimul
206 fuge' rite   213 Quiere.

Verlag von I. Guttentag in Berlin,
Guttentag und Vahlen.

Berlin, Druck von GUSTAV SCHADE, Marienstr. 10.